ステップアップ
租税法と私法
――租税法解釈の道しるべ――

酒井克彦 [著]
Sakai Katsuhiko

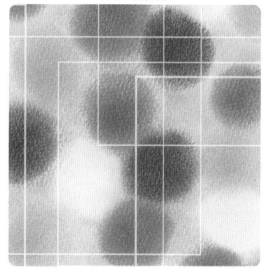

財経詳報社

はしがき

　『ステップアップ租税法』を世に問うてから，はや10年が過ぎようとしています。

　数年前から，出版社からは増刷を依頼されていたものの，執筆者としてはより内容をブラッシュアップしたものを示したいとの思いから，失礼ながら先送りしてきました。

　その間，租税法律関係においては，多くの租税回避事例が議論され，極めて注目すべき事業体課税を巡る訴訟が頻発するなどしてきました。また，民法の債権法，相続法が大改正されたことを受け，学界においても，金子宏教授が『租税法と民法』(有斐閣2018)を発表され，木村弘之亮教授と小職との編著である『租税正義と国税通則法総則』(信山社2018)も公刊されるなどしてきており，租税法と私法との考え方にも種々の刺激に富んだ環境が築き上げられてきているところです。

　租税回避論も多くの事例をみながら多様な展開を見せており，近年の国際的潮流の中で，租税法律関係は大きな岐路に立たされているのではないかと思われます。

　『ステップアップ租税法』は，大きく分けて，①民法総則の考え方や一般法理・条理が租税法の解釈適用にいかなる影響を及ぼすかという点について論じる部分と，②租税法の概念をいかに解釈すべきかという概念論の部分と，③私法に規律された法的人格と租税法との関係を論じる部分の3つに構成されていました。この三者に共通するのは，租税法と私法との関係であります。

　上記のように，近年議論が更に進化を遂げている中にあっては，これら3つを混在にしたところで論じるよりは，3つの観点をそれぞれ独立させ，そこでそれぞれの議論を更に深化させる方がよいと考え，ここに新たに次のように構成し直す試みを行うこととしました。

　すなわち，ステップアップ租税法は，そのⅠにおいて「租税法と私法」を，

そのⅡにおいて「租税法の概念」を，そのⅢにおいて「租税法と事業体」をフィーチャーして3部作として世に問うこととしたわけです。

そして，本書『ステップアップ租税法と私法』においては，旧版において取り上げていた論点についてのアップデートを行うだけではなく，新たに，期限・時効，錯誤などの論点を加えています。

なお，本書の出版に当たり，財経詳報社の宮本社長には，増刷の要請にお応えするのではなく3部作としての刊行を快くお許しいただくなど，本書の企画の段階から大変お世話になりました。改めて，この場を借りて感謝を申し上げます。また，一般社団法人ファルクラムの事務局長・佐藤総一郎氏や上席主任研究員・臼倉真純氏にもご協力をいただきました。ここに厚く御礼を申し上げます。加えて，いつも私の書籍の表紙にデザイン案を提供してくれる秘書の手代木しのぶさんには，このたびも素敵なデザイン案のご協力をいただきました。感謝申し上げます。

平成31年4月

酒井　克彦

はしがき（初版）

　昨年刊行した『スタートアップ租税法』の「あとがき」において，ぼんやり予告したとおり，『ステップアップ租税法』を上梓することとなりました。本書は，これまで，筆者が講演等で取り上げた多くのテーマを集めた租税法理解のための入門書であります。

　租税法律関係における解釈論のあり方は，他の法領域におけるそれとは若干異なっているかもしれません。そのユニークさは，例えば，概念の解釈論に表われています（本書第2章）。租税法の解釈論においては，条文に使用されている概念（用語）の定義規定がない場合に，これを租税法固有の概念か否かという観点から，前者を固有概念，後者を借用概念に分類することがあります。借用概念は，他の法領域から借りてきた概念という意味を有しますが，これに該当する場合にいかにこの概念を解釈するかによって，独立説，統一説，目的適合説という分説がみられます。

　私法との関連でみると，納税義務は，各種の経済活動ないし経済現象を基礎として生じてくるのですが，それらの活動ないし現象は，第一次的には私法によって規律されていますから，租税法がそれらを課税要件規定の中に取り込むに当たって，私法上におけると同じ概念を用いている場合には，別意に解すべきことが租税法規の明文又はその趣旨から明らかな場合は別として，それを私法上におけると同じ意義に解するのが，法的安定性の見地からは好ましいとする統一説があります。ここでは，借用概念は，原則として，本来の法分野におけると同じ意義に解釈すべきということになるわけです。

　他方，元来，私法の規定は，私的自治の原則を前提として承認し，原則として，その補充的・任意的規定としての意味をもつもので，当事者間の利害の調整という見地に基づく定めを意味するのに対して，租税法は，当事者間の利害調整という見地とはまったく別個に，これを課税対象事実またはその構成要件として，これらの規定または概念を用いているのですから，同じ規定または概

念を用いている場合でも，常に同一の意味内容を有するものと考えるべきではなく，租税法の目的に照らして，合目的的に，したがって，私法上のそれに比して，時にはより広義に，時にはより狭義に理解すべき場合があり，また，別個の観点からその意味を理解すべきと考えるのが，目的適合説です。

戦後我が国租税法における解釈論上の大きな争点として，これらの学説上の争いがありますが，現在では，統一説が通説とされ，目的適合説が有力説であるといわれています。

筆者はこの統一説の考え方に強い魅力を感じ，原則的にこの立場によるべきであると考えますが，実際の問題解決をするに当たっては乗り越えなければならない難問にぶつかることが多いことも大いに意識しています。統一説が「私法の考え方」に合わせるとする場合の，かかる「私法の考え方」とは何を指すのでしょうか。民法上も学説が分かれていたり，民法における判例が形成されていなかったりすることは往々にしてあるからです。

また，法的実質主義とか法律的帰属説（本書第1章）という立場に立つかどうかは別としても，租税法律関係における真の法律関係を考える際には，私法を強く意識せざるを得ません。通謀虚偽表示に基づく法律関係を課税の基礎として捉えるべきではないといいつつ，他方で，私法上無効な行為から生じた所得についても課税対象に取り込もうとする，一見すると矛盾するこの扱いをどのように整理すべきでしょうか。租税法と私法との関係をどのように捉えるべきかは，租税法の解釈論に突きつけられた大きな問題です（本書第3章）。

本書は，租税法の解釈論事始めとして，まず最初にぶつかる概念論についての議論や，「租税法と私法」の入り口での議論を紹介し，多くの悩ましい問題が散在しているという問題意識を提示したいと考えています。

租税法の学習に私法の理解が必要であるということを認識することは，租税に携わる実務家や租税法の学習者にとって非常に重要であると考えます。それは，租税法と私法が違うものであるからとして私法準拠の考え方を否定する方向へ進むべきと考える者にとっても同様です。むしろそのような視角で議論をするのであればなおさら私法と租税法との関係を理解していなければならないはずなのです。他方，通説の採る統一説や私法準拠の立場によればすべて解決

ができるとして，理解した「フリ」をするようでは，自ら限界を作ってしまってちっとも先に進めないことにもなります。

　本書で取り上げた論点の多くは，租税法律関係にユニークなものですが，本書には，租税法律主義に立脚した解釈論を展開するためにはどうしても通過しなければならない議論を集結させました。本書の主なターゲットとしては，大学の学部上級者からビジネススクール生，ロースクール生，大学院生，税理士，公認会計士，弁護士，税務当局者，政府研修機関での研修生など広範に及びますが，いずれにしても「意識」をもって租税法を理解したいと考えている方にお勧めしたいと思っています。

　このようなことから，本書は平板な知識整理のための手引書ではなく，租税法解釈論における疑問の置き方を提示することを目的としています。一定程度の基礎を経た方が本書をお手に取り，読み進むうちに，読者の心中に内在する問題意識をくすぐることができれば幸に思います。なぜなら，租税法学習の楽しさはそこにこそあるのであって，本書を通じて，筆者が感じるその思いを多くの方にも共有していただけたらと考えるからです。

　本書の構成は，「租税法の適用」，「概念論」，「租税法と私法」の全3章建てとしました。上記したとおり，各章において私法と租税法の関係を強く意識させるテーマを抽出し，読み進みつつそこに介在する問題点を明らかにできるような内容としてまとめております。

　本文内にある「☞」で概念の意味を明らかにし，「✍」において特記すべきメモを記しました。「¶ レベルアップ！」ではより進んだ学習のための素材を提供することとし，「Tax Lounge」では税金トリビアを掲げています。また，点在する知識を相互に結び付けるために「🔍」で参照箇所を示すこととしています。

　本書は，タイトなスケジュールの中での財経詳報社編集部の佐藤総一郎氏の多大な協力なくしては完成しませんでした。この場を借りて感謝を申し上げます。また，執筆内容のチェックや表紙の作成などに惜しまぬ協力をしてくれた研究室生にも心より感謝申し上げます。

　なお，この『ステップアップ租税法』の姉妹書である『フォローアップ租税法』では，解釈手法や租税法の法源についての整理のみならず，タックス・リ

ーガルリサーチや論文の書き方など，租税法学習・研究のためのナビゲーションを用意しています。解釈の基礎力養成のためにあわせてお勧めいたします。

　本書執筆に当たっては，次に掲げる拙稿を基礎とし大幅に加筆修正を施しています。この場を借りて，中央経済社，税務経理協会および大蔵財務協会にはお礼を申し上げます。
- 「所得税法上の医療費控除の対象となる『医薬品』の解釈試論（上）（下）―薬事法上の『医薬品』概念への準拠に対する疑問―」税弘55巻10号，同11号
- 「租税行政庁による誤指導と信義誠実の原則の適用（上）（下）―納税者の自己決定権侵害との関係に着目して―」税通60巻9号，同10号
- 「永遠の旅人と『生活の本拠』（上）（中）（下）―所得税法2条1項3号にいう『住所』概念―」税通63巻1号，同2号，同3号
- 「所得税法上の『配偶者』の意義（上）（中）（下）―内縁関係の保護理論・諸外国法制との付き合い方―」税通63巻4号，同5号，同6号
- 「所得税法上の『外国法人』の意義（上）（中）（下）―米国 Limited Liability Company の法人該当性―」税通63巻7号，同9号，同10号
- 「所得税法上の『人格のない社団等』の意義（上）（中）（下）」税通64巻1号，同3号，同5号
- 「法人格否認の法理の適用（上）（中）（下）―課税局面での法人格否認の法理の適用問題―」税通64巻6号，同7号，同8号
- 「住宅借入金等特別控除に係る概念と租税特別措置法の解釈態度（上）（中）（下）」税務事例36巻10号，同11号，同12号
- 「組合課税と導管理論に関する一考察（上）（下）―いわゆる航空機リース事件（名古屋地裁平成16年10月28日判決）に触れて―」税務事例37巻5号，同6号
- 「不法行為あるいは仮装行為による利得に対する課税」税務事例39巻2号
- 「違法支出の必要経費性とパブリック・ポリシー理論」税務事例39巻3号
- 「権利濫用禁止というコンテクストでの租税回避への対処策（試案）」税務事例42巻2号
- 「Tax Lounge」税のしるべ

平成22年7月

酒井　克彦

目　次

第1章　租税法の適用

1 適用論一般・形式と実質 …………………………………………………2
(1) 課税要件事実の認定　2
(2) 形式と実質　2
(3) 表示行為と内心的効果意思　5
　ア　課税の基礎となる「真実の法律関係」　5
　イ　内心的効果意思に基づく租税法律関係の再構成　6
　　¶レベルアップ1！　譲渡の形式を採っていても実質が収用ではないとの判断　8
　　¶レベルアップ2！　不動産取得税における「不動産の取得」　9

2 実質所得者課税の原則 …………………………………………………12
はじめに　12
(1) 実質所得者課税の原則―概観　13
　ア　規定の確認　13
　イ　沿　革　14
(2) 「収益」の意義　14
　ア　確認的規定としての実質所得者課税規定　14
　イ　実質所得者課税規定は資産・負債の帰属にまで及ぶか　15
　ウ　「収益」を基準とする帰属者判断　16
(3) 実質所得者課税の原則の射程範囲　18
　ア　法人成りを防止する機能　18
　イ　人格のない社団等の概念との関係　20
(4) 「実質」の意義　20

ア　経済的実質主義と法的実質主義　20
　　イ　所得税法12条等の解釈　24
　(5)　民法における帰属者認定　25
　　ア　債権の相対的効力　26
　　イ　法律上の名義人と客観的アプローチ―預金資産の実質的所有者に係る議論を中心として　26
　(6)　租税回避と実質所得者課税　28
　　ア　実質所得者課税の原則の納税者による主張　28
　　イ　法的枠内における経済的考察　29
　　ウ　私見―法的実質の二重構造　31

第2章　租税法と私法

③　総論―私法準拠・二層的構造認識 …… 40
　はじめに　40
　(1)　解釈論における私法準拠　40
　(2)　私法準拠に対する批判論　42

④　信義誠実の原則 …… 43
　はじめに　43
　(1)　信義誠実の原則―租税法律関係と信義則の適用　44
　　ア　信義誠実の原則と禁反言の法理　44
　　イ　学説の動向　44
　　ウ　租税平等主義と信義則　45
　　エ　東京地裁昭和40年5月26日判決　46
　(2)　信義誠実の原則の適用要件　47
　　ア　学説の検討　47
　　イ　第一の要件―信頼の対象となる「公的見解」の表明　49
　　ウ　第二の要件―信頼が保護に値する場合　54
　　エ　第三の要件―「何らかの行為」をしたこと　56
　　オ　小　括　58

(3)　自己決定権侵害論　58
　　ア　問題点の再整理　58
　　イ　自己決定権侵害論の定立　59
　　ウ　申告行為と自己決定権行使　60
　(4)　自己決定権侵害論による新たな論点　61
　　ア　「本税≠救済に値する経済的不利益」への疑問　61
　　イ　適合性原則と信義則の適用　63
　　　　¶レベルアップ！　租税専門家の自己決定権侵害と信義則の適用　64
　(5)　信義則適用における厳格性と適用要件　68
　　ア　信義則の適用における厳格性　68
　　イ　クリーンハンドの原則　70
　(6)　小　括　72

5　権利濫用 ……………………………………………………………………84

　はじめに　84
　(1)　限定解釈を採用した裁判例　86
　(2)　濫用と租税回避否認規定　87
　　ア　我が国における権利濫用法理の展開　87
　　イ　シカーネの法理と濫用　89
　(3)　権利濫用と憲法12条　90
　(4)　小　括　91
　　　　¶レベルアップ！　混沌とした租税回避論の整理　93
　　ア　租税回避の定義の再確認　93
　　イ　節税・租税回避・脱税という三つの枠組み　98
　　ウ　濫用という切り口　101
　　エ　課税ターゲットとしての租税回避　103

6　通謀虚偽表示・公序良俗違反 ………………………………………108

　はじめに　108
　(1)　不法利得に対する課税　108
　(2)　不法利得に対する課税の根拠再考　111
　　ア　問題点　111

　　　　イ　通謀虚偽表示と公序良俗違反　111
　　(3)　仮装行為　115
　　(4)　私法上の法律構成による否認論との関係　118

7　錯誤無効 ……………………………………………………………… 123
　はじめに　123
　(1)　前半事例に関する事案の概要　123
　　　ア　裁判所の認定した事実　123
　　　イ　争　点　125
　(2)　判決の要旨　126
　(3)　検　討　127
　　　ア　論点整理　127
　　　イ　要素の錯誤　127
　　　ウ　動機の錯誤　128
　　　エ　法律の錯誤　128
　　　オ　最高裁平成元年判決　129
　　　カ　最高裁平成元年判決の射程　131
　　　キ　黙示の錯誤　135
　　　ク　本件事案の特異性　137
　(4)　小　括　141
　(5)　後半事例に関する事案の概要　142
　　　ア　裁判所の認定した事実　142
　　　イ　原審判断　144
　(6)　判決の要旨　144
　(7)　検　討　145
　　　ア　原審の判断枠組み　145
　　　イ　最高裁の判断枠組み　147
　(8)　小　括　149

8　期限・時効—期限後申告書の提出期限 ……………………… 152
　はじめに　152
　　　ア　早期の法律関係の安定　152

イ　主張・立証の困難からの救済　152
　　　ウ　国税通則法上の期間・期限　153
　(1)　修正申告書の提出期限を巡る事例　154
　　　ア　事案の概要　154
　　　イ　争　点　155
　　　ウ　当事者の主張　155
　　　エ　判決の要旨　155
　(2)　検　討　157
　　　ア　類似事例　157
　　　イ　国税の徴収権の消滅と申告書の提出　158
　　　ウ　国税の徴収権の時効の起算日　159
　(3)　修正申告と期限後申告の類似性の検証　161
　　　ア　申告納税制度の意義　161
　　　イ　期限後申告と修正申告　167
　　　ウ　小　括　173
　　　　　¶レベルアップ！　除斥期間と期限後申告書の提出期限　174
　　　　　ア　除斥期間の定め　174
　　　　　イ　修正申告書・期限後申告書の提出と除斥期間　175
　　　　　ウ　小　括　177
　(4)　小　括　178

第3章　発展的議論

9　パブリック・ポリシー理論　……………………………184
　　はじめに　184
　(1)　脱税協力金と経費　184
　　　ア　公正処理基準と脱税協力金の損金性　184
　　　イ　個別税法の基本理念と脱税協力金　186
　　　ウ　脱税協力金の事業関連性　188
　　　エ　違法支出の多様性　189
　(2)　パブリック・ポリシー理論と必要経費論　191

ア　罰金等の経費性とパブリック・ポリシー理論　191
　　イ　パブリック・ポリシー理論を採用する裁判例　191
　（3）パブリック・ポリシー理論の解釈論への採用に対する疑問　193
　（4）パブリック・ポリシー理論による立法的解決の重要性　194

10　私法上の法律構成による否認論 …………………………201
　（1）私法上の法律構成による否認論　201
　（2）私法上の法律構成による否認論と真実の法律関係　202
　（3）私法上の法律構成による否認論が解決すべき問題点　203
　（4）私法上の法律構成による否認論の限界　204
　　ア　租税回避目的の考慮をすることの是非　204
　　イ　自由心証主義に対する拘束と経験則の相克　206
　（5）小　括　208

11　複合契約論 ……………………………………………………210
　（1）複合契約論的アプローチ　210
　　ア　中心的関心事項　210
　　イ　抗弁の接続と複合契約論　210
　　ウ　商品型タックス・シェルターへの当てはめ　213
　　エ　複合契約論からの示唆　215
　　オ　小　括　219
　（2）契約解釈と事実認定　219
　　ア　問題の所在　219
　　イ　りんご生産事業組合事件　219
　　ウ　契約内在的法律関係論　221
　　エ　小　括　223

12　租税回避論と私法準拠論 ……………………………………225
　はじめに　225
　（1）租税回避否認と濫用論　226
　　ア　私法制度の解釈適用と租税回避　226
　　イ　私法制度の濫用問題　229

ウ　租税法制度の濫用問題　231
　　　エ　小　括　233
　(2)　同族会社等の行為計算の否認規定　233
　　　ア　一般的租税回避否認規定か包括的租税回避否認規定か　233
　　　イ　同族会社等の行為計算の否認規定のターゲット　240
　　　ウ　租税回避否認規定の機能　242
　　　　¶ レベルアップ１！　一般的租税回避否認規定と信義誠実の原則　243
　　　　ア　信義誠実の原則　243
　　　　イ　信義誠実の原則と租税回避否認規定　244
　　　　¶ レベルアップ２！　諸外国におけるGAAR　245
　　　　ア　一般的租税回避否認規定：世界の潮流　245
　　　　イ　各国における一般的租税回避否認規定　246
　　　　ウ　我が国へのインプリケーション　249
　(3)　小　括　250

【Tax Lounge】
　●無認可医師に対して支払った診療代に対する医療費控除　11
　●納税者を惑わす無責任な租税専門家　90
　●アルベロベッロのトゥルッリ　107
　●内縁の妻に対する配偶者控除と違法建築物に対する住宅借入金等特別控除
　　122
　●ペット投棄事件　182
　●過払金回収支援をする市町村税務課職員　190
　●「生活に通常必要な動産」にいう「通常」とは？　200

事項索引　255
判例・裁決索引　259

凡　例

　本書では，本文中は原則として正式名称を用い，主に（　）内において下記の略語を使用している。
　また，読者の便宜を考慮し，判決・条文や文献の引用において，漢数字等を算用数字に変え，必要に応じて3桁ごとにカンマ（,）を入れるとともに，「つ」等の促音は「っ」等と小書きしている。なお，引用文献や判決文等の下線ないし傍点は特に断りのない限り筆者が付したものである。

〔法令・通達〕

憲	……憲法	法　法	……法人税法
民	……民法	相　法	……相続税法
刑	……刑法	消　法	……消費税法
商	……商法	措　法	……租税特別措置法
会	……会社法	措　令	……租税特別措置法施行令
通　法	……国税通則法	措　規	……租税特別措置法施行規則
徴　法	……国税徴収法	所基通	……所得税基本通達
所　法	……所得税法	法基通	……法人税基本通達
所　令	……所得税法施行令	措　通	……租税特別措置法通達
所　規	……所得税法施行規則		

〔判例集・雑誌等〕

民　録	……大審院民事判決録	訟　月	……訟務月報
民　集	……最高裁民事判例集	家　月	……家庭裁判月報
刑　集	……最高裁刑事判例集	判　時	……判例時報
集　民	……最高裁判所裁判集民事	判　自	……判例地方自治
高民集	……高等裁判所民事判例集	判　タ	……判例タイムズ
下民集	……下級裁判所民事判例集	金　判	……金融・商事判例
裁　時	……裁判所時報	金　法	……金融法務事情
行　集	……行政事件裁判例集	シュト	……シュトイエル
税　資	……税務訴訟資料	ジュリ	……ジュリスト

新　　聞……法律新聞			税大論叢……税務大学校論叢
曹　　時……法曹時報			税　　通……税経通信
租　　税……租税法研究			税　　法……税法学
税　　弘……税務弘報			法　　時……法律時報

〔文　献〕

新井・基礎理論……新井隆一『租税法の基礎理論〔第3版〕』（日本評論社2001）

岡村・講　　義……岡村忠生『法人税法講義〔第3版〕』（成文堂2007）

金子・租　税　法……金子宏『租税法〔第23版〕』（弘文堂2019）

金子ほか・小辞典……金子宏＝新堂幸司＝平井宜雄編『法律学小辞典〔第4版補訂版〕』（有斐閣2008）

金子＝中里・租税法と民法……金子宏＝中里実『租税法と民法』（有斐閣2018）

北野・原　　論……北野弘久『税法学原論〔第6版〕』（青林書院2007）

木村・総　　則……木村弘之亮『租税法総則』（成文堂2002）

木村＝酒井・租税正義……木村弘之亮＝酒井克彦『租税正義と国税通則法総則』（信山社2018）

清永・税　　法……清永敬次『税法〔新装版〕』（ミネルヴァ書房2013）

武田・コンメ〔通則法〕……武田昌輔『DHCコンメンタール国税通則法』（第一法規加除式）

田中・租　税　法……田中二郎『租税法〔第3版〕』（有斐閣1990）

中里・タックス……中里実『タックスシェルター』（有斐閣2002）

松澤・基本原理……松澤智『租税法の基本原理』（中央経済社1983）

松澤・実　体　法……松澤智『新版租税実体法〔補正第2版〕』（中央経済社2003）

松澤・手　続　法……松澤智『租税手続法』（中央経済社1997）

水野・制　　度……水野忠恒『所得税の制度と理論』（有斐閣2006）

水野・租　税　法……水野忠恒『大系租税法〔第2版〕』（中央経済社2018）

酒井・租税行政法……酒井克彦『クローズアップ租税行政法〔第2版〕』（財経詳報社2016）

酒井：チェックポイント〔法人税〕……酒井克彦『通達のチェックポイント―法人税裁判事例精選20―』（第一法規2017）

酒井・通達の読み方……酒井克彦『アクセス税務通達の読み方』（第一法規2016）

酒井・フォローアップ……酒井克彦『フォローアップ租税法』（財経詳報社2010）

酒井・プログレッシブⅠ……酒井克彦『プログレッシブ税務会計論Ⅰ〔第2版〕』（中央経済社2018）

酒井・レクチャー……酒井克彦『レクチャー租税法解釈入門』（有斐閣2015）

第 1 章 租税法の適用

1 適用論一般・形式と実質

(1) 課税要件事実の認定

租税法を適用するに当たって重要なのは,「租税法の解釈」とともに「事実の認定」である。租税争訟において「租税法の解釈」について争われるものも少なくないが,「事実の認定」に関わるものの方が多いといえよう。

さて,この事実の認定とは,2つのものに区分される。1つは「事実の確定」(☞事実の確定とは) であり,もう1つは「事実の評価」(☞事実の評価とは) である。なお,ここにいう「事実」とは,課税要件を充足するための事実である「課税要件事実」を指す。

- ☞ **事実の確定**とは,課税要件たる納税義務者,課税物件,課税物件の帰属,課税標準の実態を判断し確定することをいう。確定された事実に基づいて法を適用すれば,課税要件の充足が判明するので法律効果が明らかになる。
- ☞ **事実の評価**とは,法の適用に当たっての評価を必要とする場面における当該評価のことをいう。事実が確定されたとしても,例えば,その確定された金額による同族会社たる不動産管理会社への不動産貸付金額が低廉で,同族会社等の行為計算の否認規定(法法132等)にいう「税を不当に免れる」こととなったといえるかどうかという事実の評価が問題となるのである。

「事実の評価」については,事実認定の問題ではなく法律問題であるとする見解もある。すなわち,ある事実に対して所定の法的効果が付与される課税要件事実に当たるか否かを判断するには法条の意義をどのように解釈するかによって決せられるという点からの説明である。なるほど,そうではあるが,しかしながら,そこにいう法の解釈は通常抽象的な1つの基準が示されるにとどまり,問題の解決はそれぞれの個別的事実内容によって決まる性質のものと考えれば,やはり事実の評価は,事実認定上の問題として捉えることができよう(廣瀬正『課税要件事実の認定』序章(新日本法規1981))。

(2) 形式と実質

課税要件事実の認定に必要な事実関係や法律関係の「形式と実質」が食い違っている場合には,形式あるいは外観に従ってではなく,実質ないし実体に従って,それらを判断し認定しなければならない(金子・租税法149頁)。このことは租税法の適用に特有の問題ではなく,他の法分野においても同様である。

- ✍ 外観ないし形式によれば,課税要件に該当する事実がないようにみえる場合であっても,実体ないし実質をよく検討してみるとそれが存在するという場合には,当該課税要

件は充足されたものと考えなければならないし，逆に，外観ないし形式によれば，課税要件に該当する事実が存在するようにみえる場合であっても，実体ないし実質に立ち入ってみるとそれが存在しないという場合には，当該課税要件は充足されていないものと考えなければならないとされている（金子・租税法149頁）。

問題はここにいう「実質」の意味するところである。

国税不服審判所平成12年4月26日裁決（裁決事例集59号154頁）の事例において，請求人は，H機構の成立経緯等から法形式を共同事業としているにすぎず，本件分担金については，その実質に従って判断すべきであり，その実質に従って判断すれば，本件分担金は事業資金の融資であり，建中金利相当額は支払利息となる旨主張した。

> これに対して，同審判所は，「法律的形式と経済的実質とが異なるような場合には，単に当事者によって選択された法律的形式だけではなく，その経済的実質をも検討すべきことは当然であるが，当事者によって選択された法律的形式が経済的実質からみて通常採られるであろう法律的形式と著しく異なるものであるなどの特段の事情がない限り，当事者によって選択された法律的形式は，原則として経済的実質をも表現しているものと認めるのが相当である。」とし，「本件事業についてみると，本件事業の法律的形式は，…H機構が共同事業者として事業に参加して，本件建物の建築費の一部を本件分担金として負担し，本件建物の竣工後に本件共有持分を取得し，これを延払条件付で譲渡したものであり，民都法の規定や本件事業の経緯等からしても，当該法律的形式が通常採られるであろう法律的形式と著しく異なるものとは認められない。また，本件事業について，その法律的形式を離れて判断しなければならないような事情も認められないから，当事者間で採用された法律的形式を離れて判断するのは相当でない。
> そうすると，本件事業の法律的形式に従って判断すべきであり，本件分担金は本件建物の建築費の一部であり，建中金利相当額は本件共有持分の譲渡価格の一部であると認められるから，たとえ建中金利相当額の計算根拠が本件分担金を提供した日の約定利率に基づいているとしても，当審判所の判断に影響を及ぼすものではなく，この点に関する請求人の主張には理由がない。」との判断を下している。

ここでは，「経済的実質」という表現が用いられている。法律的形式と経済的実質が異なるような場合に，法律的形式を離れて判断しなければならないような「事情」がない限り法律的形式を離れて判断するのは妥当でないとしているが，ある「事情」が存する場合には経済的実質に従って判断すべきと上記審判所は考えているのであろうか。

ここでは，いわゆる「経済的観察法」(wirtschaftliche Betrachtungsweise)（☞経

済的観察法とは）の採用の余地（ある「事情」が存する場合に）があると考えているようにも思われる。

☞ **経済的観察法**とは，ドイツにおいて発展したもので，租税法の解釈・適用に当たってしばしば取り上げられる考え方である（岩﨑政明「民法の基礎概念と租税法」金子＝中里・租税法と民法10頁）。租税は経済的負担であり，しかもその負担は公平であることが要請されることから，租税法の解釈・適用はその要請に応えるよう，経済的実質に即してなされなければならないというものである（岩﨑政明＝平野嘉秋＝川端康之編『税法用語辞典〔7訂版〕』341頁（大蔵財務協会2007））。

> **旧ドイツ租税調整法1条2項**
> 　租税法律の解釈に当たっては，国民思想，租税法律の目的および経済的意義ならびに諸関係の変転を考慮しなければならない。

　なお，この条項は1976年末日をもって新租税基本法の制定に伴い廃止された。
　この観察法は「実質課税の原則」を経済的実質主義の観点から捉えるものであり，かような意味での「実質課税の原則」は学説上の多くの批判に晒されている。また，一般的に「実質課税の原則」という用語はこのような意味において使用されることが多い。

　この点，民事法では，法律的形式と法律的実質を比べて，最終的には法律的実質によって契約の有効性についての判断をしようとするのである。例えば，契約は両当事者がその締結に向けた最終的な確定的意思たる内心的効果意思を外部に表示し，その表示された意思（意思表示）が客観的に合致することによって契約の成立における法律的形式を充足するが，次に有効性判断のレベルにおいて法律的に実質的な内容の検討が加えられるのであって，そこに経済的実質なるものの介在はないのである。

　このように，「形式と実質」との関係を「法形式 vs. 法実質」（以下「法 vs. 法」という。）の問題として捉える考え方を法的実質主義といい，「法形式 vs. 経済実質」（以下「法 vs. 経済」という。）の問題として捉える考え方を経済的実質主義という。通説が採る「法 vs. 法」という捉え方は，上記のとおり他の法領域においても認められている原則であるから，租税法上特有の重要な意味をもつ原則として捉える必要はない。対して，実質課税を租税法固有の原則というのであれば，「法 vs. 経済」という経済的実質主義の問題と位置付けられる。

　しかしながら，「法 vs. 法」の中にも租税法的意味内容を付与して議論する局面があると考えることはできないのであろうか。例えば，その端的な例が仮装

行為（☞仮装行為とは）がある場面である。すなわち，仮装とは，民事法上の概念ではなく，私法の有効無効を問わない概念であるが，仮に私法上有効であったとしても，租税法上は仮装された事実に基づいて課税することはしない反面，仮に私法上無効な契約であったとしても，租税法上は当該無効とされる契約があたかも存在するかのごとく無効であったことを無視して課税を行うことにもなるのである。かような意味において，租税法上の「法実質」とは民事法上の「法実質」と乖離することがあり得ると理解すべきではなかろうか。

この点について，内心的効果意思の合致という観点から，さらに説明を加えることとしたい。

☞ **仮装行為**とは，意図的に真の事実や法律関係を隠蔽ないし秘匿して，みせかけの事実や法律関係を仮装することであって，通謀虚偽表示（民94）がその典型的な例である（金子・租税法151頁）。
なお，ドイツ租税通則法41条2項は，「虚偽表示その他の仮装的行為は課税についてなんらの意味をもたない。虚偽表示によって他の法律行為が隠蔽されている場合には，隠蔽されている法律行為が課税について基準とされる」と規定している。

(3) 表示行為と内心的効果意思
ア 課税の基礎となる「真実の法律関係」

表示行為（☞表示行為とは）から推断される効果意思（☞効果意思とは）と真の内心的効果意思（☞内心的効果意思とは）とが合致する場合には，かかる表示行為が示す法律関係を前提として課税が行われることに何ら問題はないが，例えば通謀虚偽表示による脱税の場合には法律行為そのものが無効あるいは不存在であるから，その場合には，表示された法律関係によってではなく，真実の法律関係に基づいた課税がなされるべきとするのが通説である。

☞ **表示行為**とは，内心的効果意思を外部に発表する行為をいう。明示の意思表示と黙示の意思表示があるが，表示行為はいかなる方式をとるかは通常自由である（遺言などの要式行為の場合を除く。）。
☞ **効果意思**とは，一定の法律効果の発生を欲する意思をいう。効果意思には，「内心的効果意思」と「表示上の効果意思」（☞表示上の効果意思とは）の2つがあるが，通常，内心的効果意思は外部から知ることができないので，法律行為の効果は表示上の効果意思によって決定されるのが原則とされている（金子ほか・小辞典335頁）。
☞ **内心的効果意思**とは，意思表示を行う表意者の側において法律効果を発生させようとする効果意思のことをいい，「真意」ともいう。
☞ **表示上の効果意思**とは，意思表示を受け取る相手方の側からみて表示行為から推断される表意者の法律効果を発生させようという効果意思をいう。

その一方で無効な法律行為を基礎として生じた経済的利得については，その基礎となる法律行為の存在が否定されているにもかかわらず，かかる利得に対する課税が許容されている。この点について，通説は前者と後者を峻別し，後者は所得概念の問題として整理する。学説上この点についてはかような整理が付けられているところであるが，執行上は，無効な行為によって生じた経済的利得が単なるウィンドフォールゲインとして課税されるのではなく，その基礎となる事実関係を模索した上で，税目の確定や所得区分の確定作業が行われる。その際，租税法への当てはめを行うべき「事実」の認定に当たっては，何が「真実の法律関係」かを見極めることが必要である。この作業はきわめて難しく，その作業に当たっては慎重さが要請される。

イ　内心的効果意思に基づく租税法律関係の再構成

契約の無効または不存在の場合には，その表示された無効な契約を無視して課税することが相当であると考えられている。しかしながら，一方で，例えば，売春斡旋契約のような絶対的無効な契約であったとしても，その契約を無視することはせずに課税を行うことが是認されている（金子宏「租税法における所得概念の構成」同『所得概念の研究』93頁以下（有斐閣1995））。この両者の一見すると相反する課税ルールはどう整合的に説明されるべきであろうか。ここでは，通謀虚偽表示による無効の場合と公序良俗違反による無効の場合（Q**6**に詳述）を例にとって考えてみたい。

仮に，通謀虚偽表示によって金銭消費貸借契約（表示行為）を締結していたとしても，真の法律行為が贈与契約（秘匿行為）であるとすれば，贈与税課税がなされるべきとするのが通説であろう。我が国の民法学の分説にそって考えれば，通謀虚偽表示の場合の課税ルールには，2つの構成が考えられる。すなわち，第一に表示行為から推断される効果意思と真の内心的効果意思が合致しない点に注目して，虚偽性を有する表示行為に基づく課税をなすべきではないとする考え方である。その場合には表示行為から推断される効果意思と真の内心的効果意思の合致する贈与契約に基づく課税が行われるべきであると考える。第二は秘匿行為の真正性に注目する。贈与契約という当事者の内心的効果意思の合致したところに合意の効力を見出し，それを基礎とした贈与税の課税が実現されるべきであるとする考え方である。これらの見解の相違は大きなものではないと思われるが，ここでは，法律に代わる合意の効力に注目し，当事者の内心

的効果意思の合致に基づいて課税を構成する後者の立場に立つ。

 ✐ 民法94条《虚偽表示》は，「相手方と通じてした虚偽の意思表示は無効とする。」と規定するが，その法律構成は，秘匿行為の有効性の視点と，外形行為の無効性の視点という論理上の2つの視点から行うことを可能とする（川島武宜＝平井宜雄『新版注釈民法(3)総則(3)』315頁〔稲本洋之助執筆〕（有斐閣2003））。これまでの多数説が，意思理論からの帰結として，法律行為の効力の規準をその要素としての意思表示における意思の不存在または瑕疵に求め，外形行為の虚偽性に注目をしてきたと思われる。これに対して，私見は意思理論からのもう1つの帰結として，法律に代わる合意の効力を強調する立場から，秘匿行為の真正性に注目をする立場である。前者の考え方は虚偽の行為によって第三者を誤信させるがゆえにその行為が本来的に詐欺的性格を有するという認識に到達しやすくなる。これに対して後者の立場は，例えば，刑事上の有責性は私法上の効力に影響を及ぼさないとする原理と整合的であり，当事者の法律行為の自由を確保し，当事者の私法的関係に他の法領域における諸制限からの相対的な独立を保障する立場に近い（脱税のための仮装譲渡につき東京高裁昭和46年10月19日判決・下民集22巻9＝10号1043頁参照）。

 次に公序良俗による絶対的無効の場合を考えてみたい。基礎となる私法上の法律行為が無効の場合に，真実の法律関係に基づいて課税をすべきであるとすると，例えば，売春斡旋契約が締結されており，かかる契約を基礎として役務提供と対価の支払があった場合には当然に当該契約は無効とされることから，結果的には，何らの契約もないところに単に一方当事者から他方当事者への現金の移動のみがあったことになる。したがって，当該現金の対価性の基礎が否定されることになるから，贈与税の課税がなされるべきか，あるいは不当利得返還請求権との相殺により課税がなされるべきではないということになるのであろうか。この点，通説は「ある利得が所得であるかどうかは，その利得の原因をなす行為や事実の法的評価をはなれて，実現した経済的成果に即して判断すべきである。…合法な利得であるか不法な利得であるか，有効な利得であるか無効な利得であるかを区別せずに，それが個人または法人の担税力を増加させるという事実に着目して所得の意義をきめてゆくべき」とする（金子・租税法129頁）。見方によっては，無効な法律関係の上に契約の不存在を無視して課税を行うことになるのである。

 ✐ 金子宏「租税法における所得概念の構成」同『所得概念の研究』193頁（有斐閣1995）は，所得概念の経済的把握説を支持される。すなわち，これは，「それが私法上有効に保有しうるものであるかどうかとは関係なく，経済的に見て，利得者が現実にそれを支配

し，自己のために享受している限り，不法利得も課税対象たる所得を構成する，とする考え方」であり，この考え方によれば，「詐欺・強迫による利得や不法原因給付に該当する利得のみでなく，窃盗や横領による利得も所得に含まれる」ということになる。同「市民と租税」加藤一郎編『岩波講座現代法(8)現代法と市民』319頁（岩波書店1966）も参照。

　これらは同じように無効な法律関係を前提としているが，通謀虚偽表示があったケースでは，虚偽の契約を無視して課税を行っているのに対して，公序良俗違反の契約が締結されていたケースでは，契約の不存在を無視し，あたかも依然として無効な契約が正当に存在しているかのようにみて課税を行っている。
　課税要件事実の認定に必要な事実関係や法律関係の「形式と実質」が食い違っている場合には，形式に従ってではなく，実質に従ってそれらを判断し認定するということは，この場合，通謀虚偽により表示された形式に従ってではなくその背後に隠れている真実の法律関係に従って課税をすることをいい，当事者間では存在し得る法律関係が公序良俗に反するものであったとしても，それに従って課税することをいうと解するべきであろう（🔍6参照）。すなわち，無効の契約について一見相反するような課税であるが，それらはいずれも「真実の法律関係」に即した課税と整理できるのである。

¶ レベルアップ1！　譲渡の形式を採っていても実質が収用ではないとの判断

　以下の事件では，対象となった租税特別措置法上の収用特例が，資産の譲渡が強制的に行われる場合に当該所有者の生活を維持することを目的として設けられたものであることに鑑みると，実質的に強制的な譲渡と同視することができない実態にある譲渡については，本件特例を適用できないとした事例であって，ここで議論した法的実質主義という問題とは異なるものである。しかし，実質か形式かという問題が様々な局面に介在するという点での参考として以下に示しておきたい。
　原告らが，その所有する土地を参加人市に売却した対価について，旧租税特別措置法33条の4（収用交換等の場合の譲渡所得等の特別控除）第1項（平成12年改正前）が適用されるとして確定申告をしたところ，所轄税務署長が，かかる土地の売却は特例対象とはならないとしてされた更正処分の適法性が争われた事例

として，名古屋地裁平成19年5月17日判決（判時2064号37頁）がある。

> 同地裁は，「都計法〔筆者注：都市計画法〕の各規定の内容及び構成に照らしてみると，同法56条1項に基づく買取りは，地権者が，都市計画施設の区域内においても本来許容されるべき建築物を現実に建築する計画・意図を有し，その建築の許可申請をしたものの，事業予定地として指定された結果，これが不許可とされ，土地の利用に著しい支障を来すこととなった場合の代償措置として行われるものであって，その実質において強制的に収用される場合と同視できる状態が存在することを前提とするものと解される。
> したがって，本件特例が適用されるためには，上記の前提状況が現実に存在することが必要であって，<u>外形上は都計法56条1項の規定に基づく買取りの形式による譲渡であっても，その実態が強制的な収用によるものとは同視できず，事業施行者と個人との間で任意に譲渡がなされたものと認められる場合には，本件特例適用の前提を欠くものといわなければならない。</u>」と判示している。

なお，この判断は控訴審名古屋高裁平成20年12月18日判決（判時2064号25頁）において覆されている。

¶ レベルアップ2！　不動産取得税における「不動産の取得」

東京地裁平成3年5月28日判決（判時1404号71頁）の事例において，被告は，移転登記が虚偽表示によるものであり，抹消登記がこれを旧に復するために行われたものであったとしても，売買契約の合意解除の場合と同様，抹消登記の時に不動産を取得したものというべきこととなると主張した。

> これに対して，同地裁は，「しかし，不動産取得税は，原告も主張するとおりいわゆる流通税の性質を有するものであって，不動産所有権の取得の事実自体を課税客体として課されるものである。ところで，真実は所有権移転の事実がないのに登記簿上所有権が移転したような登記がなされ，その後に錯誤を理由として右所有権移転登記が抹消された場合には，右の課税客体たる不動産所有権の取得の事実が存在しないこととなることはいうまでもないから，この場合には不動産取得税を賦課することは許されないものといわなければならない。被告の主張する売買契約の合意解除の場合は，真実いったん他に移転した所有権が再度旧に復するという場合であるから，本件のように，通謀虚偽表示によって単に所有権の移転があったかのような外形が作出されたに過ぎない場合をこれと同視することができないことは，いうまでもないところである。」と判示している。

学説上も，地方税法上の「不動産の取得」の有無については，登記面に従っ

てではなく，真実の法律関係に従って判断されるべきと解しており（金子・租税法856頁），また，そもそも登記は不動産所有権の取得の効力要件ではなく，対抗要件にしかすぎないから（民177），不動産の取得の時点も登記を基準としないと解されているところである（最高裁昭和51年10月12日第三小法廷判決・集民119号97頁）。

他方，被告から不動産取得税賦課決定を受けた原告が，本件不動産売買契約は代理人として締結したものであり，当該不動産を取得していないなどとして，被告に対し，かかる決定の取消しを求めた事案で，いわゆる流通税の性格を有する不動産取得税の課税要件である「不動産の取得」とは，不動産の取得者が実質的に完全な内容の所有権を取得するか否かには関係なく，所有権移転等の形式による不動産の取得のすべての場合を含むものであると解されるところ，本件認定事実によれば，本件土地の所有権は，売買代金全額が支払われたときに原告に移転したというべきであるとして，請求を棄却した事例がある。

> 名古屋地裁平成16年6月30日判決（裁判所HP）は，「不動産取得税は，地方税法が同税の課税要件として，『不動産の取得』を規定していること（法73条の2第1項）から明らかなとおり，いわゆる流通税の性格を有し，不動産所有権の移転の事実自体に担税力を見いだし，これに対して課税するものであって，不動産の取得者がその不動産を使用・収益・処分することにより得られる現実の利益に着目して課せられるものではない。したがって，上記『不動産の取得』とは，不動産の取得者が実質的に完全な内容の所有権を取得するか否かには関係なく，所有権移転等の形式による不動産の取得のすべての場合を含むものであり，これにより経済的な利益の増加を意図するなど，当該不動産を取得した動機，目的によって左右されるものではないと解される（最高裁判所昭和48年11月16日第二小法廷判決・民集27巻10号1333頁，同裁判所昭和53年4月11日第三小法廷判決・民集32巻3号583頁参照）。以上の理は，法73条の2第1項が，あらゆる形態の不動産取得を一律，形式的に課税対象としつつ，その反面，これにより発生する不都合を防止するために，法73条の3ないし7が非課税規定を置いて，個々の救済を図っていることからも明らかである。
> そして，法73条の2第1項の『不動産の取得』の意義について，地方税法は何らの定義規定を設けていないことからすると，異なる意義に解すべき合理的理由のない限り，私法上の『不動産所有権の取得』と同義に解することが，租税法律主義，法的安定性の要請を充たすことになる。」と判示した。

ここでは，借用概念論（☞借用概念論とは）の統一説（☞統一説とは）に立ち，民事法上の「不動産所有権の取得」と同義に解すべきとした上で，かかる民事法上の判例法理からすれば，形式的所有権の移転による不動産取得を指すという

理解に沿って，地法税法上の「不動産の取得」を解するという見解が示されている（なお，固定資産税の納税義務者としての所有者の意義が示された事例として，最高裁平成26年9月25日第一小法廷判決（民集68巻7号722頁）も参照。金子宏「固定資産税の納税義務者としての所有者の意義」金子＝中里・租税法と民法600頁）。

☞ **借用概念論**とは，租税法が用いている概念についての解釈手法の1つである。すなわち，他の法分野で用いられ，すでにはっきりした意味内容を与えられている概念であり，これを他の法分野から借用しているという意味で「借用概念」という。これに対し，他の法分野で用いられておらず，租税法で独自に用いているものを「**固有概念**」であるとしている（金子・租税法126頁，酒井・レクチャー24頁）。

☞ **統一説**とは，借用概念は，他の法分野におけると同じ意義に解釈するのが，租税法律主義＝法的安定性の要請に合致していることから，原則として，本来の法分野におけると同じ意義に解釈すべきであるとする見解であり，通説的理解である（金子・租税法127頁，酒井・レクチャー24頁）。

Tax Lounge　無認可医師に対して支払った診療代に対する医療費控除

このようにみてくると，あくまでも「配偶者」という用語の該当性のみによって判断が分かれるということが確認できる。

例えば，医院の看板が掲げてあった病院ににせ医者と知らずにかかった患者が支払った診療代金が医療費控除の対象となるかという問題がある。この場合，所得税法73条に規定する医療費控除の対象となる医療費とは，「医師又は歯科医師による診療又は治療，治療又は療養に必要な医薬品の購入…の対価のうち通常必要であると認められるものとして政令で定めるものをいう。」とされているから（所法73②），医師または歯科医師ではない者に支払う診療代金は医療費控除の対象とはならないということになる[26]。

医師資格の問題と内縁の妻を類似のものとして議論するのはおかしいという批判も聞こえそうであるが，法が用いる用語の厳格な解釈という意味では，内縁の妻を配偶者控除の対象となる「配偶者」とみないという考え方と類似しているといえなくもない。

2　実質所得者課税の原則

はじめに

　租税負担の公平を担保するためには，所得課税は担税力のある者に対してなされなければならない。すなわち，所得課税においては所得を担税力の指標として課税関係を整理するのであるから，真に所得を有する者に課税がなされる必要があるということになる。したがって，担税力が認められない単なる名義人に対しては課税をすべきでなく，実質的に担税力を有すると認められる者に対して課税がなされなければならないのである。このような思想を背景とする課税の基礎的な考え方が「実質所得者課税の原則」であるといえよう。

　このように，担税力の存する者に対する課税を求める考え方に基づいて課税関係を整理しようとすれば，必ず実質所得者課税の原則に従った課税がなされなければならないということにもなる。すると，経験則からすれば，多くの場合は，形式と実質は異ならず，通常その名義人に所得が帰属すると考えるところから出発することになろうが，かような安易な認定は常に再検証を受けなければならないということになるのであろうか。

　もっとも，そこには，実質的に担税力を有する者をどのように認定するのかという困難な問題も常に横たわっている。課税の公平を維持するために担税力に基づく課税が実現されなければならないとすれば，すべての課税関係について，そこに介在する困難性を乗り越えて実質所得者課税の原則に基づく認定がなされなければならないのであろうか。

　この所得の帰属の問題を「実質課税の原則」の一側面として捉えることもできるが，我が国の租税法において，実質課税の原則を包括的に規定する条項は存在しない。ここでは，実質所得者課税の原則についての若干の考察を加えることとする。

(1) 実質所得者課税の原則―概観
ア 規定の確認

> **所得税法12条 《実質所得者課税の原則》**
> 資産又は事業から生ずる収益の法律上帰属するとみられる者が単なる名義人であって，その収益を享受せず，その者以外の者がその収益を享受する場合には，その収益は，これを享受する者に帰属するものとして，この法律の規定を適用する。

この規定は，所得税法158条《事業所の所得の帰属の推定》と同様，収益を享受する者に課税が行われることを規定したものである。また，法人税法11条《実質所得者課税の原則》にも類似の規定があり，これらの条文の題名が示すように，これらは一般的に「実質所得者課税の原則」と呼ばれている。

> 地方税法24条の2の2《収益の帰属する者が名義人である場合における道府県民税の納税義務者》，同法72条の2の3《収益の帰属する者が名義人である場合における事業税の納税義務者》，同法294条の2の2《収益の帰属する者が名義人である場合における市町村民税の納税義務者》も，同旨の規定である。

> **消費税法13条 《資産の譲渡等を行った者の実質判定》**
> 法律上資産の譲渡等を行ったとみられる者が単なる名義人であって，その資産の譲渡等に係る対価を享受せず，その者以外の者がその資産の譲渡等に係る対価を享受する場合には，当該資産の譲渡等は，当該対価を享受する者が行ったものとして，この法律の規定を適用する。

これも，上記の実質所得者課税の原則として説明されることがあるが，上記の実質所得者課税の原則がいわば帰属の問題を取り上げているのに対して，同条は，資産の譲渡等をした者の判定あるいは外国貨物を保税地域から引き取った者の判定であることから，「実質行為者課税の原則」と説明されることもある。その場合には，両者をあわせて「実質帰属者課税の原則」と指称する工夫がなされている（金子・租税法181頁以下）。なお，後述するが，相続税法上にはこのような規定が設けられていない。

次に，所得税法12条の沿革から，この実質所得者課税の原則と実質課税の原則（☞実質課税の原則とは）との関係について眺めてみたい。

> ☞ **実質課税の原則**とは，租税法の解釈・適用に当たって，形式に即してではなく実質に即して行うべきであるとする原則である。ただし，この実質課税の原則は時に，経済的

実質主義として捉えられることが多い（「法 vs. 経済」）。なお，本書においては，経済的実質主義という意味に限定せずに使用している（🔍**1**—2頁参照）。

イ　沿　革

　所得税法12条は，昭和28年度の税制改正によって設けられたものであるが，その趣旨については，次のように説明されている。すなわち，「所得が誰に帰属するかを定めるに当っては，名義の如何を問わずその実質に従って判断すべきであるという所謂『実質課税主義の原則』は，従来から所得税課税に当ってとられてきた基本原則であった。この原則は，『所得税法上株式配当金の帰属を定めるに当っては，その名義によるべきものではなく，その実質によるべし』とする旧行政裁判所の判例によって，判例上も認められているところである。しかし法人形態を仮装して所得税の課税を免れようとする者が多くなるに至り，この実質課税主義の原則を明文により規定することが適当と認められるに至ったので，今回所得税法第3条として，『所得税は収益の名義上の帰属者に対してではなく，実質上の収益者に対して課税される』旨の規定がおかれるに至ったのである」と説明されるところである[1][2]。

　昭和28年度改正当初，所得税法12条の題名は「実質課税の原則」とされていたが，これは後の昭和41年度改正において，現在の「実質所得者課税の原則」へと変更されている。このことから，同条が実質課税の原則の一側面として実質所得者課税の原則を位置付けているとみるか，あるいは，昭和41年度改正の段階で，所得税法は実質課税の原則の実定法上の根拠を放棄したとみるかについては，見解も分かれ得る。

　もっとも，当時の立案当局における担当行政官の説明によると，「実質課税の原則」という表現が誤解を招きやすいものであるというだけの理由に基づくものであるとされていることからすれば，当時は実質課税の原則を放棄したとは考えていなかったということができよう（なお，所得税法12条等の歴史的・比較法的解釈については，木村弘之亮「帰属」木村＝酒井・租税正義273頁に詳しい。）。

(2)　「収益」の意義

ア　確認的規定としての実質所得者課税規定

　所得税法12条や法人税法11条などの実質所得者課税規定は，確認的規定か創設的規定かという点がしばしば議論される。

> 福岡高裁昭和34年3月31日判決（判時198号4頁）は，「所得税法2条所定の課税対象となっている個人の所得とは，当該個人に帰属する所得を指称するものであることは勿論であるが，その所得の外見上又は法律形式上の帰属者が単なる名義人に過ぎずして，他にその終局的実質的享受者が存在する場合，そのいずれを所得の帰属者として課税すべきであるかについて問題を生ずる。思うに，国家経費の財源である租税は専ら担税能力に即応して負担させることが，税法の根本理念である負担公平の原理に合し且つは社会正義の要請に適うものであると共に，租税徴収を確保し実効あらしめる所以であって，各種税法はこの原則に基いて組み立てられており，又これを指導理念として解釈運用すべきものと云わねばならない。さすれば，所得の帰属者と目される者が外見上の単なる名義人にしてその経済的利益を実質的，終局的に取得しない場合において，該名義人に課税することは収益のない者に対して不当に租税を負担せしめる反面，実質的の所得者をして不当にその負担を免れしめる不公平な結果を招来するのみならず，租税徴収の実効を確保し得ない結果を来す虞があるからかかる場合においては所得帰属の外形的名義に拘ることなく，その経済的利益の実質的享受者を以って所得税法所定の所得の帰属者として租税を負担せしむべきである。これがすなわちいわゆる実質所得者に対する課税（略して実質課税）の原則と称せられるものにして，該原則は吾国の税法上早くから内在する条理として是認されて来た基本的指導理念であると解するのが相当である。」とする。

このように高裁は，実質所得者課税の原則を「基本的指導原理」と位置付け，確認的規定と捉えている。なお，上告審最高裁昭和37年6月29日第二小法廷判決（裁時359号1頁）は，この高裁判断を維持した。

最高裁昭和39年6月30日第三小法廷判決（税資42号486頁）は，租税法上古くから条理として是認されていたいわゆる実質課税の原則によって納税義務の所在を決定した原審判断は相当であると判示している[3]。この立場は，実質所得者課税の原則が確認的規定であるというところに立つものであるといえよう（✍も参照）。

このように確認的規定であるとするのが判例の態度であるといえよう[4]。では，なぜ相続税法にはかような規定がないのかという疑問も惹起されるが，これは次に述べるように，実質所得者課税の原則が財産の帰属にまで及ぶと解すべきか否かに関わるところといえよう[5]。

イ　実質所得者課税規定は資産・負債の帰属にまで及ぶか

前述のとおり，所得税法12条や法人税法11条は，文理からすれば，「収益」を規定するのみで，費用や資産・負債の帰属については何ら規定していない。

✍　山田二郎教授は，「所得税法上の右規定〔筆者注：所得税法12条〕は，文言の上で，資

産又は事業から生ずる収益だけに関するものであるが，この条項は，帰属の関係が多く問題となる資産又は事業から生ずる収益を典型的な例として規定したものと解されるから，この点からいっても，また単に確認規定に過ぎないことからいっても，右規定に示されている原則は，資産や事業から生ずる収益以外のもの，例えば給与所得についても，また，贈与税にも適用があるといえる。」と述べられる（山田「実質課税の原則」ひろば30巻1号26頁（1977））。所得税法上の規定が贈与税にまで及ぶかどうかについては議論があるが，その点は措くとして，給与所得などについても規定が及ぶとする山田説は同条の射程範囲を比較的広く捉えられている。

所得税法12条や法人税法11条の規定が「資産」や「負債」にまで及ぶかどうかについてはしばしば議論されるところである。
　この点につき，木村弘之亮教授は，「所得税法12条，法人税法11条…は，資産（又は事業）から生ずる収益の帰属にかかわっており，資産そのもの又は所得（又は各種所得）の帰属にかかわっていない」と論じられる（木村・総則168頁。なお，同教授は，資産の帰属を規律する法改正の必要性を提案されている（木村弘之亮「帰属」木村＝酒井・租税正義397頁）。）。
　また，水野忠恒教授は，「信託税制はどこに規定されているかといえば，基本的には実質所得者課税の原則という，所得の帰属の話ですが，所得の帰属のなかで，こういう信託の場合には誰の所得になるかという規定が置かれていたわけですが，それについてもさらに明確化を図るという作業が行われたわけです。そこで，資産，負債についての帰属の規定も置かれました。」と述べられ（水野「〔対談〕信託税制のその後」税研146号2頁（2009）），資産，負債の帰属の規定としての意味が実質所得者課税の原則にはなかったという点を前提として論じられているようである。このように，資産・負債の帰属については実質所得者課税の原則の射程外という見方もできる。だからこそ，信託課税改正をしたと水野教授は述べられているのではなかろうか。
　条文上は，「収益」の帰属のみを問題としているのであって，資産・負債の帰属については何ら触れられていない。このように，所得税法12条や法人税法11条の射程は，文理からみても「資産」や「負債」には及ばないとみるべきであろう。

ウ 「収益」を基準とする帰属者判断

　このように「文理」による解釈が展開されていることを前提とした上で，所得税法12条や法人税法11条が「収益」を基準としているところからみると，

「費用」や「損失」の帰属については，これらの条文の射程外ということになるのであろうか。条文上は「所得」の帰属にまでは触れられていないため問題となる。

法人税法22条3項は，内国法人の損金の額に算入すべき金額として，別段の定めがあるものを除き，同項1ないし3号所定の額と定めているところ，内国法人と法人格を異にする外国の子会社に係る欠損の金額がこれに含まれないことが原則であることは明らかであるが，実質所得者課税の原則（法法11）により，外国の子会社に係る欠損の金額を内国法人の損金に算入できるのかを，タックス・ヘイブン対策税制との関係で問題とした事例に，高松高裁平成16年12月7日判決（民集61巻6号2531頁）[6]がある[7]。

> 同高裁は，法人税法11条について確認的規定説に立った上で，括弧書きにおいてではあるが，「法人税法11条は，収益についてのみ規定しているが，損失・費用の帰属についても同条の適用があるのは明らかというべきであるから，結局のところ同条は収益と損失・費用の差額であるところの所得の帰属について定めたものと解される。」と説示した。

なお，上告審最高裁平成19年9月28日第二小法廷判決（民集61巻6号2486頁）[8]においても原審判断は維持されている。

実質所得者課税の原則が実質的に所得の帰属者に対する課税を要請することを通じて，担税力に応じた課税を実現し，もって課税の公平を担保するものであることに鑑みると，収益のみならず，費用や損失の帰属をも含めたところで，「所得の帰属者」を判定する必要があるのであるから，上記説示は当然のことを論じているものといえよう。

では，所得税法12条や法人税法11条はなぜ「収益」と規定し，「収入」あるいは「益金」と規定していないのであろうか。

✎ 「収益」による帰属判断基準

実質所得者課税の原則にいう「収益」とはいかなる意味を有するのであろうか。金子宏教授は，「収益とは，外部からの経済的価値の流入」であるとされる（金子・租税法338頁）[9]。

他方，岡村忠生教授は，「権利確定主義やこれを補う管理支配基準には，根本的な誤りがある。」とされ（岡村・講義59頁），「これらの考え方が，もっぱら対価，つまり，取引によって納税者に入って来たものに着目していることである。所得課税の観点からは，

入って来た対価ではなく，譲渡された目的物や提供された役務，つまり，出て行ったものが着目されなければならない。その理由は，…清算課税説に見られるように，所得課税の基本的な考え方として，資産の譲渡に係る損益は，納税者の保有期間にどれだけの価値変動があったか，納税者がどれだけの価値を付加したかによって算定され，また，役務提供にかかる損益も，納税者がどれだけの価値のある役務を提供したかによって算定されるからである。そうでなければ，無償取引のように対価が観念できない取引をはじめ，現物出資や現物配当についても収益が発生することを説明できない。もちろん，通常の取引（市場取引）における対価は，資産や役務の客観的な価値を適正に指し示している。しかし，それは収益が映し出された射影に過ぎず，収益の実体そのものではない。対価への着目は，収益把握のための1つの手段であり，現象的な手続に過ぎない。収益の本源は，資産の譲渡や役務の提供という取引に求められるべきであり，したがって益金の年度帰属も，対価の収受や債権の成立とは無関係に，譲渡や提供という取引事実が認められた年度とされるべきである。」と論じられる[10]。

この立場からは，実質所得者課税の原則はどのように理解されるのであろうか。

実質所得者課税の原則が規定されている所得税法12条あるいは法人税法11条は，「収益」の享受者をもって，かかる収益の帰属を決定すると規定している。この観点からすると，資産の譲渡者や役務の提供者こそが実質所得者ということになりそうであるが，「享受者」という概念との関係が問題になるように思われる。

(3) 実質所得者課税の原則の射程範囲
ア 法人成りを防止する機能

会社と個人のいずれが所得者かという点での明文の規定はない。

そこで，会社の所得を先取りして個人はその余の所得をいうと考えるべきか，あるいは個人の所得を先取りして会社はその余の所得をいうと考えるべきかという論点がある。

> 大阪地裁昭和56年7月20日判決（判タ450号163頁）[11]は，「Yの営む本件マッサージ機製造業の所得の確定方法について考えるに，…右マッサージ機の製造販売全般の経営者はYであって両部門は一体としてYの営む1個の事業という性格が強いうえ，Yが両部門間のマッサージ機の販売価格を自由に操作することにより会社（販売部門）と個人（製造部門）間の利益調整を行って個人に利益を集中させており，さらにYのもとに届けられた会社の売上金は会社個人の区別をすることなくYが管理し，そこから会社及び個人の従業員の給料や諸経費が支払われ，その残余金も右同様両者の区別をしないでYが仮名定期預金等として保有するなど会社と個人間の経理等につきいわゆるドンブリ勘定がみられるのであって，このように会社と個人の営業，資産，経理等を截然と区別することができない場合は，会社が決算書類等公表上確定した所得並びにそれ以外に証拠上明らかに会社に属するものと認められる所得を除いたその余の所得は，すべて個人に帰属する所得と認めるのが相当であり…，かかる観点に立って

> Yの本件所得を確定することは，基本的に正当な方法としてこれを是認すべきものと考える。」とした[12]。

　法人であるにもかかわらず個人と認定して課税が行われることがある。その場合に法人格否認の法理が適用されるケースであれば，私法上も法人格が否認されることになるから，人格のない社団等と認定されない限り，個人に対する所得税の課税が行われることで理解できるが，法人格否認の法理が適用されずに個人に対する課税が行われる根拠を所得税法12条に求めることができるとする事例も散見される[13]。

　前述のとおり，実質所得者課税規定の立法趣旨説明としては法人成りのことが指摘されているのである。すなわち，法人形態を仮装して所得税の課税を免れようとする者が多くなったため，実質課税主義の原則（実質課税の原則）を明文により規定することが適当と認められるに至ったと説明されているのである。つまり，法人格否認の法理が適用されるのと同じ効果を期待しての実定法上の規定として予定されていたということであろう。

　🖉 また，一定の要件が充足されると，法人の各事業所の主宰者が当該各事業所から生ずる収益を享受する者であると推定して，更正または決定を行うことができると規定する所得税法158条は，昭和24年の中小企業等協同組合法が制定され企業組合の制度が設けられて以来，多数の企業組合が設立されたが，その中には，組合としては何ら事業活動を行わず，実際には，各組合員が従来どおり個人として事業を営んでいるにもかかわらず，所得税を免れるがために，組合員の事業用資産と負債のすべては組合が引き継ぎ，組合員は組合から給与を受ける給与所得者であるかのごとく仮装する例が多かったことから[14]，これに対処するために所得税法12条の実質所得者課税の原則とのセットで設けられたと説明されている（金子・租税法186頁）。

> **所得税法158条《事業所の所得の帰属の推定》**
> 　法人に15以上の支店，工場その他の事業所がある場合において，その事業所の3分の2以上に当たる事業所につき，その事業所の所長，主任その他のその事業所に係る事業の主宰者又は当該主宰者の親族その他の当該主宰者と政令で定める特殊の関係のある個人が前に当該事業所において個人として同一事業を営んでいた事実があるときは，その法人の各事業所における資金の預入及び借入れ，商品の仕入れ及び販売その他の取引のすべてがその法人の名で行なわれている場合を除き，税務署長は，当該各事業所の主宰者が当該各事業所から生ずる収益を享受する者であると推定して，更正又は決定をすることができる。

イ 人格のない社団等の概念との関係

人格のない社団等の概念は,「実質課税の原則」との間にいかなる関係性を有するのであろうか。

福岡高裁平成2年7月18日判決（訟月37巻6号1092頁）の事例において,課税庁は,「法人税法は,人格なき社団について『法人でない社団又は財団で代表者又は管理人の定めがあるものをいう。』（同法2条8号）とし,その納税義務者については,収益事業から生じた所得に対してのみ法人税を徴するものであり,相続税法も同様に人格なき社団の納税義務を認めている（同法66条）。これらの法の趣旨は,構成員らとは別個に当該団体がそれ自身において社会生活における主体となって,実際上の事業活動をし,所得や財産の実質的な帰属主体となっているため,その帰属する所得や財産に担税力を認め,これに課税しようとする『租税公平負担の原則』『実質課税の原則』に立脚するものに他ならない。したがって,社会の一単位として活動し,その性質,組織,活動状況において法人格を有する社団や財団と異なるところがないとすれば,租税法規がその目的を達するうえで,人格なき社団に租税法律関係の当事者たる地位を認めるのに差し支えがないものである。この観点に立てば,人格なき社団を租税法律関係の当事者たる納税義務者の地位に据えるには,当該団体に団体の構成員の財産から明確に分離された団体固有の財産の存することが必須かつ最重要で,構成員の資格・範囲・権利義務,社団の目的,執行機関の構成・監督手段等は,元来,団体の内部関係に委ねられるべき団体自治の問題であり,形式的,補充的に備わっておれば足りるというべきである。」と主張する。

人格のない社団等の概念を「実質課税の原則」などに立脚するものとするこのような考え方は妥当であろうか。

(4) 「実質」の意義
ア 経済的実質主義と法的実質主義
(ア) 形式課税主義

租税法律主義の原則の本質を,法律の規定内容の固定性や形式性（表見性）の重視に求めるとすれば,実質課税の原則が強調されることには問題があるということになろう。

✍ この点,新井隆一教授は,「租税法律主義の原則の内容においては,形式課税の原則,

形式主義の原則が，基礎的『原則』であり，実質課税の原則，実質主義の原則は，この基礎的『原則』を，租税法律主義の原則の目的に即して，より積極的に実効性を発揮させるための補足的『原則』であるということになる。」と整理される（新井・基礎理論84頁）[15]。このように，租税法律主義を形式課税主義の観点から捉える見解は，背後に，租税法律主義に，形式重視の立場を貫くことによって恣意性を排除し課税の公平を期するということを目的とした原則としての意味をもたせようとする考え方があるように思われる。

　金子宏教授も，租税法の適用に当たっては，形式的外観に対応せざるを得ない場合が多いとされる（金子・租税法34頁）。
　租税法律主義の要請が形式課税主義であるとすると[16]，実質主義とは，補足的に形式主義を実効せしめる原則としての側面を有する考え方ということになるのかもしれない。
　(イ)　**経済的実質主義**
　これに対して，租税法の基本原則である租税公平主義の観点からすれば，その応能負担の原則に基づく課税の公平を期するためには，単なる法形式に拘束されることなく，実質に基づく所得の帰属の判定が必要であり，したがって租税法上，租税公平主義を担保するものとして実質課税の原則が要請されるところから，所得の帰属に当たっても必然的に実質に基づく判定としての実質基準が要請されるという見解もある（吉良実『実質課税論の展開』10頁以下（中央経済社1980））。
　吉良実教授は，このような文脈から，経済的実質主義を採用すべきと論じられる（吉良『所得課税法の論点』178頁以下（中央経済社1982））。
　その論拠として，第一に，「租税は各人の負担能力に応じて公平・平等に課税されなければならないという使命をおびた社会的な存在」であり，「租税の負担能力は結局各人の経済力によって量られ，かつ決定されなければならないものである」とされる。そして，その各人の経済力は，「必ずしも法的保障を必須の要件としているものではなく，事実としての経済的支配力が要件になっているものである」と論じられる。
　第二に，所得税や法人税の課税物件である「所得」は，「財政学上の所得学説によって経済的に把握されるべき『所得』そのものである」から[17]，「所得の帰属の判定に当たり，実質課税主義で要請されている『実質』は，いわゆる『法

的実質』というよりは,むしろ『経済的実質』,つまり現実に事実として存在する経済的支配関係・結合関係そのものを指しているもの」と解する余地があるとする。

　第三に,所得の「帰属」という概念が,「取得」という法律上の権利や権原の伴った支配関係・結合関係・占有関係等を示す法概念とは異なり,事実上の支配関係・結合関係・占有関係等を示す概念であるという点を挙げられる。

　(ウ)　検　討
　法的実質主義が形式課税主義の観点と結びつきやすいという点は先に述べたとおりであるが,しかしながら,租税法律主義は,法律に基づく課税の実現を要請することによって,恣意性を排除するとともに,もって租税公平主義をも実現しようとしているとみることができるのであるから[18],「租税法律主義＝形式課税主義」とし,「租税公平主義＝経済的実質主義」という図式で捉えるべきものではないように思われる。そもそも,租税法律主義と租税公平主義を同次元のものと捉えるべきではなく,前者が後者をも含む主義であって,前者が実現したところで後者も成り立つ関係にあると解すべきであろう。

　吉良実教授の説明はいずれも説得的であるといえよう。しかしながら,第一の点については,各人の経済力は多くの場合には,法的保障を伴った経済的支配力によって構成されているという点により重きを置く必要があるという点の指摘もあり得るように思われる。法的実質主義を採用する立場にもさまざまなものがあると思われるが,法的実質主義を採用する有力説においては,必ずしも経済的観点を無視しているわけでない（例えば,管理支配基準のような基準性を持ち込んで課税のタイミングを計っている。）。例えば,占有という概念は,いわば法的には所有権のない状況であっても,これを法的な場面にまで引き入れようとする工夫の1つであるが,このような概念を使って法的実質を探る立場もあるように,経済的実質と法的実質の境界線は相対的なもののように思われるのである。

　次に,第二の「所得」の概念については,当然ながら「所得」という用語をいかに理解するかにかかわってくる。吉良教授は,「所得」という用語の意味内容は,「一般的には経済概念として理解されているところであって,税法はそれを借用し,それに多少の修正を加えて税法用語として使用しているにすぎないものであるから,その税法用語としての『所得』の概念は,法概念ではあ

るが，それは経済概念を前提とした法概念であると理解すべき」と論じられる。この点，金子宏教授は，「所得」は租税法上の固有概念であると論じられている（金子・租税法126頁）。その用語の出発点が経済的な観念であったとしても，すでに法律の中に概念として取り込まれている限りにおいて，明らかに法概念であるというべきであり，いまだ経済的な観点からの「所得」を意味しているとみることは不可能であるといわざるを得ない。そのことは，例えば，所得税法においては，美貌を得ることを課税対象所得と認識しない立場に立っていることからも明らかなように，経済学的見地とは異なり，「効用」の増加のすべてを所得の増加としてみているわけではないという点からすれば当然のことのように思われるのである。そういう意味では，租税法上の「所得」とは，租税法に固有の概念として定立されているのであって，決して経済学や財政学上の概念であるとはいえないと考えるべきではなかろうか。

第三に，所得の帰属とは，吉良教授が論じられるように必ずしも権利や権原の伴った支配関係のみを指すものではないといえよう。このことは，第一の論点とも重複するが，ほとんどのケースでは所有権移転などの明確な法的保障の枠内の議論として説明することができるし，そうでなかったとしても実質上の支配にしたところで，やはり占有という法的概念で説明することもあり得ることを考えると，法的な実質論で判定することができないと結論付けることは適当ではないように思われるのである[19]。

(エ) **法的実質主義**

金子宏教授は，経済的帰属説を採ると所得分割ないし移転を認めやすくなること，法的安定性や認定の困難性などから法的実質主義を採られる（金子・租税法182頁）。

法人税法11条が法的実質主義を採用したものであるという論拠の1つとして，仮に経済的実質主義が採用されているのであれば，同法12条《信託財産に属する資産及び負債並びに信託財産に帰せられる収益及び費用の帰属》は不要であるはずだという考え方がある。

> 横浜地裁平成13年10月10日判決（税資251号順号8999）は，「原告は，法人税法11条は法律上の形式と経済上の実質の異なる場合について定めた規定であると主張する。確かに，条文の文理そのものからはそのように読めないことはないし，経済上の実質はより端的に担税力をうかがわせるものであるともいえるから，そのような立法政策

も全くあり得ないではない。しかし、経済的実質に従って課税するとなった場合には、課税庁は、法律効果の帰属者とは別に、経済上の受益者又は費用の出捐者を常に探求すべきことになるところ、その把握は容易ではないし、徴税コストが膨大になるという問題も生ずる上、納税者側の法的安定性も過度に害されることになる。現行法がそのような事態を予定しているとは到底解されない。法人税法12条が、経済上の受益者を把握しやすい信託関係についてのみ経済的実質に従って租税関係を定める旨を規定しているのも、そのことを前提にしているものと解され、同法11条において、既に経済的実質に従って租税関係が定められるべき旨定められているのだとすれば、同法12条のような規定をそれとは別に設ける必要はないというべきである。」と説示している。

これは法人税法11条と同法12条との関係を基礎に述べたものであるが、この立場は、所得税法12条と同法13条《信託財産に属する資産及び負債並びに信託財産に帰せられる収益及び費用の帰属》においても同様である。

イ　所得税法12条等の解釈

もっとも、所得税法12条や法人税法11条を「単なる名義人」と「収益を享受する者」のうちいずれが法律上の権利者であるかという法律的帰属説を規定したものであると位置付けたとしても、そこには自ずから限界があるように思えてならない。

この点は、次のとおり植松守雄氏が的確に論じられている。

植松氏は、法律的帰属説に対しては、「単なる名義人」＝「法律上の非権利者」と理解し、他面「法律上の権利者」＝「収益を享受する者」とは限らないのに、両者をイコールと考える点で、文理解釈に無理があるとして批判される（図表1）。他方、経済的帰属説に対しては、「法律上帰属するとみられる者」であり「単なる名義人」である者を、「法律上の権利者」とみる点で、文理上すっきり

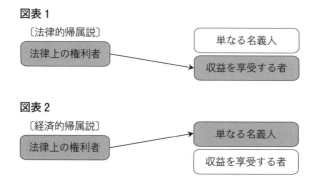

しないとして（図表2），いずれの説も文理解釈として無理があるとされる。そして，文理上は経済的帰属説に立って解釈しつつ，しかし，無制限的な適用を考えるのは妥当ではないため，その具体的適用に当たって完全に私法秩序から乖離する場合に限定し，原則的には法律の帰属説に沿った内容として解釈すべきであるとされるのである（注解所得税法研究会編『注解所得税法〔6訂版〕』167頁以下（大蔵財務協会2019））。

　　✐　このことを権利確定主義との関係で考えてみたい。
　　　　例えば，農地法の許可を得ていない者は収益の享受者であったとしても，法律上の権利者ではない。だからこそ，権利確定主義では説明の限界がそこにあるのであって[20]，法律上の権利者でない者であっても，所得の帰属を認めようというところに，管理支配基準の緩衝材的意味が重要性を帯びてくる[21]。この場合の収益の享受者を法律上の権利者であるといえるのであれば，管理支配基準という構成を持ち込む必要はないはずである。かような課税のタイミングの問題との接合を意識した上で，管理支配基準との整合的理解を試みようとすると，同基準がいわば経済的観点からの課税を実現させようとする構成であることとの合理的な説明が必要になるわけである。
　　　　もっとも，金子宏教授は，「所有者（名義人）以外の者が，その者が通常の利用期間のあいだ当該資産（および収益）に対する支配力行使をその所有者（名義人）から通例排除しうるという態様で，その資産（および収益）に対して事実上の支配力を行使する場合，その資産（および事業から生ずる収益）はその者（すなわち名義人以外の者）に帰属する」というルールとして所得税法12条を解釈される（金子「市民と租税」加藤一郎『岩波講座現代法現代法と市民』321頁（岩波書店1996））。ここにいう実質を法的実質主義としてみるか，経済的実質主義としてみるかについては争いがあるが，法的実質主義を採る立場は，事実上の支配力を行使する者を実質的な帰属者とみているのである。
　　　　私見としては，課税物件の帰属においては，まずは，私法上の法律的な観点から実質的帰属者を認定することを原則とし，例外的に租税法の視角から法律的な実質帰属者を認定すべきであろうと考える。この考え方は，権利確定主義にリーガル・テストとしての基準性を期待しつつ，管理支配基準の介入を認めるという構成と親和性を有するのではなかろうか[22]。

(5) 民法における帰属者認定

さて，一概に「所得」の帰属者の判定において「単なる名義人」か「収益を享受する者」かを認定することは必ずしも容易ではない。すでに述べたところではあるが，あくまでも所得税法12条等は収入および費用の帰属者認定の判断の基準性を示す規定であるから，直截に資産あるいは負債の実質的帰属を規定してはいない。しかしながら，例えば，所得税法を例にとると，利子所得の帰属者認定に当たって，預金債権の所有者認定から出発することになるとするのであれば，その法律的判定の多くは民事法領域に依存するということになるの

ではなかろうか。

次に，民事法領域における，実質的な法律上の帰属者認定について簡単に触れておきたい。

ア　債権の相対的効力

民法上，権利者が複数いるとすると，物権の絶対的効力という命題から，相互に権利内容を主張することが可能となる。そこで，権利関係を安定させるために，1人のみを権利者として取り扱うという命題に行き着く。これが物権の排他性であり，物権の絶対的効力の論理的帰結である。

これに対して，債権に関しては，矛盾する債権の存在が観念される。債権は債務者に対してのみ主張し得るため，矛盾する債権者相互の間では，直接の権利主張があり得ないという点から，債権については，相対的効力が観念され排他性はないという相対効が導出される（加藤雅信『新民法大系Ⅱ物権法〔第2版〕』79頁（有斐閣2005））。

このように物権に対する法律的な所有者の認定は物権の排他性によって判断が比較しやすいものの，債権についてはそうとはいえまい。

イ　法律上の名義人と客観的アプローチ—預金資産の実質的所有者に係る議論を中心として

預金の実質的所有者の認定についてはこれまで，学説上，預金契約の特殊性に着目した理由付けがなされてきたが，この点についての確認をしておく必要があるように思われる。

すなわち，預金取引のように不特定多数の者を対象として，日夜大量かつ没個性的に行われる取引類型においては，金融機関は，預金行為者が本人であるか代理人であるかの確認を行うことなく，または，預金名義人が架空の人物であっても確認を行うことなく，預金行為者が申し出た名義および届出印を押印した払戻請求書の2つを提示することによって，他の本人確認証明を必要とせずに，払戻しを実行するという預金取引実務をも考慮に入れると，通常の取引とは異なり，個性に着目した契約関係がない。かような取引を前提に考えると，ここでは，契約に関して当事者の意思表示を基礎とする考え方（主観説）による一般法理はその適用範囲を限定せざるを得ないという結論を導出しやすくし，預金契約における当事者の意思表示理論から預金者を導くことはできないということにもなる（客観説。中将志「預金者確定法理と信託法理の錯綜問題に関する考察—

専用口座預金における預金者の認定と当該債権の責任財産帰属の可否─」立命館法政論集5号195頁（2007））。

また，判例の指摘するところであるが，民法478条《債権の準占有者に対する弁済》の類推適用により真実の預金者と金融機関との実質的な利益調整が可能であるという点が指摘される。

> 最高裁昭和48年3月27日第三小法廷判決（民集27巻2号376頁）は，「銀行が，無記名定期預金債権に担保の設定をうけ，または，右債権を受働債権として相殺する予定のもとに，新たな貸付をする場合においては，預金者を定め，その者に貸付をし，これによって生じた貸金債権を自働債権として定期預金債務と相殺されるにいたったとき等は，実質的には，無記名定期預金の期限前払出しと同視することができるから，銀行は，銀行が預金者と定めた者が真実の預金者と異なるとしても，銀行として尽くすべき注意を用いた以上，民法478条の類推適用，あるいは，無記名定期預金契約上存する免責規定によって，表見預金者に対する貸付債権と無記名定期預金債務との相殺等をもって真実の預金者に対抗しうると解するのが相当である」と判示している。

従来預金債権の帰属主体を決することは，すなわち，預金の引出しに対する出捐者の期待と金融機関側の預入れ行為者に対する貸付債権と預金債権との相殺による債権回収への期待を実質的に調整するところにあり，そのような利益調整場面に対し，判例は，預金原資の出捐者をもって預金債権の帰属者とすることで，出捐者の一定の保護を図りつつも，金融機関側の相殺の担保的機能に対する期待については，民法478条の類推適用というセーフティネットを用意することで，預金担保貸付時に預金行為者を預金者と誤認した善意かつ無過失の金融機関を保護し，両者の利益調整を図ってきたのである。記名式の定期預金債権について，判例が無記名定期預金同様の客観説を採用できた背景には，定期預金の期限前払戻しに関し民法478条の類推適用が認められた最高裁昭和41年10月4日第三小法廷判決（民集20巻8号1565頁）の理論がある。判例は，その後の同条の類推適用範囲を拡大する傾向にある。無記名定期預金を担保とした貸付の事例である前述の最高裁昭和48年3月27日判決および記名式債権を担保とした貸付事例である最高裁昭和57年3月30日第三小法廷判決（金法992号38頁）においても類推適用が認められるに至っているようにである。また，金融機関側の主観的要件である「善意・無過失」を判断する基準時を，金融機関側に有利な貸付時とする最高裁昭和59年2月23日第一小法廷判決（民集38巻3号445頁）

が判例上確立しているという事情がある〔中・前掲稿196頁〕。

　しかしこのような，金融機関側の相殺等に関するセーフティネット上の背景は，課税上の所得帰属を判断するに当たって何らかの意味を有するのであろうか。

　無記名定期預金の帰属者の認定に当たって，金融機関側の期待に配慮をすべき理由は，租税法上には存在しない。

　上記に示したとおり，出捐者に預金債権の権利行使者として救済を求める客観説と，金融機関保護理論として民法478条の類推適用が機能し合うことで，両者の利益の調和が実質的に保たれたことこそが，一般的な契約法理からかけ離れた客観説が今日まで支持されてきた大きな理由の１つであるということが指摘されているのである〔中・前掲稿196頁〕[23]。

　ここにいう客観説は，預金契約を締結するに際して銀行に対して何ら表示されず，銀行の与り知らない者に預金者たる地位を認めることになるため，民法一般の契約法理から乖離しているといわざるを得ない。契約当事者ではない者に預金者としての地位を認める客観説は，法的根拠が必ずしも明確ではなく，上記に示したようにきわめて利益考慮的価値判断が優先したものであるとの批判にさらされているのである。

　このような認定を前提に預金者としての実質的所有者を租税法がいかに捉えるかは，同法に突き付けられた問題として捉えるべきではなかろうか。

(6) 租税回避と実質所得者課税

ア　実質所得者課税の原則の納税者による主張

　実質所得者課税規定を納税者の側から主張することができるかどうかについて論点とされることがしばしばある。この点については，実質が課税庁側の認定と異なるのであれば，納税者側からも有利に主張することができると解するべきではなかろうか[24]。

> 　タックス・ヘイブン対策税制の適用[25]が争点となった前述の高松高裁平成16年12月７日判決は，括弧書きにおいてではあるが，「被控訴人は，同条〔筆者注：租税特別措置法66条の６〕はいわゆる否認規定であって，子会社の損失を親会社の損金に算入する根拠は，同条ではなく，租税法上の条理とされた実質課税の原則に基づくと主張するが，同条を課税庁が否認する場合のみに限定する理由はなく，法人税法11条から当

然解釈できるとみるべきである。」と述べている[26]。

ところで、その際、納税者は、実質所得者課税の原則によって、名義人に対する課税が直ちに違法な課税であると主張し得るであろうか。広瀬時江氏は、「実質所得者課税の原則が、所得税法、法人税法に規定されているからといって、その適用については自ら限界があり取引の全部について実体探索を要するものでないことが承認されなければならない」として、この点につき否定的である（広瀬『所得税　法人税の原理原則〔第3版〕』313頁（税務研究会出版局1970））。

もっとも、裁判例には、かような見解とは対立する判断も示されている。

> 贈与税の事案ではあるが、大阪高裁昭和39年12月21日判決（行集15巻12号2331頁）[27]は、「保険契約者が保険契約の表面上、通名、仮名、虚無人名又は自己の幼少の子女、家族若しくは雇人等、自己の事実上支配、使用し得る名義を用いて、その名義人以外の者、多くの場合、自己自身を示す氏名として用いることがあることは、世上往々にして見られるところであるから、かような場合はすでに当該保険契約上、保険者との関係においても、実質的な契約上の受取人は右名義人とは別人であって、もしその必要が生ずるときは、右契約においても真実の受取人を探究する要があるけれども、保険者は右名義人に支払うことにより通常免責を受けるものであるから、多くの場合その探索の必要を見ないものであるに過ぎない。そして国の課税処分は、税負担者の生活関係の真相を調査してなさるべきであって、単なる外形、表面的事実のみで、全く実質を伴わない財貨の移動現象等を捉えて軽々に課税すべきでないことは実質課税の建前上理の当然であり、前記のような他人名義の使用が、その名義人との間の通謀虚偽表示（これも一種の実質関係に属する）に基く場合は別として、（実在の名義人が名義貸与を承諾した場合において、保険者が名義人と真実の保険金受取人とが別人であることを知らずして契約したときは民法第94条第2項により保険者その他の善意の第三者に対し、保険金受取人が名義人とは別人であることを主張しえない）他人名義の使用が、その名義人の全く不知の間に、しかも対外関係だけにおいてもその者に保険金受取の権利を得させる意思もなく、単にその名義使用者の一方的都合のみによりなされた場合の如きは、多少の困難は伴うとしても、課税は右の実質の有無を調査判定してなすべく、実質が存しなければ行わるべからざるものである。このことは単に保険課税の場合に限らず、預金、株式等の譲渡についても常に生ずる筈のところのものである。」と判示する。

ここでは、実質所得者課税の原則に従った調査を行うことが要請されるとしている。

イ　法的枠内における経済的考察

納税義務者は必ずしも経済上の担税者を意味しないが、所得税のような直接

税において両者は一致する（杉村章三郎＝村上達雄＝野村次夫『所得税法〔税法学大系Ⅰ〕』15頁（大蔵出版1953））。そこでは，担税力に応じた課税が要請されているのである[28]。

吉良実教授は，「応能負担主義実現のために問題とされる『担税力』は，所得税・法人税の，いわゆる『実質的』な負担能力でなければならないということである。けだし，応能負担主義が担保している租税平等主義は，租税負担の形式的な平等を要請しているものではなくて，実質的な平等を要請しているものといえるからである。」とされ，その結果，「所得課税制度の下では，いわゆる『実質課税主義』によって課税所得の認識・把握・測定が特に要請されることになり，また『総合課税制度』とか『所得控除制度』とか『累進課税制度』とかが要請され，実定税法がそれらの制度を採用しているのも，この実質的な『担税力』に基づく課税の公平・平等を担保せんがためであるといえるのである。」と論じられる（吉良・前掲『所得課税法の論点』11頁）[29]。

ここにいう実質的な担税力を実質的な経済的成果のみに着目して判断すべきであろうか。経済的な成果は通常法律上の関係によってその帰属者が決まってくるものであるから（清永・税法72頁），法律上の関係を離れて経済的な帰属が存するとされる場合があると明確にいい得る場面であれば格別，そうではない限り，法律上の関係を離れていたずらに経済的な帰属を当然の基準とすることは，その基準性の不安定性ゆえに，納税者の地位をいたずらに不安定なものとすることとなるため，与し得ない（山田二郎「実質課税の原則」同『租税法の解釈と展開(1)』190頁（信山社2007））。

この点，株主相互金融の株主優待金の法人税法上の性質に関する最高裁昭和43年11月13日大法廷判決（民集22巻12号2449頁）[30]における松田二郎裁判官の意見が参考になろう。

> 同裁判官は，「およそ本件の株主優待金の問題を判断するに当たっては，株式会社という法的形態を重視すべきか，あるいはその背後に存する経済的関係を法律解釈上に反映せしむべきかという難問に直面せざるを得ないのであるが，経済的考察の必要を忘るべきではないと考える。現に，法的形態を越えて実体に迫り得ることは，税法上におけるいわゆる『実質課税の原則』や，主として商法上論ぜられるいわゆる『法人格否認の法理』にあらわれているからである。
> しかし，そのことは法的形態を軽視し去ることを意味するのではない。法的形態を越えてその実体に迫り得るとされるのは，或る目的のため或る面においてのみ，その

> 法的形態の背後に存するものを把握するために必要な場合に限られるのである。しかも，これらの原則や法理は，いずれも相手側の利益保護のために認められたものであって，この法的形態を利用した者が，相手側の損失においてこれを自己の利益に援用することは許されないものというべきである。これは，これらの原則や法理の本質に基づく当然の要請といえよう。したがって，会社という法的形態を利用した者は，たとえ，この形態を或る経済的目的達成の便宜のための手段としたに過ぎないとしても，この形態の背後に存する経済的実体を強調して，会社という法的形態に基づいて生ずる法律上の責任を免れることは許されないのである。」と述べられるのである[31]。

ウ 私見―法的実質の二重構造

　実質には，経済的実質と法的実質が考えられるが，この法的実質は原則的には私法上の実質をいうと解すべきであろう。しかしながら，例えば，仮装行為の場合のように必ずしも私法上の契約が無効でない場合であっても，仮装された形式を基礎として課税関係を考えるのではなく，また，不法行為の場合のように私法上の契約が無効であったとしても，無効な契約が当事者の内心的効果意思の合致したところにある限りは，かかる無効な契約を前提として，真実の法律関係がそこにあるものとして，それを基礎に課税関係を考える必要があるというべきであろう。すると，原則的には私法を前提とした法的実質を念頭に置きながらも，租税法の目線で捉え直した「実質」を認識する必要があり，かような実質に従うことも例外的にはあり得ると考えるところである。換言すれば，いわば「租税法上の法的実質」という捉え方である。

　民法においては，私的紛争解決のために私法特有の理由から債権の所在が画されることもあるが，このような場合には，ときとして，その私法特有の理由が租税法の目的から乖離していることも考えられるところである。かような場合が存在することを踏まえると，例外的に租税法上の法的実質主義で課税物件の帰属を判断しなければならない場面があるように思えるのである（なお，リース物件の帰属について，岡村忠生「リースの課税関係と民法」金子＝中里・租税法と民法380頁）。

　　　所得税基本通達12-3《夫婦間における農業の事業主の判定》では，「支配的影響力を有すると認められる者」が第一義的に事業主とされ，次にかかる「支配的影響力を有すると認められる者」が誰であるかが明らかでないときには，「生計を主宰している者」によって判断することとしている。そして，同通達は次のようにその例外についても示している。

> ただし，生計を主宰している者が会社，官公庁等に勤務するなど他に主たる職業を有し，他方が家庭にあって農耕に従事している場合において，次に掲げる場合に該当するときは，その農業（次の(4)に掲げる場合に該当するときは，特有財産に係る部分に限る。）の事業主は，当該家庭にあって農耕に従事している者と推定する。
> (1) 家庭にあって農耕に従事している者がその耕地の大部分につき所有権又は耕作権を有している場合
> (2) 農業が極めて小規模であって，家庭にあって農耕に従事している者の内職の域を出ないと認められる場合
> (3) (1)又は(2)に該当する場合のほか，生計を主宰している者が，主たる職業に専念していること，農業に関する知識経験がないこと又は勤務地が遠隔であることのいずれかの事情により，ほとんど又は全く農耕に従事していない場合
> (4) (1)から(3)までに掲げる場合以外の場合において，家庭にあって農耕に従事している者が特有財産である耕地を有している場合

　実質所得者課税がその個々の納税者の実質に応じた課税を行うという理念を確認的に用意した規定であり，その特に典型的な場面について規定をしたものと解するのであれば，かようなきわめて形式的な判断基準を設けることの弊害が考察されるべきではなかろうか。

　実質所得者課税の規定を適用するために，すなわち，実質を判断するために形式的基準が用意されているという論理矛盾を内包した取扱いが採用されているように思われるのである。もっとも，所得税基本通達はその前文において，形式的な通達の適用は排除すべきとの理念が掲げられているから，形式に拘泥した通達の適用はなされないといえたとしても，かような形式的判断基準を設けることによって，実質所得者課税の原則の趣旨を没却してしまうというおそれがあることも同時に認識されるべきではなかろうか。

〔注〕
(1) ここで注意したいのは，法人形態を仮装して所得税の課税を免れようとする者が多くなったという点が立法の契機であるという点である。そもそも仮装行為であるのであれば，実質課税の原則の問題であろうか。
(2) 行政裁判所昭和7年1月30日判決（行録43輯10頁）参照。
(3) この判断は，原審広島高裁昭和36年4月28日判決（税資42号507頁）および第一審広島地裁昭和33年9月1日判決（税資42号598頁）が示す，実質所得者課税の原則を確認的規定であるとの考え方を維持するものである。
(4) 京都地裁昭和30年7月19日判決（行集6巻7号1708頁）は，「客観的に一個と認められる事業から生じた一定の所得がある場合において，その所得が特定の個人に帰属するものであれば，その個人に所得税を納める義務があるのであり，又その所得が特定の法人に帰属するものであれば，その法人に法人税を納める義務があるものといわなければならないのである。而してこの帰属関係は，通常はその形式と実質とが一致しているので特に問題とはならないのであるが，形式と実質とが一致しない場合においては，その形式的に帰属するものに納税義務を課すべきか，或はその実質的に帰属するものに納税

義務を課すべきかについて問題が生ずるのである。ところが所得税法，法人税法は，かかる場合を予想していなかったためにそのいずれによるべきかについて規定を設けていなかったのであるから，解釈によって決しなければならないのである。然るところ，本件処分が行われた当時の所得税法第4条は，個々に課税することが困難である，多数の委託者の信託財産を合同して運用する合同運用信託の場合を除き，信託財産の所有者ではなくて，信託財産から生ずる所得を信託の利益として受けるべきものを，信託財産の所有者と看做して，その実質的に帰属するものに所得税を課するものとし，また同法第11条は，公債，社債又は無記名の株式の所有者が，他人をして利子，配当等の支払を受けさせた場合においては，事前に利札等を売却したりしてその売却代金等を取得しているのにかかわらず，表面上は利子，配当等の支払を受けたことにならないので，公債等の所有者が利子等の支払を受けたものと看做して，実質的に所得を得たものに所得税を課するものとしていたのであって，これらの規定からすれば，同法は所得の帰属についてその形式の如何にかかわらず，その実質によるべきものとしていたものということができるのであり，このことは，租税がその負担力に応じて課せられるべきであるとする，租税法の最も重要な公平の原則にも合致するのみならず，昭和28年法律第173号によって加えられた，所得税法第3条の2は，…その実質によるべきものであることを確認しているのである」と論じる。

(5) この疑問は，実質所得者課税の原則が資産や負債の帰属には及ばないという見解を肯定する議論に結び付けることも可能であろう。

(6) 判例評釈として，中里実・税研123号69頁（2005），山下学・税弘53巻8号80頁（2005），鈴木悠哉・横浜国際経済法学15巻3号47頁（2007），吉田典保・税法558号197頁（2007）など参照。

(7) 原審松山地裁平成16年2月10日判決（民集61巻6号2515頁）は，原告会社が，原告がタックス・ヘイブン国に設立した特定外国子会社に生じた欠損を原告の損金として算入し申告したところ，被告税務署長が損金の過大計上であるとして法人税の更正処分等をしたため，その取消しを求めた事案で，特定外国子会社等に係る損金を内地法人の損金の額に算入することは租税特別措置法66条の6によって禁止されず，被告の同条に基づく本件更正処分等は違法であるとして，請求を認容した。判例評釈として，荻野豊・TKC税研情報13巻3号79頁（2004），平石雄一郎・ジュリ1279号165頁（2004），五十嵐康男・税務事例41巻9号14頁（2009）など参照。

(8) 判例評釈として，占部裕典・民商138巻1号80頁（2008），森英明・平成19年度最高裁判所判例解説〔民事篇〕〔下〕654頁（2010），同・ジュリ1362号118頁（2008），増田英敏・判時2011号169頁（2011），谷口勢津夫・税研148号138頁（2009），錦織康高・租税判例百選〔第6版〕56頁（2016）など参照。

(9) もっとも，金子教授がここで「収益」を説明しているのは，法人税法22条2項についてであり，同条項の「収益」と同法11条の「収益」が同じものであるか否かは判然とはしない。

(10) 最高裁昭和50年5月27日第三小法廷判決（民集29巻5号641頁）は，「譲渡所得に対する課税は，資産の値上がりによりその資産の所有者の支配を離れて他に移転するのを機会に，これを清算して課税する趣旨のものである」と判示している（増加益精算課税説）。その他，最高裁昭和43年10月31日第一小法廷判決（訟月14巻12号1442頁）や最高裁昭和47年12月26日第三小法廷判決（民集26巻10号2083頁）も同旨。

(11) 控訴審大阪地裁昭和60年3月7日判決（税資167号954頁）および上告審最高裁昭和63年4月28日第一小法廷判決（税資167号899頁）では，所得の帰属については争点とされていない。

(12) 類似の事例として，広島高裁昭和52年2月22日判決（税資107号95頁）は，「会社は被告人のみが出資し，他の株主は名義を貸したに過ぎないいわゆる一人会社であるけれども，かかる一人会社についても設立登記によって法律上会社の存在が認められる以上，会社の形態が全く形式的なものに過ぎず，専ら租税回避の目的で設立され，その実体が明らかに個人の営業と認められる場合でない限り，商法の規定に従った運営がなされているか否かにかかわりなく，税法上は法人の営業として取扱うのが相当と解すべきである。ところで興業不動産株式会社は設立後休業するに至るまで会社として営業活動をしており，証拠上それが専ら租税回避の目的で設立されたものとまでは認められないから，会社としての法人格を全く否定し去ることはできず，会社の所得は被告人個人の所得とは別途に法人税法によって処理すべきものである。その際宅地建物取引業法所定の免許を個人が受けていたか又は法人が受けていたかということは，免許の目的からみて所得の帰属を決めるうえに決定的なものとはいえない。被告人は会社設立の後も会社とは別個に個人としても営業活動をしていたもので，会社の営業と個人のそれとを截然と区別することはできない。このような業態にある場合，会社の所得を会社の貸借対照表ないし損益計算書その他会社備付の帳簿を通して把握し，明らかに会社の所得と認められるものについてはこれを法人税法によって処理し，それ以外は被告人個人の所得として処理するのが相当である。」と判示する。

この控訴審は，第一審広島地裁昭和47年10月20日判決（税資107号114頁）の判断を覆している。なお，最高裁昭和53年2月15日第一小法廷決定（税資107号89頁）では，上告棄却。

(13) 例えば，前述の京都地裁昭和30年7月19日判決。なお，清永敬次『判例所得税法』57頁（ミネルヴァ書房1976）参照。その他，最高裁昭和58年6月7日第三小法廷判決（税資130号695頁），国税不服審判所平成4年2月13日裁決（裁決事例集43号45頁）なども参照。

このように個人と法人のいずれに所得が帰属するかという問題が多いのは，「個人事業が十分な法律上の手続きを踏まないで法人企業に転化する例が多いことに起因する」との分析もある（一杉直『所得税法の解釈と実務〔平成21年増補改訂〕』83頁（大蔵財務協会2009））。

(14) 最高裁昭和37年6月29日第二小法廷判決（裁時359号1頁），富山地裁昭和49年5月31日判決（行集25巻5号655頁）参照。

(15) なお，新井隆一教授は，実質課税の原則を「租税法における実質主義の原則」と呼ばれるとされる（新井・基礎理論83頁）。

(16) もっとも，我が国の租税法には，「資産又は事業から生ずる収益は原則として所有者（名義人）に帰属する」というルールは規定されていない。木村・総則166頁以下は，このような規定をルール00とされ，我が国の所得税法に欠缺している不文律ルールであると位置付けられる。

(17) 西ドイツの1975年所得税法草案（Entwurf von Einkommensteuergesetz (EStG 1975) des BRD）の理由書（日本税法学会運営委員会訳）は，「狭義の所得税の対象は自然人の所得である。所得税の本質及び効果は，従って，所得税の基礎となる所得概念によっ

て決定的に規定されることになる。『所得』というのは，まず第一に経済的概念であり，第二次的に初めてそれは法的概念である。対人税としての所得税にとって重要であるのは，所得の私経済的概念，すなわちある個人に関する『流入』の私経済的既念だけである。ところで，経済生活上実際に重要な意義をもっているにもかかわらず，その私経済的概念に関する限りにおいても，統一的な所得概念は，国民経済論においても，また経営経済論においても，形成されていない。この草案は，これまでの所得税法と同じく，所得概念に関する数多くの学説のいずれかを採用するというのではなく，これまでのように，所得概念を，課税目的のためだけに，実用的に，現在の所得の種類と一致する一定の各種所得の結果として限定づけるものである。」と述べている（税法286号15頁（1974））。

(18) 吉良実教授は，この点につき，「租税法律主義なるものも，元を正せば恣意性を排除して課税の公平を期することを目的とした原則，つまり実質的租税平等主義を担保する原則であり，そのことを考慮すれば，租税法律主義といえども必ずしも実質課税主義を否定しているものとはいえず，むしろ租税法律主義も応能負担の原則に基づく課税の公平を図るという方向で実質課税主義を肯定しているのではないか。したがって，租税法律主義の立場から実質課税主義を無条件に否定することは，『角を矯めて牛を殺す』結果を招来せしめることになるものといえるのではないかと思うのである。」と論じられる（吉良『所得課税法の論点』179頁（中央経済社1982））。

(19) もっとも，「実質主義と言う言葉は，狭義には真実の所得の帰属者に対して課税する原則という意味に解されますが，これは正確には実質所得者の原則と呼ばれるべきものであり，実質課税の原則という場合には，実質所得者課税の原則のほかに，所得の発生，所得の額の計算についても，実質による，という原則をも包含する，と解すべきだと思います」という見解も紹介されている。（林大造『所得税の基本問題』77頁（税務経理協会（1968））。

(20) この点につき，酒井克彦「所得税法36条1項にいう『権利をもって収入する場合』の課税の時期—各種所得の収入計上時期を巡る諸問題—」税務事例38巻12号47頁（2006），同「権利確定主義における『確定』概念と収入の実現性—各種所得の収入計上時期を巡る諸問題—」税務事例38巻11号53頁（2006）など参照。

(21) 酒井克彦「権利確定主義と管理支配基準—各種所得の収入時期を巡る諸問題—」税務事例39巻1号55頁（2007）も参照。

(22) 酒井克彦「権利確定主義はリーガル・テストとしての意味を持ち得るか(1)—法人税法に関する議論を中心として—」国士舘法学41号1頁（2008）を参照。

(23) さらに，中将志氏は，「このような無記名及び記名式の定期預金についての客観説を中心とする判例の枠組みは，預金の払戻しに関する問題について，全てを託された民法478条に関する判例法理の展開との対比において極めて整合性の高いものと評価することが可能であろう。」とされる。

(24) 松澤・実体法59頁以下，吉良実「実質所得者課税の原則」阪南論集9巻6号16頁（1974）。これに対して法人格否認の法理は第三者の利益保護に関する法理であるから，仮に課税局面において適用があるとしても，課税当局側からの主張が許容されるのみであると考えられる。

(25) 租税特別措置法66条の6制定以前にはタックス・ヘイブンを利用した租税回避に対処する直接の根拠法がなかったことから，法人税法11条の規定を適用して，対処できるも

のについては法的構成が図られてきた。しかしながら，その基準性が明らかではないところから，昭和53年にタックス・ヘイブン・コーポレーションの機能を実質的に減殺することを目的として創設された規定である（金子・租税法617頁以下）。沿革からすれば，両条文は密接な関係を有する関連法とみることができる。他方，法人税法11条は，所得を実質的な帰属者に帰属させて課税するというものであり，本来のあるべき帰属を探るのが目的であるのに対して，租税特別措置法66条の6は特定外国子会社等の留保している利益について株主に収益ないし配当を擬制して課税することで，租税負担の公平を図ろうとする規定である。したがって，これら両条文は独立別個のものであると立論することも可能であろう。

(26) なお，実質所得者課税の原則を担保ないし補完する規定として，事業から対価を受ける親族がある場合の所得計算の特例，同族会社等の行為計算の否認に関する規定があると説明されることもあるが（西野襄一「実質所得者課税」金子宏＝武田昌輔編『税法の基礎知識』105頁（有斐閣1974），成瀬満春『税法（所得税・法人税）』32頁（三和書房1982）），これらの規定は帰属の問題を取り扱うものではないことからすれば，関連性を有するものと解釈すべきかについては疑問も惹起される（松澤・実体法61頁）。

(27) 判例評釈として，吉良実・シュト40号4頁（1965），田辺康平・租税判例百選134頁（1968）など参照。

(28) 平田敬一郎氏は，「財産を税源とする租税は，若しも年々厳しく行うということになるならば，資本の蓄積を阻害して資本主義経済を不可能に陥らしめるので，年々実質的な財産を税源とする租税を賦課するということは不適当とされている。またそれを賦課するということは結局所得を生む源を蝕ばむことになるから，税自体としても自分の手足を食うのと同じ結果になるわけである。そこで普通は年々の税は原則として所得から支拂われる税で構成すべきであるというのが今日の定説である。そうしてこの所得税は所得を直接捉えて，各人が年々自己の手に収得したところの所得がいくらであるかを調べて，それによって適当な税率を適用して所得税を支拂わしめるということになるわけであるから，もっとも各人の担税力というか支拂能力というか，要するに税金を納め得る力に應じた課税になり得るわけである。」と論じられる（平田『新税法』46頁以下（時事通信社1950））。

(29) また，吉良実教授は，「課税所得の帰属」を所得課税の場合の納税義務者の要件の1つであるとされ，「所得課税制度は，もともと個人および法人に帰属する一定期間内における『資産の純増加分』を，いわゆる『所得』として認識し，そのような所得に『担税力（tax bearing capacity）』を認めて課税の対象とし，その所得の帰属者（tax bearer）として，その者の所得の一部を，租税の賦課・徴収という形で国庫に帰属せしめる制度であると解されるから，いくら形式的要件を備えている個人・法人であっても，その課税対象である『所得の帰属』がなければ，課税しようにもその対象を欠き，もし誤って課税しても納税の能力，つまり担税力がないので，その課税は無意味だということになる」と論じられる。したがって，「具体的に『所得が帰属』していること，その者が『担税力』を有していること，この二つは，所得課税の場合における納税義務者となるために欠かすことのできない，絶対的な要件であるということができ，そこでこの二つの要件を，納税義務者の実質的な要件として理解することができる」というのである（吉良・前掲注(18)166頁）。

(30) 判例評釈として，例えば，可部恒雄・昭和43年度最高裁判所判例解説〔民事篇〕1432

頁（1968）など参照。
(31) なお，実質課税の原則は，法人格を否定する意味での法人格否認の法理が相手側の利益保護のために認められたものであるとするのとは本来的な性質を異にすると考えるべきであろう。

　法人格否認の法理は，法人の法人格自体を一般的に否認するものではない。実は，私法上適用される事例の多くは，当該法律関係において，法人格を否認して法人の実体である個人に責任を負わせるというものであり，かかる意味での法人格否認の法理は，実質所得者課税としてその機能を異にするものではないはずである。実質所得者課税が収益の法律上帰属する法人が単なる名義人にすぎず，実質的には個人に収益が帰属するとみれば，個人を課税の対象とするというものであるからである。かような意味では，実質所得者課税の原則は法人格否認の法理の代替的作用を営んでいたともいい得るのではなかろうか（松澤・実体法55頁以下）。他方，かような構成をとる法人格否認の法理とは別に，法人の存在と，当該行為が個人の名で行われたことを前提としながら，その個人の行為を法人の行為として扱うという形態での法人格否認の法理の適用が認められており，かような構成も法人格否認の法理の問題として論ぜられてきたところである（大隅健一郎「法人格否認の法理」同『会社法の諸問題』12頁（有信堂1956））。

　この意味での同法理によれば，法人の法人格自体を否認するのではなく，法人とその背後にある実体である個人のいずれをも責任追及の対象とすることができるということになる。しかしながら，このような私法に特有の構成によると納税義務者の成立を2個併存して認めることになるため，租税法では実定法上の根拠として，実質所得者課税の原則を用意しているとみることもできなくはない。つまり，2個の納税義務者の併存とならないような調整弁として，所得の帰属につき，「必ずいずれが一方が帰属者であることを確定しなければならぬことを予定している」規定（松澤・実体法56頁）であるということもできるのではなかろうか。この点についてはすでに述べたが，もともと別個の法理に基づく法人格否認の法理を実質所得者課税の原則の一適用として整理することには抵抗があろうが，その理論的整理の余地は十分にあるように思われるのである。

(32) さらに，昭和33年には国税庁長官通達「『生計を一にしている親族間における農業の経営者の判定について』通達の運営について」（直所1-16）という個別通達が発遣されており，次のように，より形式的判断がなされるように配慮されている（一部所得税基本通達12-3の変更により文言等に修正が加えられているが，当初通達のまま掲載する。）。

　一　通達12-3の(1)の「家庭にあって主として農業に従事している方がその耕地の大部分につき所有権または耕作権を有している場合」とは，耕地のおおむね80パーセント以上の所有権または耕作権を有する場合をいうものとすること。
　二　通達12-3の(2)の「農業がきわめて小規模」であるかどうかは，おおむね水田3反歩程度未満の規模であるかどうかによるものとすること。
　三　通達12-3の(3)の「農業が相当の規模」であるかどうかは，水田1町歩程度の規模以上であるかどうかによるものとすること。
　四　通達12-3の(3)の「主たる職業に専念しているため，その農業の経営を主宰していない」かどうか明らかでない場合には，その者の勤務が常勤であるときは，その者の現在までの農業についての経歴，勤務先の職種，家庭における地位など

周囲の事情からみてその者がその農業の経営を主宰していると認めるを相当とする特別の事情がある場合を除き，その農業の経営者でないものとして取り扱うものとすること。
五　通達12-3の(3)の「農業に関する知識経験がないため，その農業の経営を主宰していない」かどうか明らかでない場合には，学校を卒業すると同時に国有鉄道，学校または会社などに奉職し，現在まで引き続き勤務しているようなときは，その者が特に農業の知識経験をもちその農業の経営を主宰していると認められる特別の事情がある場合を除き，その農業の経営者でないものとして取り扱うものとすること。
六　通達12-3の(3)の「勤務地が遠隔の地であるため，事実上その農業の経営を主宰することができない」かどうか明らかでない場合には，日曜日または祭日に帰宅する程度にとどまるときは，特にその農業の経営を主宰していると認められる特別の事情がある場合を除き，その農業の経営者でないものとして取り扱うものとすること。
七　通達12-3の「子が相当の年齢」に達したかどうかは，おおむね30才以上となったかどうかによるものとし，同通達の「子がまだ若年である」かどうかは，おおむね25才未満であるかどうかによるものとすること〔筆者注：この部分は現行所得税基本通達12-3では削除されている。〕。

第 2 章
租税法と私法

3　総論―私法準拠・二層的構造認識

はじめに

　私的経済分野における経済的成果に対して課税をする所得税法や法人税法，相続税法などを例にとると，まずは経済的成果が発生するフィールドを規律する法律関係に課税関係や課税上の取扱いが大きく影響を受けることになるのは当然である。

　一方当事者から他方当事者への資産の移転があった場合に，それが貸し借りなのか，譲渡や贈与なのかで所得税や法人税あるいは贈与税の課税関係が大きく影響を受けることになる。すなわち，課税されるかどうかは，資産の移転の法的性質がいかなるものであるのかという点に委ねられているといってもよく，課税上の取扱いが決定されるには，当事者間の資産の移転が法律上，貸借契約に基づくものであったのか，売買契約に基づくものであったのか，あるいは贈与契約に基づくものであったのかという点を認定する作業が必要となるのである。ここにおいて，私法の理解はきわめて重要なものとなる。

　これは，所得税法などの租税法だけでなく，およそすべての租税法に共通して，私法の理解は必要不可欠のものである。

(1)　解釈論における私法準拠

　谷口勢津夫教授は，「課税要件事実の認定については，論理的には，課税の基礎となる私法上の法律関係をまず専ら私法の観点から認定し（裁判所による契約の性質『変更』を含む），その上でそれをそのまま課税要件事実として受け入れるというような判断構造が観念されるべきである」として二段階事実認定論を提唱される（谷口「司法過程における租税回避否認の判断構造」租税32号63頁（2004））。

　私法準拠については，これまで多くの学説がこれを指示してきた。私法準拠が論じられる場面は多々あるが，差し当たり，仮装行為や真実の法律関係が形式とは別に存する場合において問題とされることが多い。また，さらに進めて私法上の法律構成による否認論も私法準拠の手法を用いた租税回避の否認論として論じられる。

3 総論—私法準拠・二層的構造認識

> 外国税額控除余裕枠利用事件（りそな銀行事件）の第一審大阪地裁平成13年12月14日判決（民集59巻10号2993頁）は、「所得に対する課税は、私法上の行為によって現実に発生している経済効果に則して行われるものであるから、第一義的には私法の適用を受ける経済取引の存在を前提として行われる。
>
> しかしながら、その経済取引の意義内容を当事者の合意の単なる表面的、形式的な意味によって判断するのは相当ではなく、裁判所は、私法上の真実の法律関係に立ち入って判断すべきであって、このような裁判所による事実認定の結果として、納税者側の主張と異なる課税要件該当事実を認定し、課税が行われることは私法上の真実の法律関係に即した課税であり、当然のことであるといえる。そして、かかる事実認定を行い得る場合としては、〔1〕当該取引が実体のない仮装取引である場合と〔2〕表面的、形式的に存在する法律関係とは別に真実の法律関係が存する場合が考えられる。」とした上で、「仮装取引の場合」について、次のように述べる。
>
> すなわち、「まず、当事者が外形上取引を仮装し、同外形に応じた経済的効果が発生していない場合には、これをもって課税要件を充足したものと解することができないのは明らかである（なお、通謀虚偽表示の結果、当該契約が無効とされ、結果として課税要件を充たさない場合があり得るが、これは、…通謀虚偽表示により契約が無効となるか否かが問題となるのではなく、その結果として、当事者間で利得の保有が確保されなくなる場合に問題になるにすぎない。したがって、私法上の契約の効力自体が直接問題となるものではない。）。」とする。
>
> そして、「真実の法律関係が存する場合」については、「また、当事者間の契約等において、当事者の選択した法形式と当事者間における合意の実質が異なる場合には、取引の経済実体を考慮した実質的な合意内容に従って解釈し、その真に意図している私法上の事実関係を前提として法律構成をして課税要件への当てはめを行うべきである。
>
> ただし、上記の解釈は、要件事実の認定に必要な法律関係については、表面的に存在するように見える法律関係に則してではなく、真実に存在する法律関係に則して要件事実の認定がなされるべきことを意味するに止まり、真実に存在する法律関係から離れて、その経済的成果や目的に則して法律要件の存否を判断することを許容するものではない。
>
> この限度で、かかる解釈も、租税法律主義が要請する法的安定性、予測可能性を充足するものである。」とする。
>
> なお、上記「仮装取引の場合」あるいは「真実の法律関係が存する場合」の判断に当たっては、「複数の当事者間で行われた個々の契約が存在するとしても、全体があらかじめ計画された一連のスキームであるならば、全体を一体のものとして判断すべきであり、そのような一連の取引は、個々の契約がそのとおり実行されていたとしても、そのことゆえに各契約が各契約所定の内容のものとして当然有効となるものではない。」と判示する。

ここでは、私法上の法律構成による否認論（🔍10参照）が肯定されているわけではない。私法に準拠して真実の法律関係を模索することの意味はあくまでも、

この判断においては,「仮装取引の場合」あるいは「表面的な法律関係とは別に真実の法律関係が存する場合」にとどまるというのである。

(2) 私法準拠に対する批判論

　吉村典久教授は,「租税回避行為花盛りの状況を前に,再び私法のくびきから租税法を解放し,横行する租税回避行為に対し反撃を企てる試み」として,私法上の法律構成による否認論を位置付けられる。しかしながら,その手法は経済的実質主義(経済的観察法)に対するアレルギーによって阻まれ,また,当事者の真意を模索する手法そのものに内在する矛盾(異常な法形式の選択こそが当事者の真意そのものとも認定され得るという矛盾)を包摂したものであったことから,その試みとしては成功していないと評価される。

　しかしながら,同教授は,「私法関係準拠主義からの脱出の試みは徐々に進展しており,取引の一体的把握の考えや租税法規の目的論的解釈(そしてそれによる租税回避行為の否認)の方法は,最高裁判所でも受け入れられるようになっている。」とした上で,「私法帝国主義からの解放の日,租税法学の再独立宣言をすべき日も近づいた」と述べられるのである(吉村「納税者の真意に基づく課税の指向」金子宏編『租税法の基本問題』246頁(有斐閣2007))。

　まさに,本書は,この私法準拠に対する検証作業と同時にその限界をも明らかにすることを目的としたものである。

　以下,私法準拠に関する各論に入ることとしよう。

4 信義誠実の原則

はじめに

　租税法律関係において信義誠実の原則（以下「信義則」ともいう。）の適用を是認したとされる最高裁昭和62年10月30日第三小法廷判決（集民152号93頁）[1]（以下「最高裁昭和62年判決」という。）では，信義則適用の前提として特段の事情があることが必要であるとし，かかる特段の事情があるというための要件を掲げている。その後の下級審判決は，この要件をスクリーンにかけた上で租税法律関係における信義則の適用を判断していると思われる。また，これらが訴訟において当事者の主張に織り込まれることも少なくない。

　例えば，親会社ストック・オプション訴訟[2]において納税者は，国税局課長名で編集された質疑応答集などに，ストック・オプションの権利行使益に対しては権利行使時に一時所得として課税されるとの見解が表明されていたにもかかわらず，その後，給与所得としての課税を行うという方針変更を表明したのは信義則に反するとして，かかる見解を信頼して一時所得として行った申告に係る更正処分の違法性を主張している。これに対して，課税庁は上記昭和62年最高裁判決に掲げられている要件を引用した上で，「納税者が単なる申告をしたことはこれに当たらず，信頼に基づいて申告以外の何らかの行動をしたことが必要というべきである。…単に当該課税処分によって税額が増加したことでは足りず，申告以外の何らかの具体的な行動をとったことにより具体的に経済的不利益を受けたことが必要というべきである。」と反論している[3]。

　課税庁が主張するように，最高裁は信義則適用の前提要件の1つとして，「納税者がその表示を信頼しその信頼に基づいて行動した」ことを挙げているが，果たして，ここにいう「行動」とは何を意味しているのか，その意味内容は必ずしも判然としていない。この「行動」の意味について，通説は，上記課税庁主張のように単に申告があることだけでは足りないとしている。では，信義則の適用において，申告以外の「何らかの行為」が必要とされる根拠は奈辺にあるのであろうか。

　ここではこの素朴な疑問を出発点として，租税行政庁による誤った指導（以

下「誤指導」という。）があった場合の信義則適用の法的根拠を自己決定権侵害に求め、納税者の自己決定権侵害の観点から信義則の適用要件を明らかにしたい[4]。

(1) 信義誠実の原則―租税法律関係と信義則の適用
ア 信義誠実の原則と禁反言の法理

　信義とか誠実という用語は、人の行為・態度についての倫理的・道徳的評価を示す用語である。そして、信義則とは、この倫理的・道徳的評価を、法的価値判断の領域に取り入れたものである。すなわち、社会共同体の構成員として、相手方の信頼を裏切らないように誠意をもって行動すること、あるいは、当事者が相手方に対して正当に有するであろうところの行動の期待に従って行動がなされることによって社会秩序が維持されるとされ、このような相互的信頼あるいは行動の期待を法律の平面で原則的に承認したのが、信義則である（坂口光男「保険契約法の立法論と信義則」同『保険契約法の基本問題』2頁（文眞堂1996））。

> **民法1条《基本原則》**
> 2　権利の行使及び義務の履行は、信義に従い誠実に行わなければならない。

　民法は、基本原則として上記のとおり信義則を定める。この信義則や、米国に淵源をもつ禁反言（estoppel）の法理について、通説は、公法分野においても適用されるとする[5]。なお、そこでは、信義則を民法の条文に根拠を有する民法上の規定とするのではなく、これを法の一般原理と解した上で公法分野においても適用されるとするのである。

　　✍ 本来、禁反言の法理は、信義則の一態様であると考えられているが、禁反言の法理の適用に係る租税法分野においては、厳密にこれを信義則と分けずに議論されることが多い。ここでも特段両者を区別しないこととしたい。

イ 学説の動向

　信義則を公法分野とりわけ租税法の分野に適用できるかどうかについては、戦前戦後を通じて膨大な研究業績があり[6]、また、判例等の蓄積もある。現在の通説は、租税法の分野にも信義則の適用があるとしている[7]。
　租税法律主義の下における信義則の適用については、学説上いくつかの見解が示されている[8]。すなわち、適用否定説（☞適用否定説とは）、適用肯定説（☞適

用肯定説とは），比較衡量説（☞比較衡量説とは），損害賠償救済説（☞損害賠償救済説とは）などがある。

☞ **適用否定説**とは，「違法な行政活動や税務活動の効力や存続効を是認することとなる場合には，信義則の適用は認められない」とされる橋本公亘教授[9]のほか，新井隆一教授[10]，村井正教授[11]，斉藤明教授[12]，和田正明教授[13]らの提唱する信義則の適用に消極的な学説である。

☞ **適用肯定説**とは，「信義則の適用を認めても租税法律主義に抵触しない」とみる中川一郎教授[14]のほか，それに近い主張を展開される石田譲教授[15]，南博方教授[16]，首藤重幸教授[17]，大橋為宣教授[18]らの学説である。

☞ **比較衡量説**とは，「信頼に基づいて行動した納税者の利益が保護に値するものと考えられるときには，租税法律主義の原則の修正を考え，納税者の信頼保護を優先せしむべきであろう。」とされる原龍之助教授[19]のほか，「租税法律主義の一つの側面である合法性の原則を貫くか，それともいま一つの側面である法的安定性＝信頼の保護の要請を重視するか，という租税法律主義の内部における価値の対立の問題」として，「利益状況のいかんによっては，この二つの価値の較量において，合法性の原則を犠牲にしてもなお納税者の信頼を保護することが必要であると認められる場合がありうるのであって，そのような場合には個別的救済の法理としての信義則の適用が肯定されるべきである。」とされる金子宏教授[20]，品川芳宣教授[21]，碓井光明教授[22]，岸田貞夫教授[23]，藤原雄三教授[24]らの学説である。

☞ **損害賠償救済説**とは，「先行の違法な行政指導等には反するが租税法律には適合する課税処分は適法としてその存続を認めるとともに，これにより相手方に生じた信頼損失は賠償請求により救済を図ろうとするもの」と捉える立場で，塩野宏教授[25]，阿部泰隆教授[26]，鍋沢幸雄教授[27]らの見解が展開されている。

ウ 租税平等主義と信義則

信義則適用による信頼の保護の論理的根拠がいかに形成されるべきであるかという点について，中川一郎教授は，次のように説明される。すなわち，「租税法律関係は，契約によってではなく，法律の規定によって課税権者たる国または地方団体と，国民または市民との間に成立するものである。これら相互間は，法律関係の成立以前から相互信頼関係に立っているのである。ことにわが国のごとき国民主権の国においては，憲法前文に明示されているごとく，『国政は，国民の厳粛な信託によるものであって，その権威は国民に由来し，その権力は国民の代表者がこれを行使し，その福利は国民がこれを享受する』のである。国会は，国権の最高機関であり（憲法§41），行政権は内閣に属するが，その行使については，国会に対して内閣は連帯責任を負う（憲法§65, 66Ⅲ）。国民，国会，行政権がこのような憲法構造関係にあることは，私法関係よりも優れて，租税法律関係においては，納税者たる国民と課税権を行使する税務官庁とは，

当初から相互信頼関係の上に立脚しているものと考えなければならない。相互信頼関係の上に立っている当事者は，互いに相手方に対してその信頼関係を破壊するような背信行為をなし，もって相手方に経済的な不利益を与えることが許されないことも明らかである。従って，税法は，当事者の信頼を裏切らないように適用されなければならないという要請が出てくるのであり，この要請は法規範の形成力を有している。」と説明される（中川『税法学体系〔(1)総論〕』155頁（三晃社1968））[28]。さらに，租税法において信義則を適用する法的根拠として，憲法14条1項の規定する平等原則の租税における顕現である租税平等主義に法的根拠を求める。

信義則の法的根拠をかように立論した中川教授の見解も，租税法律主義の要請する法的安定性や予測可能性に信義則の根拠を求める比較衡量説も，いずれも憲法に法的根拠を求めようとするものである。

次に，信義則は租税法律関係にも適用されると解する立場の裁判例[29]のうち，詳細にこれを論じた東京地裁昭和40年5月26日判決（行集16巻6号1033頁）を確認しておこう。

エ　東京地裁昭和40年5月26日判決

信義則を租税法律関係にも適用される法の一般原理と解すべきであるかについては，後述する最高裁昭和62年判決がこれを肯定した。それ以前に下級審判決[30]において信義則の適用を肯定した代表的な判決として，いわゆる文化学院事件東京地裁昭和40年5月26日判決[31]がある。

> 東京地裁は，「自己の過去の言動に反する主張をすることにより，その過去の言動を信頼した相手方の利益を害することの許されないことは，それを禁反言と呼ぶか信義誠実の原則と呼ぶかはともかく，法の根底をなす正義の理念より当然生ずる法原則…であって，国家，公共団体もまた，基本的には，国民個人と同様に法の支配に服すべきものとする建前をとるわが憲法の下においては，いわゆる公法の分野においても，この原則の適用を否定すべき理由はないものといわねばならない。」とした上で，「租税法規が著しく複雑かつ専門化した現代において，国民が善良な市民として混乱なく社会経済生活を営むためには，租税法規の解釈適用等に関する通達等の事実上の行政作用を信頼し，これを前提として経済的活動をとらざるを得ず，租税行政当局もまた，適正円滑に税務行政を遂行するためには，かような，事実上の行政作用を利用せざるを得ない。かような，事態にかんがみれば，事実上の行政作用を信頼して行動したことにつきなんら責められるべき点のない誠実，善良な市民が行政庁の信頼を裏切る行い。」と判示した。

このように，上記東京地裁は，「法の根底をなす正義の理念より当然生ずる法原則」として，租税法律関係においてもこの原則の導入を否定すべき根本的理由はないとする。

(2) 信義誠実の原則の適用要件
ア　学説の検討

租税法律主義が意図するところの租税法律関係を中心とした国民の経済生活における予測可能性や法的安定性の確保の要請により，租税行政庁としては，第一義的には，法律の要件に定めのない事実に対して，国民に納税義務を負わすことができないことはいうまでもない。一方，同じくこの原則が意図する課税の平等，負担の公平等の要請により，租税行政庁としては，法律に定める租税債権を一方的に放棄したり，免除することも許されないと解されなければならない。このようなことから，租税法律主義，特に合法性の原則との関係で信義則の適用要件や範囲には自ずと制限がかかると理解すべきであろう。

この点，品川芳宣教授は，「信義則を適用し，本来適法であるはずの行政処分を取消すことは，租税法律主義の修正を意味することになるから，右の附帯税の免除も信義則の適用も，ともに税務官庁と納税者との信頼関係を維持することを意図しているとしても，信義則の適用を認める場合には，法律上の根拠があってする附帯税の免除の場合以上に一層慎重な配慮を必要としよう。」とされる[32]。

品川教授は，次のような要件を掲げ，さらに，租税法律主義との関連において信義則の適用が厳格に吟味されることを要すると述べられる。

① 　税務官庁が納税者に対し信頼の対象となる公的見解を表示したこと
② 　納税者がその表示を信頼し，その信頼過程において責められるべき事由を有しないこと
③ 　納税者がその信頼に基づき何らかの行為をしたこと
④ 　税務官庁が当初の信頼の対象となる公的見解の表示に反する行政処分をしたこと
⑤ 　納税者がその行政処分により救済に価する経済的不利益を被ったこと

租税法律関係において，信義則が適用されるための要件として，品川教授や後述する金子宏教授の学説と同様の立場を採る最高裁昭和62年判決[33]の説示を

確認しておきたい。

> 同最高裁は、「租税法規に適合する課税処分について、法の一般原理である信誠則の法理の適用により、右課税処分を違法なものとして取り消すことができる場合があるとしても、法律による行政の原理なかんずく租税法律主義の原則が貫かれるべき租税法律関係においては、右法理の適用については慎重でなければならず、<u>租税法規の適用における納税者間の平等、公平という要請を犠牲にしてもなお当該課税処分に係る課税を免れしめて納税者の信頼を保護しなければ正義に反するといえるような特別の事情</u>が存する場合に、初めて右法理の適用の是非を考えるべきものである。そして、右特別の事情が存するかどうかの判断に当たっては、少なくとも、税務官庁が納税者に対して信頼の対象となる公的見解を表示したことにより、納税者がその表示を信頼しその信頼に基づいて行動したところ、のちに右表示に反する課税処分が行われ、そのために納税者が経済的不利益を受けることになったものであるかどうか、また、納税者が税務官庁の右表示を信頼しその信頼に基づいて行動したことについて納税者の責めに帰すべき事由がないかどうかという点の考慮は不可欠のものであるといわなければならない。」と判示した。

最高裁はこのように判示をして、「特別の事情」が存する場合に、信義則が議論されるものとした上で、その「特別な事情」が存するかどうかの判断に当たっては、少なくとも
① 税務当局が納税者に対して信頼の対象となる「公的見解」を表示したこと
② 納税者がその表示を信頼しその信頼に基づいて行動したこと
③ 後にその表示に反する課税処分が行われたこと
④ その課税処分のために納税者が経済的不利益を受けることになったこと
⑤ 納税者が税務官庁のその表示を信頼し「その信頼に基づいて行動」したことについて納税者の責めに帰すべき事由がなかったこと

が考慮されるべきであると判示している。

また、金子宏教授は、文化学院事件の研究などを基礎に、信義則の適用要件を3つに要約される。
① 租税行政庁が納税者に対して信頼の対象となる「公の見解」を表示したこと。
② 納税者の信頼が保護に値すること[34]。
③ 納税者が表示を信頼しそれに基づいて「何らかの行為」をしたこと。

なお、誤った表示を信じ、その表示に従って申告をなすことあるいは申告を

なさないことは，ここにいう行為には含まれないとされている（金子・租税法145頁以下）[35]。

最高裁昭和62年判決に影響を及ぼしたとされる金子教授・品川教授の見解に立ちつつ，以下，金子教授の指摘される3つの要件を基礎として検討を加えることとしよう。

　イ　第一の要件―信頼の対象となる「公的見解」の表明
　信頼の対象となる「公的見解」の表明は，通達の公表のように納税者一般に対するものでも，申告指導のように個別の納税者に対するものでもよいが，金子宏教授は，「それらの表示は，私的なものであってはならず，行政活動の一環としてなされたものでなければならない。」とされる（金子・租税法145頁）。
　これまで，租税行政庁の指導等が信頼の対象となる「公的見解」に当たるとして信義則の適用を受けることの可能性は指摘されてきた。しかしながら，実際に適用された事例は数件のみである。このことは，信義則を争点とする訴訟が少なかったということを意味するのではなく，むしろ相当数の裁判例があるにもかかわらず，信義則違反の主張はことごとく排斥されてきたのであり，信義則の適用が相当慎重に考えられてきたことの表われであるといえよう。
　信義則の適用がこれまで認められてこなかった最大の原因は，納税者が信頼を置いたとされる租税行政庁の見解が，信頼の対象となる「公的見解」の表明に当たらないとされてきたことにある[36]。ここでは，その判断根拠を分析してみることとしよう。以下では主に争点となっている事例分析として，以下の4つの要素を抽出し，検討を加えることとする[37]。
　①　一定の責任ある立場の者の見解でないこと
　②　口頭による回答にすぎないこと
　③　一方的申立て，限られた資料の提示の範囲内での判断にすぎないこと
　④　一応の態度の表明にすぎないこと
　㋐　一定の責任ある立場の者の見解でないこと
　これまでの多くの裁判例が租税行政庁の見解を「公的見解」に当たらないと判断してきたことの第一の理由に，その見解が一定の責任のある者の立場の見解ではないとするものが多いことに気づかされる。

> 　名古屋地裁平成2年5月18日判決（訟月37巻1号160頁）は，「信義則の適用につき慎重であるべき租税法律関係の特質を考慮すれば，様々な状況下で行われる税務職員の見解の表示のすべてが信頼の対象となる公的見解を表示となるものでないことはいうまでもなく，納税者はもともと自己の責任と判断の下に行動すべきものであることからすれば，信頼の対象となる公的見解を表示であるというためには，少なくとも，税務署長その他の責任ある立場にある者の正式の見解の表示であることが必要であるというべきであるから，原告主張の回答は，その回答者，回答の方法及び内容等に照らし，信頼の対象となるべき公的見解の表示であると認めることは到底できないものである。」と判示している。

　また，横浜地裁平成8年2月28日判決（判自152号50頁）では，税務署における相談担当の職員による回答が役職にない職員の口頭回答であるとして，納税者の信頼の対象となる公的見解の表示には当たらないとの判断が下されている[38]。

　この点について，金子教授は，「租税職員の見解の表示がすべて信頼の対象となるのではなく，原則としては，一定の責任ある立場の者の正式の見解の表示のみが信頼の対象となると考えるべきであろう。」とされる。また，「納税相談における税務職員の助言」や「調査担当職員の申告指導」等は，その意味で，ここにいう「公の見解の表示にはあたらないと解すべき」と主張されている（金子・租税法145頁）[39]。

　このような学説と歩調を合わせて，多くの裁判例は，一定の責任ある立場の者の見解であるかどうかということが，信頼の対象となる「公的見解」に当たるか否かの判断に影響を及ぼすと考える傾向にある[40]。下級審判決の中には，国税局調査課長に指導を仰いだという事例もあるが，国税局調査課長の見解であっても，租税法適用上の単なる意見もしくは意向の表明にとどまるとしてここにいう「公的見解」に該当しないと判示する事例もある[41]。このような傾向は，信義則の適用に対する裁判所の消極的な態度の表われであるとみることもできよう。

(イ) 口頭による回答にすぎないこと

　誤指導が口頭による回答にすぎないとして，そのことを理由に信頼の対象となる「公的見解」とはいえないとする判決も多い[42]。

> 　横浜市港北区役所の固定資産税課土地係の担当職員の指導について争われた事件である前述の横浜地裁平成8年2月28日判決は，「担当職員は，いずれも役職はなく，

> また，担当職員の言動は，原告の照会に対する正式な回答ともいい難く，単に口頭でされたに過ぎないのであるから…信頼の対象となる公的見解の表示とは認められない。」と判示している。

この点，「口頭あるいは電話によるものは，信頼の対象としては確実なものとはいいがたく，原則としてはこれに当たらないというべき」とする見解もあるが（古江頼隆「租税賦課関係における信義則ないし禁反言の法理の適用」寶金敏明編『現代裁判法大系〔29〕租税訴訟』8頁（新日本法規1999）），金子教授は，立証の困難性の問題として捉えられる。すなわち，「公の見解の表示は，必ずしも文書でなされる必要はないが，口頭の表示はその存在と内容を立証することが困難であり，また信頼が形成される程度が低いと考えられる。」と述べられている（金子・租税法146頁）(43)。

> 先に引用した東京地裁昭和40年5月26日判決も，「この原則の適用の要件の問題としては，とくに，行政庁の誤った言動をするに至ったことにつき相手方国民の側に責めらるべき事情があったかどうか，行政庁のその行動がいかなる手続，方式で相手方に表明されたか（一般的なものか特定の個人に対する具体的なものか，口頭によるものか書面によるものか，その行動を決定するに至った手続等）相手方がそれを信頼することが無理でないと認められるような事情があったかどうか，その信頼を裏切られることによって相手方の被る不利益の程度等の諸点が，右原則の適用の範囲の問題としては，とくに，相手方の信頼利益が将来に向っても保護さるべきかどうかの点が吟味されなければならない。」と判示している。

このように，口頭の表示に係る信頼の形成は書面によるそれに比して，劣位にあると考えられる傾向にあるのである。

📝 もっとも，この点にこそ，国税庁が実施する事前照会に対する文書回答手続において文書での回答が要請される意味があるともいえよう(44)。

なお，金子教授は，口頭の表示について立証可能性の観点から指摘されるが，部内において検討を経た上で照会に対して回答を行っている場合のかかる検討内容について情報公開法に基づく情報公開請求が行われ，それに関する情報を納税者が入手することができれば，立証可能性は従来よりも相当程度高くなってくると考えられよう。

(ウ) 一方的申立て，限られた資料の提示の範囲内での判断にすぎないこと

税務署等における納税相談による誤指導があった場合に，信義則の適用が争点となることがしばしばある。

> 名古屋地裁平成5年9月3日判決（税資198号716頁）は、「納税相談がされたとしても、それは資料も持参せずにされた程度のものであり…権限のある者が公式の見解の表示と受け取れるような説明をした事実は窺えないから、本件においては、信義則の法理を適用すべき特別の事情があったとすることはできない。」とする。控訴審名古屋高裁平成7年4月27日判決（税資209号307頁）は、この判断を支持している。[45]

かかる判断をみると、納税相談一般について公式の見解の表明であることを否定するものでは決してなく、本件における納税相談が「資料も持参せずにされた程度のもの」であり、「権限のある者」による見解の表明ではないという点から、信頼の対象となる「公的見解」の表明とはいえないと判断されたものと思われる。当然ながら個別の事案ごとに考えざるを得ないが、このことを逆説的に解釈すれば、十分な資料を持参し[46]、単に役職のない担当職員ではなく権限のある者による見解であれば、信頼の対象となる「公的見解」に該当する蓋然性の高さをうかがわせるのではないかとも考えられる。

⚠ しかしながら、東京地裁平成元年7月26日判決（税資173号351頁）は、「行政サービスの一環として、また、申告納税制度を適正なものにするための補完機能として、税務署職員が税務相談事務に従事していることは公知の事実」とし、「税務相談事務はあくまで相談に応じるという行為であるから、税務調査とは異なり、原則として相談者から提示された事実関係に基づき相談事項を検討すれば足りる」と判断して、信義則違反の主張を排斥している。また、千葉地裁平成2年10月31日判決（税資181号206頁）は、「一般に納税相談は相談者の一方的な申立てに基づきその申立ての範囲内で税務署の判断を示すだけで具体的な調査を行うものではないことを考慮すれば、納税相談における助言は信頼の基礎となる公的見解というには不十分と言うべきである」と判示しており、そもそも納税相談の場で誤指導があったとしても、これまでの裁判例ではことごとく信頼の対象となる「公的見解」には当たらないとされているのである。

(エ) 一応の態度の表明にすぎないこと

では、税務調査の際に税務署長から提出される「申告是認通知」については、信頼の対象となる「公的見解」の表明に当たると解すべきであろうか。

> 大阪地裁昭和42年5月30日判決（行集18巻5＝6号690頁）は、「申告是認通知は税務官庁の事務上の便宜ならびに納税者に対する便宜の供与のための事実上の行為であって、納税者に対する法律上の効果を生ぜしめるような行為ではなく、それまでの調査にもとづいて納税者の申告に対する所轄税務官庁の一応の態度を表明するものにすぎないから後にこれに反する行政処分が行われたからといって禁反言の法理に反するということはできない。」と判示している。

上記判決は，昭和37年度法人税の確定申告に係る申告是認通知内容を否認する更正処分・過少申告加算税賦課決定を認容した事例である。

> 　横浜地裁昭和44年11月6日判決（行集20巻11号1313頁）では，有限会社における従業員兼務の監査役に対する賞与の損金算入を認める申告是認通知書には，「現在までの調査したところによれば」という記載があり，同通知は，「将来更正等の処分をしないことまでも約束する趣旨のものではないし，まして異なる事業年度についてまで，是認通知の対象となった事業年度と同様の処置をとることを明らかにしたものとはとうてい考えられ〔ない〕」こと，「本件のような兼務監査役に対する賞与の損金算入についてはその是非について従来争いが存し」，本件事業年度から適用される改正法人税法によれば損金算入の認められる兼務役員の中から監査役は除かれることなどを理由に，過去2年分の取扱いを否定して損金算入を否認する法人税更正処分は，「禁反言ないし信義則に反して無効な行為であるということはできない」としている。

　この事件は控訴されたが，控訴審東京高裁昭和46年9月7日判決（税資63号460頁）も，原審判決をそのまま引用している[47]。

> 　また，大阪高裁平成11年1月26日判決（税資240号274頁）は，口頭による誤った見解の表明があったとされる事件であるが，「税務官庁からの書面による申告是認通知でさえも，何ら法律上の根拠があるものではなく，納税者に対する便宜の供与のための事実上の行為であって，納税者に対し法律上の効果を発生させるような行為ではない。これは，税務官庁がそれまでの調査結果に基づいて，納税者の申告に対する一応の見解の表明するものに過ぎないのである。」と判示している。

　金子教授は，「申告是認通知は，税務署長によってなされる正式の通知であるが，原則として信頼の対象となる公の見解の表示には当たらないと解すべきであろう。」とされ，これらの判決を是認する見解に立っていると思われる（金子・租税法146頁）。

　税務署長の発行する申告是認通知については，税務調査に基づいて発出されているものであったとしても，それはあくまでも確認できた範囲内における是認であって，そもそも税務調査の段階ですべての資料を確認することは不可能であることからすると，新たな事実が判明すれば，その新たな事実を基礎として課税処分の見直しがなされることは当然のことであると解される[48]。

　しかし，税務署長によってなされた正式の通知であることからすれば，「公的見解」の表明であるとしない根拠が今ひとつ判然としない。むしろ，「公的見解」というべきなのではなかろうか。ただ，これが調査によって確認された

限られた情報を基礎として発出された一応の見解の表明でしかない点からすれば，これによる信頼はあくまでも「その時点での見解はこうであった」という以上の意味は有しないことになろう。したがって，その後の調査等は，何らかかる見解の表明に拘束されないと解すべきであり，税務署長という権限のある者からの「公的見解」には該当するものの，原則として信義則の適用により保護するに値しない「公的見解」であるというべきであろう。金子教授もその意味で，「信頼の対象となる公の見解」とされているのではなかろうか。

ウ 第二の要件——信頼が保護に値する場合

国民の経済生活における予測可能性や法的安定性の確保の要請により，租税行政庁としては，課税要件に定めのない事柄に対して，国民に納税義務を負わすことができないことはいうまでもない。一方，租税法律主義が意図する課税の公平等の要請により，租税行政庁としては，法律に定める租税債権を一方的に放棄したり，免除することも許されてはいないと解されなければならない。かような租税法律主義の下，特に合法性の原則との関係を強調すれば，信義則の適用は消極的にならざるを得ず，信義則が適用されるとしてもその範囲には自ずと厳格な制限が加えられるべきであると解される。

この点，租税法律主義の要請する合法性の原則にいう「法」には，一般法理である信義則が包摂されていると理解すれば，合法性の原則と信義則の適用の間の相克は観念し得ないと思われるが，そのようには理解しない向きが多いのではなかろうか。そこでは，合法性の原則にいう「法」とは，信義則のような一般的な法理とは別のところの具体的な実定法が想定されているのかもしれない。

合法性の原則を制限してまで，信義則の適用を認め得る場合があるとすれば，そこで保護すべき納税者の信頼とはどのようなものであろうか。次に，このあたりを整理しなければなるまい。

(ア) 経済的不利益要件と保護すべき信頼

信義則の適用による信頼の保護と，納税者が租税行政庁の表示を信頼したことに基因して損害を被ったこととは無縁であるとの主張がある。例えば，納税者の経済的損失という要素を「信頼保護」の適用要件に組み込むべきではないとする見解とか（青木康「租税判例研究」ジュリ610号120頁（1976）），「納税者の信頼保護という法理の趣旨及び信頼に値する税務行政の確保という機能を重視する

とき，いかに税務相談（照会）を基因とした反言上の納税（非課税ないし減免税）であっても，それをもって直ちに『納税者の経済的損失』というには馴染まない」とする見解がある（大橋為宣「納税者の信頼保護と租税法律主義の相剋（下）」税理29巻8号115頁（1986））。

　すなわち，租税行政庁に寄せた納税者の信頼があったとしても，その信頼があるというだけでは信義則を適用してその信頼を保護するに値する特段の事情が認められるとは理解されておらず，通説は，「納税者が経済的不利益を受けることになったものであるかどうか」を信義則の適用要件として掲げており，経済的不利益は信義則の適用要件に最低限必要であると理解されている。

　けだし，ここで保護すべきは租税行政庁の指導や回答に寄せた信頼に対する保護ではあっても，その信頼を基礎として経済的不利益が発生していない限り，かかる信頼は前記の合法性の原則や公平原則等を犠牲にしてまで保護するに値しないと考えるからである[49]。

> 　品川芳宣教授は，「『救済に価する』かどうかを何によって判断するかは，…その不利益の実態に応じ，租税法律主義の原則が意図する社会的利益と当該納税者の被った経済的不利益との権衡による以外にない」と論じられる（品川「税法における信義則の適用について」税大論叢8号28頁（1974））。

(イ) 「何らかの行為」との関係

　品川説は，その損失は精神的不信を抱くにとどまらないばかりか，本税を免れるという期待利益が損なわれるだけでは，当該納税者は「救済に価する経済的不利益」を被ったことにはならないとする（品川・前掲稿28頁）。単なる申告行為に基づく本税相当額やその期待利益の喪失というだけでは経済的不利益に当たらないとするのである。そして，「救済に価する経済的不利益」については，次の「何らかの行為」を前提として導き出しており，経済的不利益の議論と「何らかの行為」はその結果と原因との関係で捉えられているようである。

　もっとも，経済的不利益からは「何らかの行為」との因果関係性が見出されるべきであるが，その因果は課税処分との関係において生じたものであることが要求されよう。この点は，最高裁昭和62年判決においても，「納税者が経済的不利益を受けることになった」ことの原因を「のちに右表示に反する課税処分が行われ」「そのために」としているところから，課税処分が行われたために経済的不利益が生じたという関係性が示されていると思われる。

(ウ) 本税相当額と経済的不利益

次に、本税相当額を経済的不利益と理解することが可能かという問題がある。すなわち、本税相当額については、本来、誤指導さえなければ納付すべきであったものと考えられる。そもそもかかる本税相当額を納付しなければならなくなったとしても、本来納付すべきものを納付しているにすぎないのであるから、そこには、何らの経済的不利益も生じていないと考えることができるのである[50]。

そこで、ここにいう「経済的不利益」の判断基準を奈辺に求めるべきかという問題が整理される必要があると考えられる。あくまでも、この経済的不利益とは信義則によって保護すべき不利益であるから、租税行政庁による指導や回答を信頼したことにより被った損害である必要がある。仮に、信義則を適用して、本来納付すべき本税額を納付しないで済むことが許されるのであれば、国家からの利益の付与と考えられるし、さらに、他の納税者の負担において特定の者に対して利益を付与したことを意味すると解すれば、本来納付すべき本税額を「経済的不利益」として保護するに値するとすることについては、自ずと消極的に解釈せざるを得ないように思われる[51]。

このような考え方に基づく判決として、名古屋地裁昭和46年8月28日判決（訟月18巻4号576頁）がある。

> 名古屋地裁は、「被告によって否認されたのは、予納分の租税債務であって、原告は、これにより多少の不利益を被るにしても、その不利益は、さほど重大なものとはいえない」と判示している。

かように、誤指導による回答に反した爾後の適正な課税処分が行われたとしても、信義則の適用によって本来納付すべきであった本税相当額を経済的不利益として捉えることには、疑問も寄せられる[52]。

エ 第三の要件―「何らかの行為」をしたこと

最高裁昭和62年判決で注目すべきは、「納税者がその表示を信頼しその信頼に基づいて行動をした」ことが要件とされている点である。この「行動」とは何を意味し、何故、このような要件が課されているのであろうか。最高裁がこれらの要件を充足していなければならないとしているからには、相当の理由が認められてしかるべきであろう。しかしながら、これまでの租税法律関係にお

ける信義則の適用についての膨大な量の論稿をみても、管見するところ、この点について説得的に詳述する見解が見当たらないように思われる。

(ｱ) 金子説と中川説との差異

金子教授や品川教授の示される信義則の適用要件にいう、「何らかの行為」は、中川教授の主張される「税務官庁の言動を信頼し、その信頼を基礎として、なんらかの税務上の処理をしたことを要する」や、原龍之助教授の主張される「信頼にもとづいて行動した納税者の利益が保護に値するものと考えられるとき」に対応するものと思われる。ここで注目すべきは、中川教授が「税務上の処理」とされ、原教授が「行動」とのみ示されているのに対し、金子・品川両教授が「何らかの行為」とされている点である。さらに注目すべきは、金子教授が、この点について、「誤った表示を信じ、その表示に従って申告をなすことあるいは申告をなさないことは、ここにいう行為には含まれない、と解すべきであろう。」とされており（金子・租税法147頁）、「申告行為」は「何らかの行為」に含まれないと解されている点である[53]。

このように解すると、納税者が租税行政庁の発した情報を信頼して行う「行為」については、申告行為を含む単なる行為を指すと解するか、申告行為とは別の行為が必要と解するかという点において、大きな隔たりがあると思われる。中川教授は、税務上の処理で足りるとしているのに対し、金子教授は、それだけでは足りず、申告行為のほかに何らかの行為がなされなければならないとされるのである。

(ｲ) 「何らかの行為」から申告行為を除く根拠

ところで、なぜ、金子説においては申告行為以外の「何らかの行為」が要件とされているのであろうか。

金子教授が「何らかの行為」を信義則の適用要件として考えるのは、申告行為以外の「何らかの行為」があって初めて経済的不利益が生じると解されているからであると思われる。

📝 この点、金子説と近い立場に立つ品川教授は、信義則適用上の要件として、別に「納税者がその行政処分により救済に価する経済的不利益を被ったこと」とされているが（品川・前掲稿27頁）、かかる要件についての説明をみると、その損失は精神的不信を抱くにとどまらないばかりか、本税を免れるという期待利益が損なわれるだけでは、当該納税者は「保護に値する」経済的不利益を被ったことにはならないとされている。かように考えると、経済的不利益を被ったこと、すなわち「保護に値する場合」の説明を

「何らかの行為」で置き換えているのであって,「何らかの行為」という要件と本税以外の追加的な経済的な不利益を被ったという要件は,原因と結果をどちらから説明するかの違いにほかならないのではないかとも思われるのである。

オ 小 括

上記に示したとおり,これまで信義則の適用要件の議論は,ほとんどの裁判において,信頼の対象となる「公的見解」の表明であるか否かによって,決着がつけられてきた。そのこととの関係で,租税行政庁の発信した情報が信頼すべき公的見解の表明に当たるか否かということに最大の関心が払われてきたように思える。

> しかしながら,「申告是認通知」までをも信頼の対象となる「公的見解」の表明としないという過去における議論には,いまだ議論の余地が残されているように思われる。
> 　少なくとも,国税庁が事前照会に対する文書回答手続の見直しを図り,その適用対象を拡充した現在において,十分な資料提供を前提とした照会体制を整え,責任ある当局によって発出される文書回答を,信頼の対象となる「公的見解」の表明でないとすることが,今日的に妥当性を有する見解であるとは考えづらいのではないだろうか[54]。

この辺りで,もう一度信義則の適用要件について再考を加える必要性を感じる。そもそも信義則によって納税者が被った経済的不利益を考慮する必要があるとすれば,その法的根拠は何か。何故,「何らかの行為」をしたことが信義則の適用要件とされるのかという点について,法的にどのように理解すべきなのか未だ判然とはしない。それが,筆者がここまで過去の裁判例を確認し,学説を概観した率直な感想である。

そこで,この「何らかの行為」をしたことという要件こそが信義則の適用要件の中で最も重要な要件であると理解する立場に立ち,次に,自己決定権侵害論に基づく信義則の要件論を示すことによって,今日的な試論を展開することとしたい。

(3) 自己決定権侵害論

ア 問題点の再整理

租税行政庁の誤指導が信頼の対象となる「公的見解」に当たるとしても,そのことが唯一の信義則適用の要件ではないため,次に,第二の要件である信頼が保護に値することと,第三の要件である「何らかの行為」をしたことという要件に当たるかどうかの検討が必要となろう。

> 　東京高裁平成5年5月31日判決（判タ851号188頁）は，「土地無償賃貸借契約書」の中に，市は契約期間内の固定資産税・都市計画税を減免するとの記載や市長の記名押印があることなどから，市は「固定資産税を賦課しない旨を納税者である土地所有者に公的に表示していたものということができる。そして，本件各土地の所有者は，こうした市の約束を信頼したからこそ，本件各土地を市に貸すことになったとは推認に難くない」と判示している。ただし，「市が遡って土地所有者に適切な対価を支払えば，財産的な迷惑をかけることはない」として，公の見解であるとしつつも信義則の適用は否認している。

　租税行政庁の誤指導に従って申告をし，後日更正処分等を契機に不足税額を納めることになったとしても，本来納付すべきであったものを納付するにすぎないのであれば，かかる不足税額は保護に値するような経済的不利益には当たらないと考えられる。このようなことから，租税行政庁の誤指導により申告行為以外の作為もしくは不作為があった場合が信義則適用の1つの要件と理解されているようである。「何らかの行為」という第三の要件をこのように理解し得るとすれば，かかる要件は，信頼が保護に値することという第二の要件と重畳的な意味を有しているように思われる。

　そこで，申告以外の「何らかの行為」が信義則適用上の要件として何故必要なのかという点についてもう少し考えてみたい。

イ　自己決定権侵害論の定立

　ここでは，自己決定権侵害論をもって，申告以外の「何らかの行為」の意味するところについて整理することを試みたい。

　民事法領域では，例えば，商品勧誘時における不実表示などがあった場合に説明義務という信義則上の義務違反を問い得るかどうかが議論される際に，自己決定権侵害という構成をとることがある。自己決定権行使によって生じる損害額を財産損害として捉えた上で[55]，自己決定権侵害行為ないし自己決定権危殆化行為を信義則に反する不法行為と捉えることによって，財産損害の賠償を認めるという考え方である[56]。

　租税法領域における信義則の適用においても，上記の考え方から説明することが可能であると考える。すなわち，納税者と租税行政庁との信頼関係を基礎として，納税者が租税行政庁職員による誤指導や誤った回答を信頼し，これに基づいて「何らかの行為」をしたとすると，正しい指導や正しい回答があれば行い得なかったもしくは行った行為の結果とは異なる経済的な結果を招くこと

になり，経済的不利益を被ることがある。これは，自己決定権が侵害され，当該侵害された自己決定権を行使したことによって被った経済的不利益である。

租税行政庁による誤った情報により自己決定権が侵害されたことに起因する経済的不利益は，自己決定権の行使との間に直接因果関係を有する。すなわち，誤指導により自己決定権が侵害され，かかる自己決定権の行使によって何らかの経済的不利益が生じ，信頼を保護しなければ正義に反するという場合に，信義則の適用を考慮すべきと理解することができよう。さすれば，自己決定の前提となる意思形成が租税行政庁の指導や回答によって歪められたというだけでは足りず，かかる誤指導によって侵害された自己決定権が行使され，それによって経済的不利益を被ったことが必要である。したがって，この見解に立てば，「何らかの行為」とは，自己決定権行使を指していると理解し得るし，「何らかの行為」が要件とされる理由を導出し得るのである。そして，信義則が適用されるためには，「何らかの行為」があり，さらに，かかる「何らかの行為」による不利益が救済に値する経済的不利益であることが必要となるのである。

このように，租税行政庁による誤指導を信頼したことで自己決定権が侵害され，その信頼の下に国民が「何らかの行為」を行うこと，すなわち，自己決定権を行使することにより被った経済的不利益を自己決定権侵害に係る法益侵害と捉え，これを保護する法理として，租税法領域における信義則を捉える考え方を採用することもできるのではなかろうか（以下，このような考え方をここでは「自己決定権侵害論」という。）。

かように考えると，第三の要件である「何らかの行為」とは自己決定権の行使ということができる。ただ，いまだ自己決定権行使に申告行為が包摂されるかどうかについては判然としないため，次に，この点について検討を加えることとしよう。

ウ　申告行為と自己決定権行使

金子説の第三の要件である「何らかの行為」から申告行為が除かれている点について考えてみたい。この点について，自己決定権侵害論の立場からは，申告行為を自己決定権の行使と捉え得るかどうかを考えることによって整理することができる。

租税法は租税法律主義を基礎として，課税要件が法律上明定されており，法律に示された課税要件に事実を当てはめることによってほぼ自動的に納税額が

算出される仕組みを構築している。このように，申告行為自体には，基本的に納税者の判断に基づいて行われる要素がないことからすれば，申告行為は自己決定権の行使とはいえないであろう。さすれば，申告行為のみによって経済的不利益を被ったとしても，かかる経済的不利益は，何ら侵害された自己決定権が行使された結果によるものには当たらないと思われるのである。

租税法律主義の下では，原則として納税者の意思によって租税法の適用が左右されることはなく，租税は常に租税法の定めるところに従って，一律に，客観的かつ公正に課税される[57]。したがって，申告納税制度は自らが申告行為を行うことを前提とするが，このことは，通常，納税者の主体的な判断権の行使を意味するわけではない（基本的に主体的に判断権が行使されることによって納税者各々の負担する税額が左右されるわけではない。）。

そうであるとすれば，自己決定権侵害によって経済的不利益を被った場合に信義則の適用が認められるとしても，申告行為自体が自己決定権行使に当たらないのであるから，仮に租税行政庁の誤指導が原因で誤った申告をしてしまったとしても，信義則の適用はないと考えられるのである。

申告行為に自己決定権行使の余地がないとすれば，「何らかの行為」に申告行為が含まれる余地は排除されることになろう。よって，この理論によれば，申告行為以外の行為があったことを要件とする理由を，通説のように申告行為があったというだけでは経済的不利益を被ることがないという点に求めるよりも，申告行為自体が自己決定権行使に当たらないという点に求めることになる。後述するように，本税そのものであっても，経済的不利益を被ったと理解し得る場合があることに鑑みると，申告行為以外の行為を信義則適用の前提とする理由として，経済的不利益の面からのみで説明することには一定の限界がある。その場合にも，自己決定権侵害論は合理的な説明を提供すると思われる。

このように，自己決定権侵害論を採用すれば，申告行為が「何らかの行為」に含まれる余地は排除されることになるのである。

(4) 自己決定権侵害論による新たな論点
ア 「本税≠救済に値する経済的不利益」への疑問
(ア) 本税が救済に値する経済的不利益に当たる場合
ところで，「本税≠救済に値する経済的不利益」という図式は常に妥当する

のであろうか。例えば，特例の選択適用が認められている場合にかかる特例の届出書を提出しようとした納税者に対して，届出の必要はないと税務職員が誤指導をした例を考えてみたい。租税行政庁の誤指導により特例を受けることができなかった場合に納税者が負担する本税すなわち，特例の適用を受けることができれば納付しなくて済んだ税額は，本来納付すべきであった税額といえるのであろうか。

原則的には，本税については，誤指導さえなければ納付すべきであったと考えられるので，経済的不利益に含めるべきではないということになろう。仮に信義則を適用して，本来納付すべき本税額を納付しないで済むことが許されるのであれば，その部分は国家からの利益の付与とも，他の納税者の負担においてなされる特定の者に対する利益の付与ともいい得る。したがって，本来納付すべき本税額を「経済的不利益」として，保護するに値する場面は自ずと限定的に解釈せざるを得ず[58]，表明された「公的見解」に反した課税処分が行われたとしても，本来納付すべきであった本税相当額を経済的不利益として捉えることは難しい[59]。

しかしながら，特例の選択適用が認められている場合に特例等の適用要件を満たし，その準備をして，かかる届出の提出の段階で，「届出の提出がなくとも，特例の適用を受けられる」との税務職員による誤指導を受けた場合には，本税部分であるといえども，本来納付すべきであった税額とまではいえないと解されよう。さすれば，本税が保護に値する経済的不利益に該当する場合もあり得ると理解すべきではなかろうか。

(イ) **自己決定権行使としての申告行為**

申告行為以外の「何らかの行為」があった場合のみが信義則の適用対象となると考えると，上記のようなケースを説明する理論的根拠を失うことになりはしないか。届出書の添付をしない確定申告書の提出は，たとえ申告行為であるとしても，かかる申告行為によって保護に値する経済的不利益を被っているといえるのではないか。

この疑問に対しては，申告行為以外の「何らかの行為」という場合の「申告行為」には，かような届出書の提出行為は含まないという議論が展開されそうであるが，届出書の提出ではなく申告書に必要事項を記入することで特例適用の要件を具備する場合等に，かかる事項の申告書への記入は不要であるとの誤

指導があった場合にはどうであろうか。

その点，自己決定権侵害論によれば明らかである。基本的には申告行為それ自体は自己決定権の行使ではないものの，特例の適用を受けるか受けないかという自己決定による選択が認められている場合には自己決定権行使が行われていると理解できよう。多くの場合，申告行為は自己決定権行使による行為とはいえないものの，かようなケースのように選択適用が認められる場合には，Aの手段を採るか，Bの手段を採るかはもっぱら納税者にその決定権が委ねられており，自己決定権の行使による判断が要求されるからである。さすれば，自己決定権侵害論は，かかる特例の届出書の提出やいくつかの選択肢の選択等については，信義則の適用要件である「何らかの行為」に当たると解釈し信義則の適用範囲を拡張すべきという提案に結び付くのである。このように，自己決定権侵害論の立場からは，第三の要件である「申告行為以外の『何らかの行為』をしたこと」を，「自己決定権の行使に基づく『何らかの行為』をしたこと」と捉えるのである。

イ　適合性原則と信義則の適用

すでにみたとおり，信義則の適用要件についてはこれまで多くの議論がなされてきたが，具体的に信義則を適用すべき納税者の範囲についての議論はあまり見当たらないようである。しかしながら，誤指導がどのような納税者に対してなされたかという点も，看過すべきではないと思われる。

これは，自己決定権侵害を信義則適用上の基礎と考える自説からの理論的帰結である。すなわち，納税者が侵害された自己決定権を行使した結果被った経済的不利益について信頼保護の観点から救済することを信義則の適用により構成する立場からは，自己決定権の侵害があるケースはどのようなケースかという点について個別具体的に考慮する必要があると考えるのである。具体的には，課税上の取扱いについての専門的知識を有する税理士などの租税専門家と一般の納税者とを比較した場合，租税専門家が租税行政庁の発した情報によって自己決定権を侵害されるケースは少ないはずである。このようなことを考慮に入れれば，租税専門家に対して行われた租税行政庁の情報発信に係る信義則の適用は厳しいものとなるのではないかと思われるのである[60]。

このあたりは，自己決定権侵害が起こるような対象者に対しては，信義則上，説明義務がより重く働くとする適合性原則（the suitability doctrine）（☞適合性の原

則とは）の理論的構造と親和性を有するといえよう[61]。

☞ **適合性原則**とは、「金融商品への資金投与の勧誘は、顧客の意向、財産状態および投資経験に適合していなければならないという原則」であり（石戸谷豊＝桜井健夫＝上柳敏郎『ビッグバン時代の消費者問題と対策』207頁（東洋経済新報社1998））、米国の証券取引分野で確立されたものである。投資者に適合した商品勧誘として、従来からの訴訟において勘案されてきた事項としては、①投資に関する知識、②投資経験、③理解力、判断力、情報収集能力などの一般的能力（その判断要素として、年齢、職業、学歴、知的水準、職歴、職務内容等）、④投資資金の性格（借入金か自己資金か）、⑤資力（財産、収入）、⑥投資の目的、意向（キャピタルゲインの獲得、節税等）、⑦投資傾向（投機的か否か）などの項目を挙げることができる[62][63]。例えば、金融商品の販売においては、自己決定権が侵害される可能性の高い投資者にはより具体的で分かりやすい説明が要請されるというように、販売者の勧誘においては投資者のレベルに応じた信義則上の義務が考慮されているのである（金融商品取引法40、金融商品販売法7～9参照）[64]。

租税専門家が自己決定権侵害を被ることがないとはいわないまでも、一般の納税者に比してより多くの専門的知識を有していることから、たとえ誤った情報が租税行政庁より発信されたとしても、疑いを抱くことが多いであろうし、かかる情報が適正な回答であるかどうかの判断力は他の一般納税者に比してべものにならないほど高いのはいうまでもない。さすれば、一般の納税者と同様のレベルで、租税専門家が租税行政庁の誤指導によって自己決定権侵害を被るということにはならないであろう。すなわち、租税行政庁からの誤指導があったとしても、そのことが当然に租税専門家の自己決定権を侵害するということにはならないと考える。

¶ レベルアップ！　租税専門家の自己決定権侵害と信義則の適用

適合性原則のような考え方が象徴的に表われている判決として、東京地裁平成15年4月25日判決（訟月51巻7号1857頁）がある。かかる事件は租税行政庁の誤指導に基づくものではないが、相続税の係争中に物納申請があった場合に、実測面積に合わせるためには修正申告が必要であるとの税務署の国税徴収官の説明に納税者が従ったところ、訴訟における訴えの利益がかかる修正申告によって失われたという事件である。地裁においては、信義則の適用があると判断されたが、その控訴審である東京高裁平成16年3月16日判決（訟月51巻7号1819頁）では、税務署職員の指導は税理士に対して行われたということから、信義則の適用はないと判示している。

4 信義誠実の原則

以下，これらの判決を概観することとする。

(ア) 東京地裁平成15年4月25日判決

原告らはC税理士を代理人として，相続税の当初申告と同時に物納申請を行っていたところ，相続税について更正処分がされたため，同処分による納付すべき税額を前提とすると，原告らについては当初申告の際にした物納申請だけでは納税に不足を生じることから，土地等についての新たな物納申請を行った。物納許可手続においては，一般に利用状況の確認や境界線等の確認，測量等を行い，これらに基づいて土地の評価を行った上で，収納することが適格と認められれば物納が許可される。税務署のA国税徴収官は原告の1人と面接し，利用状況の確認および境界の確認等を行い，原告らに土地の測量をすることを求めた。そこで，原告らは土地家屋調査士に依頼して，物納土地の測量を行ったところ，同土地の実測地積は，申告の際の地積より0.5平方メートル広いことが判明した。当時，物納の許可手続においては，一般に，実測面積が申告面積よりも広かった場合，申告内容を実測面積に合わせるものとするために修正申告書の提出を求める運用がされており，本件においても，B国税徴収官がC税理士に対し，数度にわたり，修正申告書の提出が物納許可のために必要である旨を告げて，実測測量に基づく修正申告書の提出を求めた。その際，B国税徴収官は，原告らが更正処分の内容を争って不服申立てをしていることを知っていたが，修正申告書の提出と不服申立ての適否との関係については教示をしなかったとされている。

この事件において，税務署長は，原告らに対して行われた相続税更正処分については，その後にされた修正申告に吸収されて消滅したとみるべきであるから，相続税更正処分の取消しを求める部分は，訴えの利益を欠く旨主張した。

東京地裁平成15年4月25日判決は，「相続税法41条1項の規定によれば，通則法35条2項の規定により納付すべき相続税額，すなわち更正により課せられた相続税額についても，物納を申請することが認められており，その際，相続税の更正を受けた者が物納申請を行う際に更正に沿った修正申告を行うことは，物納申請及び物納許可を行う上での法律上の要件とはされていない。そして，課税庁としては，仮に，申告面積と実測面積に相違が生じた場合に，納税者が修正申告を行わなかったとしても，その点を理由として再度の増額更正を行って，課税の根拠とされた面積と実測面積の相違を解消した上で，物納の許否を判断することも可能であり，被告が本訴で主張しているように修正申告をすることによってそれ以前にされた増額更正処分を争うことが

できなくなるとの見解に立つならば，物納申請者が既に増額更正処分について不服申立てをしている事案においては，修正申告を求めることなく再度の増額更正の方法を採ることを原則とすべきものと考えられる。本件で問題となっている申告面積と実測面積の相違は当初の申告書に納付すべき税額として記載した税額に不足額を生じさせるものであるが，その後に増額更正がされた以上は，もはや当初の申告についての修正申告は許されず（通則法19条1項柱書），増額更正について同条2項各号列挙の事項を修正するための修正申告をするほかないのであるから，本件のような事案において，物納許可のために必要であるとして修正申告を促すことは，…増額更正を争うことを放棄して物納をするか，物納を諦めて現金納付の手段を講じ又はその時点における納税を諦めて多額の延滞税の負担を甘受しつつ，あくまで増額更正を争うかの二者択一を迫るものというほかない。これに対し，上記面積の相違に基づき増額再更正を行った場合には，当該納税者は，この再更正に基づく税額についての物納を求めつつ，従来からの不服をこの再更正に対する不服申立て手続内において主張することが可能となるのである。このような場合，<u>すみやかに後者の手段を採れば，納税者に対して何らの不利益を与えることなく，物納申請に対して適切な対応が可能であるにもかかわらず，前者の手段を採って，上記のような二者択一が迫られていることについて何ら説明をしないまま修正申告を求めた上，それがされたときには増額更正処分を争う訴えの利益がないと主張することは，あまりに原告らに酷というべきである。そして，そのような税務職員によってもたらされた無用な二者択一によって行った修正申告によって，本件各相続税更正処分を争う利益が失われるとしても，これを被告において有用に援用し主張することは，信義に反し許されないものというべきである。</u>」とした。したがって，「被告が，本件修正申告がされたことにより，原告らに対してされた相続税各更正処分の効力が消滅し，原告らが同各処分の取消しを求める訴えの利益が失われると主張することは許されないというべきあり，本件においては，訴えの利益が存するものとして取り扱うべきである。」と判断を下した。

　このように第一審は信義則の適用により，訴えの利益が存するものとして取り扱うべきであると判示した。その後，この事件は控訴された。

(イ)　東京高裁平成16年3月16日判決

　東京高裁平成16年3月16日判決は，「相続税法41条1項の規定によれば，通則法35条2項の規定により納付すべき相続税額，すなわち更正により課せられた相続税額についても，物納を申請することが認められており，その際，相続税の更正を受けた者が物納申請を行う際に更正に沿った修正申告を行うことは，物納申請及び物納許可を行う上での法律上の要件とはされてないし，課税庁としては，仮に，申告面積と実測面積に相違が生じた場合に，納税者が修正申告を行わなかったとしても，その点を理由として再度の増額更正を行って，課税の根拠とされた面積と実測面積の相違を解消した上で，物納の許否を判断することも可能であり，前記のとおり修正申告をした場合にはそれ以前にされた増額更正処分を争うことができなくなるのであるから，物納申請者が既に増額更正処分について不服申立てをしている事案においては，修正申告を求めることなく再度の増額更正の方法を採ることも考えられるところである。そう

> すると，控訴人所部係官が修正申告を求めることとした控訴人内部の運用とその運用に従い被控訴人らに対し，わずか3万2,762円の増加の修正申告を求め，本件連帯保証債務の控除を巡って本件各更正処分を争う途を閉ざしたことは，問題がないわけではない。」とした。
> しかし，「被控訴人らは，本件各修正申告を，税務の専門家であるC税理士に委任し，その関与の下でしたものであるが，C税理士は，職務上，審査請求中に更正処分額を上回る修正申告を行った場合には，納付すべき相続税額は修正申告による額で確定することを熟知していたはずである。このことに，本件各修正申告は，C税理士が控訴人所部係官から修正申告を求められてから約1か月を経過した後にされたことにかんがみると，被控訴人らは，本件各修正申告に先き立ち，C税理士から前記修正申告の法的効果について説明を受けた上，一方で，修正申告をするとその申告額で相続税額が確定する不利益があるのに対し，他方で，修正申告をすることにより申請に係る物納手続が進展し修正後の評価額を前提に物納許可が早期に得られたことやそれにより多額の延滞税負担を回避できることを認識し，収納後も被控訴人らが希望する本件物納土地を駐車場として継続利用できる利益などを踏まえて，C税理士とともに本件において採り得る各方法の利害得失を十分検討し，本件各修正申告による方法を選択したものと推認される。そうすると，控訴人が，本件各修正申告がされたことにより被控訴人らに各相続税更正処分を争う訴えの利益がなくなったと主張することが被控訴人らに酷で信義則に反するということはできない。」と判断を下した。

　高裁は，地裁判断と同様，租税行政庁が納税者に対して修正申告を求め本件連帯保証債務の控除をめぐって更正処分を争う途を閉ざしたことを問題視する。しかしながら，高裁は地裁の判断を覆した。その中心的理由は，修正申告が税理士の関与の下で判断されたということにあるといえよう。この点は，高裁が，「被控訴人らは，本件各修正申告を，税務の専門家であるC税理士に委任し，その関与の下でしたものであるが，C税理士は，職務上，審査請求中に更正処分額を上回る修正申告を行った場合には，納付すべき相続税額は修正申告による額で確定することを熟知していたはずである。」と判示しているとおりである。このような観点は，国税徴収官が仮に修正申告が本訴における訴えの利益を失わせることについての教示をしなかったとしても，税理士が租税行政庁の情報発信によって判断を誤るとは考えづらいという認識に立っているものと理解できるのである[65]。かような考え方には，自己決定権が侵害される納税者のレベルに適合させて信義則の適用を考える自己決定権侵害論の考え方との親和性を看取することができよう。

図表

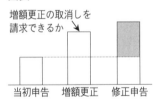

 横浜地裁昭和58年4月27日判決（行集34巻9号1573頁）は，「前記認定判示したとおり，原告が本件修正申告をするには被告事務官の慫慂がそれに与かったことは否定できないが，さりとて右慫慂は同事務官の把握した事実関係を前提とした課税実務上の単なる意見若しくは意向の表明にすぎず，もとよりこれにより原告を法律上，事実上拘束する効果を有するものでないことはいうまでもなく，よって，本件修正申告は原告の任意的判断に基づいてされたものというべきである。
 したがって，被告が本件修正申告のあることを理由として本件更正の取消しを求める訴えの利益を欠くと主張することには，信義則に反するとのそしりを受けるいわれはないものというべきである。」と判示している。ところが，その控訴審東京高裁昭和61年5月28日判決（判タ639号148頁）は，更正に係る審査請求が係属中に脱漏所得が判明したことに伴い，税務職員が関与税理士に修正申告を示唆ないし勧奨した際，審査請求中であることの明確な認識はなかったようであるが，同職員においてわずかの注意を払えば，これを知り得た状況にあったのであり，もしこれを知ったとすれば修正申告の示唆ないし勧奨は行われなかったであろうから，同職員の不注意による勧奨は納税者の不服申立手続上の利益を喪失せしめるに至った重大な原因を形成したといえるとする。加えて，更正はほかならぬ原処分庁のした行政処分であり，これに対する審査請求のなされたことは当然これを知悉している立場にある原処分庁としては，部下である同職員が修正申告を示唆ないし勧奨した際，同職員において本件更正に対し審査請求の申立てがされていたことを偶々認識していなかったからといって，原処分庁が本訴においてこれを有利に援用することは信義に反し相当ではなく，修正申告がたとえ納税者側の過失に基づくものであるにせよ，申告をするに至った主たる要因が税務職員の誤った示唆ないし勧奨により誘発されたと認め得るような事情の下においては，修正申告によってもたらされる納税者の不服申立手続上の不利益，すなわち訴えの利益の喪失につき原処分庁は信義則上これを主張し得ないと解するのが相当である旨判示している（判例評釈として，堺澤良・TKC税研時報2巻6号50頁（1987），林仲宣・シュト306号1頁，酒井克彦・税理54巻2号65頁（2011）参照）[66]。

(5) 信義則適用における厳格性と適用要件

ア 信義則の適用における厳格性

 最高裁昭和62年判決が信義則の適用要件を示した判決であるという理解は果たして同判決の判決文に忠実な正しい理解であろうか。

東京地裁平成15年1月22日判決（判時1824号17頁）は，課税処分が信義則違反によって違法とされるのは，税務官庁が納税者に対して信頼の対象となる公的見解を表示したことにより，納税者がその責に帰すべき事由なく上記表示を信頼し，その信頼に基づいて行動をしたところ，後に上記表示に反する課税処分が行われ，そのために納税者が経済的不利益を受けるに至った場合等に限られるものと解される旨判示し，最高裁昭和62年判決の示した要件を信義則の適用要件とする。

　しかしながら，最高裁昭和62年判決は信義則の適用要件を示した判決であるとはいえないのではなかろうか。なぜなら，同判決は，「租税法規に適合する課税処分について，法の一般原理である信誠則の法理の適用により，右課税処分を違法なものとして取り消すことができる場合があるとしても，法律による行政の原理なかんずく租税法律主義の原則が貫かれるべき租税法律関係においては，右法理の適用については慎重でなければならず，租税法規の適用における納税者間の平等，公平という要請を犠牲にしてもなお当該課税処分に係る課税を免れしめて納税者を保護しなければ正義に反するといえる特別の事情が存する場合に，初めて右法理の適用の是非を考えるべきものである。」としており，「信義則の法理の適用により，右課税処分を違法なものとして取り消すことができる場合があるとしても」と仮定的に表現した上で，「特別の事情が存在する場合に，初めて右法理の適用の是非を考える」と説示しているにすぎないからである。また，特別な事情についても，「少なくとも」と前置きを示しており，前述してきた判断要素のみで「特別の事情」が存しているといえるかどうかは事例に即して考えていかねばならないといわざるを得ないであろう。いずれにしても，最高裁昭和62年判決がいう「特別の事情」が存するとされたとしても，同判決は，それがあると認められて初めて信義則の適用の是非を考えることになる段階に至るとしているにすぎないのである。

　このように最高裁昭和62年判決は信義則の適用要件を示したものとは言い切れないのであって，同判決を前提として考えるとすれば，示された要件が充足されて初めて信義則の適用の是非を考える段階に至るのである。かかる要件が充足されれば信義則が適用されると最高裁が判示しているわけではない[67]。このことは，合法性の原則が要請される租税法律関係の下において，最高裁が信義則の適用を制限的に捉えていることの証左ではないかと思われるのである。

イ　クリーンハンドの原則
㈎　クリーンハンドの原則概要
　これまで租税法律関係における，信義則の適用の是非について肯定的な見解が示された判決はあるが，最終的に裁判において確定した租税事例は皆無である。このことからも租税法律関係における信義則の適用が厳格に考えられていることが分かる。では，クリーンハンドの原則（☞クリーンハンドの原則とは）の適用を考える余地はないのであろうか。

　　☞　**クリーンハンド（clean hands）の原則**とは，「イギリスの衡平法上の原則で，いやしくも衡平法の救済を求めようとする者は自からの側にも当該係争事件に関し衡平的見地よりみて非難されるようなところがあってはならないという法理である。」と説明されている（管野耕毅『信義則の理論―民法の研究Ⅳ―』189頁（信山社2002））。"He who comes into a court of equity must come with clean hands." と表現される法理である。法の救済を求めようとする者は，自分の側にも当該事件に関して衡平ないし法に反する醜悪なところがあってはならないとされる法理である。管野耕毅教授は，クリーンハンドの原則の適用要件として，「㈮不誠実な行為がなされたこと，㈹それにより取得した権利を行使し，またはそうした行為により相手方の権利を妨げること，㈸その結果相互間の衡平関係が破られること」を挙げられる（管野・前掲書158頁）。

　この原則の導入は早くから研究され，民事判例においても採用されているところであるが[168]，租税法律関係においてこの原則が適用されるべきかについての研究はあまり見当たらないようにも思われる。信義則の適用に当たっては，かかる観点からも検討を加えるべきではなかろうか。
㈏　事例の検証
　納税者が依頼した税理士が税務職員と共謀加担して脱税を行った事件において，納税者に加算税が課されるべきか否かが争点となったM税理士事件控訴審東京高裁平成15年12月9日判決（民集60巻4号1823頁）は，第一審と同様，第一次決定処分のうち過少申告加算税賦課決定および重加算税賦課決定中の過少申告加算税額相当分については，国税通則法65条4項所定の「正当な理由」があったとはいえず，適法であり，これらに係る取消請求を棄却すべきものであると判断した。その理由の要旨は，おおむね次のとおりである。一審原告は，M税理士から520万円という税額を示された時に，税務相談において教示された金額（698万円余）とまったく異なる税額に疑問を持ち，同税理士にその根拠を尋ねるなどすれば，同税理士が脱税の意図を有していることを認識し得たものというべきであり，それらの確認を怠り，安易に同税理士を信頼して本件確定申

告手続を委任してしまった一審原告には，代理人の選任，監督について過失があったというべきである。そうすると，一審原告が税務署職員と共謀した脱税行為を繰り返していたM税理士にだまされた被害者であることなどを考慮したとしても，一審原告に過少申告加算税を課すことが不当あるいは酷であるとまでは認められないから，本件修正申告書の税額の計算の基礎となった事実について，本件確定申告書において税額の計算の基礎とされていなかったことに国税通則法65条4項所定の「正当な理由」があったと認めることは困難であるとする。

> これに対して，最高裁平成18年4月25日第三小法廷判決（民集60巻4号1728頁）は，「原審の上記判断は是認することができない。」として，その理由を，次のとおり述べた。すなわち，「過少申告加算税は，過少申告による納税義務違反の事実があれば，原則としてその違反者に対し課されるものであり，これによって，当初から適法に申告し納税した納税者との間の客観的不公平の実質的な是正を図るとともに，過少申告による納税義務違反の発生を防止し，適正な申告納税の実現を図り，もって納税の実を挙げようとする行政上の措置である。国税通則法65条4項は，修正申告書の提出又は更正に基づき納付すべき税額に対して課される過少申告加算税につき，その納付すべき税額の計算の基礎となった事実のうちにその修正申告又は更正前の税額の計算の基礎とされていなかったことについて正当な理由があると認められるものがある場合には，その事実に対応する部分についてはこれを課さないこととしているが，過少申告加算税の上記の趣旨に照らせば，同項にいう『正当な理由があると認められる』場合とは，真に納税者の責めに帰することのできない客観的な事情があり，上記のような過少申告加算税の趣旨に照らしても，なお，納税者に過少申告加算税を賦課することが不当又は酷になる場合をいうものと解するのが相当である。」と説示する。
> そして，これを本件についてみると，「確かに，一審原告には，M税理士から税務相談において教示された金額よりも180万円近く低い税額を示されながら，その根拠等について確認をすることなく，本件確定申告書の控え等の確認をすることなどもしていないといった落ち度が見受けられ，同税理士が本件不正行為に及ぶことを予測し得なかったからといって，それだけで，国税通則法65条4項にいう『正当な理由』があるということはできない。しかしながら，本件においては，税理士が本件不正行為のような態様の隠ぺい仮装行為をして脱税をするなどとは通常想定し難く，一審原告としては適法な確定申告手続を行ってもらうことを前提として必要な納税資金を提供していたといった事情があるだけではなく，それらに加えて，<u>本件確定申告書を受理した税務署の職員が，収賄の上，本件不正行為に積極的に共謀加担した事実が認められ，租税債権者である国の，しかも課税庁の職員のこのような積極的な関与がなければ本件不正行為は不可能であったともいえるのであって</u>，過少申告加算税の賦課を不当とすべき極めて特殊な事情が認められる。このような事実関係及び事情の下においては，真に納税者の責めに帰することのできない客観的な事情があり，過少申告加算税の趣旨に照らしてもなお納税者に過少申告加算税を賦課することが不当又は酷になる場合

に当たるということができ，本件修正申告によりその納付すべき税額の計算の基礎となった事実が本件確定申告において税額の計算の基礎とされていなかったことについて，国税通則法65条4項にいう『正当な理由』があると認められるものというべきである。」として，原審判断を取り消したのである。

控訴審判決がX本人に責任を問えないとしたのを，本件の脱税工作に税務署員が加担していることの事実が影響しているものと捉え，加害者と同視されるべき立場にある者（税務署長）が納税者に対して加算税の賦課という行政制裁を科すことはできないことを明らかにしたと捉えることができるとすれば（品川芳宣「税理士・税務署員共謀による隠ぺい・仮装と重加算税の賦課要件」税研105号100頁（2002）），そのような捉え方はクリーンハンドの原則を前提としたものといえよう[69]。

(6) 小 括

租税債権関係説の観点から，国と納税者との間の対等性を強調することによって，信義則の基礎を租税行政庁と納税者との間の信頼関係に求めるという見解は，学説上も理解を得ていると思われる。その上で，租税行政庁が発する誤った情報を基礎として自己決定権を行使した場合の自己決定権侵害による経済的不利益を信義則によって保護するという考え方（自己決定権侵害論）をもってすれば，「何らかの行為」には原則的に申告行為が含まれないということの法的な説明をなし得ると思われる。そして，この自己決定権侵害論を基礎にすれば，本税相当額が経済的不利益に当たる場合もあり得ることや，理論的に「何らかの行為」に申告行為が含まれる場合もあり得ることになると考える。

また，最高裁昭和62年判決は信義則の適用要件を示した判決ではなく，考慮に容れる要件を示したにすぎない判決であると理解した上で，同法理の適用の検討に当たっては，自己決定権侵害論からの適合性原則の適用やクリーンハンドの原則の適用を考慮すべきではなかろうか。

信義則は，事案の解決の具体的妥当性を実現するという機能を有する一方，法的安定性を害するという危険性をも有し，いわば「両刃の剣」ともいうべき原則である。そこで，信義則の単なる強調，信義則による解釈論の時間的・平面的な並列，あるいは，信義則の理念的意義の抽象的強調という従来の研究方法に対する反省に立って，信義則が適用される諸事例を機能的に類型化し，そ

れぞれの類型の有する意味を検討し，そのあるべき限界を明確にするという研究方法が，今日の民法学界において一般的に主張されている（坂口・前掲稿5頁）。このような研究方法は，租税法律関係における同法理の適用を考えるに当たっても，きわめて有意義であると思われる。

合法性の原則の下，信義則の適用は厳格に考えるべきである点を強調すれば，納税者と租税行政庁との間の信頼関係の推移などをも総合的に判断材料に盛り込んだ上で信義則の適用は判断されるべきなのかもしれない[70]。

最後に，この点について，古都保存協力税条例事件として有名な京都地裁昭和59年3月30日判決（行集35巻3号353頁）[71]をみておくこととしよう。同事件は，租税行政庁による誤指導に係る信義則が中心的論点とされているものではないが，参考となると思われる。

> 京都地裁は，「信義則ないし禁反言の法理は，法の一般原理であるから，公法の分野にも適用のあることは，いうまでもない。すなわち，行政側と私人との間に契約その他これに類似する具体的関係によって何らかの信頼関係が生じた場合，行政側がその信頼関係を覆すことは，場合によって，信義則ないし禁反言の法理に照らし許されず，このことが，行政庁の処分の違法事由となるばかりか，ときには，例外的にではあるが，行政主体が，私人に対し信頼関係を維持すべき具体的な作為，不作為の義務を負い，私人が訴訟の場でその履行あるいは確認を求めることができるとしなければならない。そして，行政主体が右義務を負うかどうかの判断に当たっては，信頼関係を生じさせる契機となった行政側の行動の態様，私人が行政側の行動を信頼したことが正当な理由によるものかどうか，信頼関係の内容とされている事柄の法的評価（適法か違法か，法的拘束力の有無等），信頼関係に基づいて，私人が対価的負担を負い，あるいは，犠牲を払ったかどうか等の事情，信頼関係の推移，行政主体が信頼関係を覆えさざるをえない公益上の必要性の有無及び程度，行政主体が信頼関係を覆すことによって，私人の受ける不利益の程度等諸般の事情を，当該義務の内容と関連させて総合的に考究することが必要である。」と説示している[72]。

すなわち，信義則の適用に当たっては，①信頼関係を生じさせる契機となった行政側の行動の態様，②私人が行政側の行動を信頼したことが正当な理由によるものかどうか，③信頼関係の内容とされている事柄の法的評価（適法か違法か，法的拘束力の有無等），④信頼関係に基づいて，私人が対価的負担を負い，あるいは，犠牲を払ったかどうか等の事情，⑤信頼関係の推移，⑥行政主体が信頼関係を覆さざるを得ない公益上の必要性の有無および程度，⑦行政主体が信頼関係を覆すことによって，私人の受ける不利益の程度などを総合的に考究す

ることが必要であると判断しているのである。

〔注〕
(1) 判例評釈として、碓井光明・昭和62年度重要判例解説〔ジュリ臨増〕50頁（1988），宇賀克也・ジュリ918号119頁（1988），谷口勢津夫・シュト322号1頁（1989），乙部哲郎・判評356号202頁（1988），同・行政判例百選Ⅰ〔第4版〕52頁（1999），阿部泰隆・法セ34巻2号112頁（1989），高橋利文・昭和63年度主要民事判例解説〔判タ臨増〕324頁（1989），金子芳雄・租税判例百選〔第3版〕26頁（1992），玉國文敏・行政判例百選Ⅰ〔第6版〕58頁（2012），吉村典久・租税判例百選〔第5版〕36頁（2011），水野忠恒・ジュリ903号46頁（1988），同・租税判例百選〔第6版〕34頁（2016），原田大樹・行政判例百選Ⅰ〔第7版〕50頁（2017）など参照。
(2) ストック・オプション訴訟については、酒井克彦「親会社ストック・オプションの権利行使利益に係る所得区分（上）・（中）・（下）―東京高裁判決（平成16年2月19日判決）の検討を中心にして―」税務事例36巻4号1頁（2004），同5号1頁（2004），同6号1頁（2004），同「一時所得の意義の再検討―ストック・オプションの権利行使利益を巡る裁判例を素材にして―」国税速報5580号5頁（2004），同「親会社ストック・オプションの権利行使利益に係る給与所得該当性」国税速報5594号5頁（2004），同「米国親会社から日本子会社の従業員等に付与されたストック・オプションの権利行使利益に係る所得区分が争われた事件」国税速報5685号5頁（2005）も参照。
(3) 東京地裁平成16年1月30日判決（税資254号順号9539）。
(4) 筆者はこれまでに、租税法律関係における信義則の適用の根拠を納税者の自己決定権侵害に求める論稿として、酒井克彦「租税行政庁における情報提供と信義則―誤指導による納税者の自己決定権侵害と信義則の適用要件―」法学新報111巻9＝10号『貝塚啓明先生古希記念論文集』251頁（2005），同「自己決定権侵害構成からみた租税法における信義則適用論」租税訴訟9号151頁（2016）を示している。
(5) 戦後間もなくにおいては、消極的な見解が強かったとする整理として、首藤重幸教授は、「国家（行政）と国民の関係を対抗的な権利義務関係と把握することを否定し、両者を同一の国家目的の実現を目指す信頼関係としてとらえ、その場合の有力な法的道具概念として信義則を位置づけるナチス行政法学の系統を引く形で、戦前日本での行政法領域での信義則の適用が説かれたという事実」を指摘し、「この歴史は、戦後日本の行政法における信義則の主張が警戒感をもって迎えられざるをえない環境をつくったものと考えられる。」と論じられる（首藤「租税法における信義則」『戦後重要租税判例の再検証』38頁（財経詳報社2003））。同「行政法における信義則の展開の一性格」早稲田大学法研論集16号55頁（1977）も参照。
(6) 乙部哲郎教授は、戦前からの学説においては、租税法律主義の建前から、納税義務の成立、内容範囲および徴収方法は、もっぱら租税法規によってのみ定められ、これと異なる結果をもたらすような合意については、その有効性を否定するのが常であったとされる（乙部「租税法と信義則(1)・(2)・(3)―判例を中心に―」神院27巻4号1頁（1998），同28巻2号323頁（1998），同28巻3号53頁（1998））。また、旧来は、「納税義務の成立、内容及びその徴収方法等については、専ら租税法規がこれを定めるのであって、行政庁と私人との契約等によってこれを動かすことはできない」と判示されているように、裁

判所もかような見地において，いずれも納税者側の主張を斥けてきたとされている（原龍之助「租税法における信義誠実の原則」税大論叢 2 号11頁 (1969)）。
(7) 信義則の租税法への適用を肯定する主な見解として，田中・租税法129頁，中川一郎『税法学体系〔全訂増補〕』105頁（ぎょうせい1977），金子・租税法144頁以下，清永・税法52頁以下，須貝脩一『税法総論Ⅰ』（有信堂高文社1978），原龍之助「行政法における信義誠実の原則―行政法の解釈の一問題―」法雑 6 巻 3 号17頁 (1960)，田中舘照橘「税務行政における禁反言の原則」税理29巻 3 号 2 頁 (1986)。
(8) 乙部・前掲注(6)「租税法と信義則(2)」335頁は，詳細に学説を分析される。戦前においては，杉村章三郎博士，高橋貞三博士，大石義雄博士が消極論，田中二郎博士は積極論であると分類される（杉村「行政法規解釈論」法協54巻 4 号669頁 (1936)，高橋「行政法における信義誠實の問題」『佐佐木博士還暦記念・憲法及行政法の諸問題』345頁（有斐閣1938），大石「我が国行政法理論に於ける信義誠実の原則について（一）・（二・完）」法論 6 巻 5 = 6 号 (1921)，田中「紹介・シュミット『行政法における信義誠實』」国家50巻 4 号127頁 (1936)）。原龍之助「行政法における信義誠實の原則序説」『佐佐木博士還暦記念・憲法及行政法の諸問題』383頁 (1938) も参照。
(9) 橋本公亘「行政法の解釈と運用」『公法の解釈』89頁（有斐閣1987）。
(10) 新井隆一「租税法の適用と解釈」『租税法講座〔第 1 巻租税法基礎理論〕』312頁（ぎょうせい1976），同「山形市長対株式会社鉄興社事件控訴審鑑定意見」早法48巻 1 項91頁 (1972)。
(11) 村井正「租税法における信義則適用について」月刊20巻 8 号192頁 (1974)。
(12) 斉藤明「租税法における基本原則」創法15巻 2 = 3 = 4 号67頁 (1986)，同「税務職員が行う納税指導と禁反言の法理」税49巻 2 号12頁 (1994)。
(13) 和田正明「税法における信義則」関東学園 9 号159頁 (1994)。
(14) 中川一郎「税法における信義誠実の原則の法的根拠」福岡大創立35周年記念論集127頁。
(15) 石田譲「信義誠実の原則が民法で果たす機能について」法教（ 2 期） 8 号35頁 (1975)。
(16) 南博方「青色申告の承認の取消しと失効の法理」『行政手続と行政処分』219頁（弘文堂1980）。同教授は，「租税法律主義は，租税行政が形式的意義での法律にのみ拘束されることを意味するものではなく，不文の法にも拘束されることを意味する」とされる。
(17) 首藤重幸「税法における信義則」北野弘久編『日本税法体系〔 1 巻〕』142頁（学陽書房1978）。
(18) 大橋為宣「納税者の信頼保護と租税法律主義の相剋（上）」税理29巻 6 号81頁 (1986)。
(19) 原龍之助「租税法と信義則の適用―二つの判例を機縁として」法雑16巻 2 = 3 = 4 号258頁 (1970)。
(20) 金子・租税法144頁。
(21) 品川芳宣「税法における信義則の適用について」税大論叢 8 号 7 頁 (1974)。
(22) 碓井光明「租税法における信義誠実の原則とそのジレンマ」税理23巻12号 4 頁 (1980)。
(23) 岸田貞夫『現代税法解釈』78頁（ぎょうせい1992）。
(24) 藤原雄三「租税判例における禁反言の法理」法学研究11巻 2 号312頁 (1975)。
(25) 塩野宏「行政指導と信義則」法教（ 2 期） 8 号202頁 (1975)。
(26) 阿部泰隆『事例解説行政法』11頁（日本評論社1987）。

⑵⑺　鍋沢幸雄「取消権の制限」川西誠＝矢野勝久＝奥原唯弘篇『行政法総則』197頁（成文堂1975）。
⑵⑻　また，中川一郎教授は，この点に関して参考とすべき多くの先行業績を残しておられ，租税法における信義則の適用に関する研究領域における第一人者である。同教授の信義則に係る業績としては，『税法における信義誠実の原則―RFH／BFHの判例発展史論―』（税法研究所1984），『税法学体系〔全訂〕』113頁（三晃社1975），『税法の解釈及び適用』331頁（三晃社1965）のほか，「税法における信義正義の原則」シュト100号152頁（1970），ドイツの判例学説を詳細に分析した，中川・前掲注⑴⑷107頁など多数ある。
⑵⑼　なお，信義則の適用に関する租税判例研究については，乙部哲郎「租税判例における信義則の展開」神院27巻3号29頁（1998）に詳しい。同教授は，昭和20年代から平成初期までの300件以上の膨大な判例を丹念に整理分類した上で，法的考察を詳細に加えておられる。また，同教授は別途判例等の詳細な分析を行われている（乙部「租税法における禁反言の法理」民商75巻2号280頁（1976）も参照）。
⑶⑴　札幌地裁昭和52年11月4日判決（訟月23巻11号1978頁）は，結果において信義則の適用を否定しているものの，適用の余地を示唆している。
⑶⑴　原告は，昭和23年6月12日文部大臣から旧民法34条により設立を許可された財団法人であり，旧学校教育法83条にいう各種学校を設置した。原告は，設立以来，その所有する本件土地および建物を直接教育の用に供し，これに対し固定資産税を賦課されたことはなかった。昭和27年暮頃，東京都千代田税務事務所係員が来訪し，本件の土地および建物を調査した上，原告に対し固定資産税非課税申告書の提出を求めたので，原告は，昭和28年1月12日，これを千代田税務事務所長に提出した。同税務事務所長は，これについてさらに調査をした上，昭和28年9月17日，「本件土地及び建物は，財団法人である原告が直接教育の用に供しており，地方税法第348条第2項第9号に該当するから，これに対する固定資産税を非課税とする取扱いをする」旨の決裁書に，同税務事務所長らの決裁を経て，同日付けで，同所長名義の公文書により，「本件土地及び建物は，地方税法第348条第2項第9号〔ママ〕に該当するものと認められるので，昭和28年以降の固定資産税につき非課税の取扱いをすることに決定したから通知する」旨の通知書を発した。その後，これによって，固定資産税の賦課が行われていなかったところ，昭和36年6月下旬に至り，突然，同税務事務所から，原告の事務職員に対し，固定資産税を賦課する旨の予告があり，これに対し，原則は，非課税決定通知の存在をもって争い，また，同税務事務所係員の示唆により，固定資産税の減免申請書を提出するなどをした。しかし，同所長は，過去5年間の固定資産税を賦課した。被告東京都知事は，同所長より徴収事務を引き継ぎ，上記税額徴収のため，昭和37年9月12日本件土地を差し押さえた。
　原告は，この差押処分につき，被告に対し異議の申立てをしたが，被告は昭和38年2月12日にこれを棄却する旨の決定をして，同月15日原告に通知した。そこで，原告は，税務事務所長の固定資産税の賦課処分は無効であり，これに基づく被告の差押処分は違法であるとして，本件土地差押処分の取消しを求めて本訴に及んだ。
　なお，控訴審判決（東京高裁昭和41年6月6日判決・行集17巻6号607頁）は，本件における禁反言の法理の適用を否定している。
⑶⑵　品川・前掲注⑵⑴21頁。品川教授が主張される要件のうち，「③納税者がその信頼に基づき何らかの行為をしたこと」については，中川教授の要件の「税務官庁の言動を信頼し，その信頼を基礎として，なんらかの税務上の処理をしたことを要する」に修正を加

えたものとも解される。ここで大きく異なるのは中川教授の「税務上の処理」から「何らかの行為」への修正である。この点については，特段説明が加えられていないものの，非常に大きな相違をもたらすと考える。つまり，中川教授は，税務上の処理でたりるとしているのに対し，品川教授は，それだけではたりず，「何らかの行為」がなされなければならないとするのである。このことは，⑤の説明をみると，より品川教授の見解が鮮明になる。すなわち，同教授は，その損失は精神的不信を抱くにとどまらないばかりか，本税を免れるという期待利益が損なわれるだけでは，当該納税者は「救済に価する経済的不利益」を被ったことにはならないとされるのである。

(33) 第一審福岡地裁昭和56年7月20日判決（訟月27巻12号2351頁），控訴審福岡高裁昭和60年3月29日判決（訟月31巻11号2906頁）。

(34) 東京地裁昭和40年5月26日判決（行集16巻6号1033頁），大阪地裁昭和45年5月12日判決（行集21巻5号799頁）。

(35) 札幌地裁昭和50年6月24日判決（訟月21巻9号1955頁）。

(36) 裁判例では，これらのほかにも，公的見解の表示とされない理由が示されている。例えば，東京地裁平成9年9月19日判決（行集48巻9号643頁）では，原告が，所得税の青色の確定申告書用紙を原告に送付したこと，被告から送付された確定申告書（損失申告用）用紙に「平成4年分も青色申告書を提出しているときは，その赤字の全部又は一部を平成4年分に繰り戻して税金の還付を受けることもできます。」との注意書きがあったことをもって，被告が公的見解を表示したものと主張しているが，これに対して，裁判所はこれらの処理が機械的・事務的に行われる処理であるという実態から信頼の保護の対象となる公的見解の表示に該当しない旨判示した。

(37) いわゆる平和事件と呼ばれる事件，東京地裁平成9年4月25日判決（訟月44巻11号1952頁），東京高裁平成11年5月31日判決（税資243号127頁）では，「原告が…引用する各文献は，いずれも税務官庁による公的見解の表示とは同視することのできない私的な著作物である」として，掲載された見解は公的見解の表明ではないと判示している。なお，自治省の誤った通達が争点となった軽油取引税決定処分等取消請求事件として，東京地裁平成15年1月22日判決（判時1824号17頁）参照。

(38) その他，一定の責任ある者の回答ではないことから公的見解の表明に当たらないとした事案として，名古屋地裁昭和46年8月28日判決（訟月18巻4号576頁），名古屋地裁昭和48年12月7日判決（訟月20巻4号150頁），東京高裁平成3年6月6日判決（訟月38巻5号878頁），横浜地裁平成8年2月28日判決（判自152号50頁），東京地裁平成10年2月23日判決（判自178号36頁），東京地裁平成14年12月6日判決（民集60巻4号1773頁）など参照。

(39) 碓井・前掲注(22)8頁は，責任ある立場の者の表示に限定することに否定的である。首藤・前掲注(17)142頁も参照。

(40) 東京地裁平成5年4月27日判決（税資195号108頁），東京高裁平成6年6月9日判決（税資201号479頁）など。

(41) 札幌地裁昭和52年11月4日判決（前掲注(30)）。なお，その他，国税局職員の回答に係る信義則が争点とされた事件として，神戸地裁平成10年3月25日判決（税資231号283頁），大阪高裁平成11年1月26日判決（税資240号274頁），東京地裁平成11年1月28日判決（税資240号295頁），東京高裁平成12年3月30日判決（判時1715号3頁）がある。

(42) その他，名古屋地裁昭和48年12月7日判決（前掲注(38)），名古屋地裁昭和48年12月26

日判決（訟月20巻5号185頁），名古屋高裁昭和50年12月22日判決（税資83号770頁），大阪地裁昭和55年4月22日判決（税資113号166頁），大阪高裁昭和56年3月26日判決（税資116号866頁），名古屋地裁平成2年5月18日判決（訟月37巻1号160頁），横浜地裁平成8年2月28日判決（前掲注⑶），神戸地裁平成10年3月25日判決（前掲注㊶），大阪高裁平成11年1月26日判決（前掲注㊶）など参照。

⑷　その他，中川・前掲注㉘『税法学体系〔全訂〕』118頁，松澤智「租税法律主義と信義則の法理」税理21巻4号14頁（1978）も参照。

⑷　国税庁の実施する文書回答手続については，差し当たり，酒井克彦「事前照会に対する文書回答手続の在り方」税大論叢44号463頁（2004），酒井・通達の読み方251頁，同＝臼倉真純「文書回答手続」酒井・チェックポイント〔法人税〕231頁参照。

⑷　誤指導が一方的な申立てや確定申告期の窓口相談などの限られた資料の提示を前提としての回答にすぎないと指摘されている事件として，名古屋地裁昭和46年8月28日判決（前掲注⑶），岡山地裁昭和49年2月28日判決（税資74号557頁），富山地裁昭和49年5月31日判決（行集25巻5号655頁），横浜地裁昭和50年5月6日判決（訟月21巻7号1507頁），東京地裁平成元年7月26日判決（税資173号351頁），東京高裁平成元年12月21日判決（税資174号1049頁），最高裁平成3年3月19日第三小法廷判決（税資182号650頁），東京高裁平成3年6月6日判決（前掲注⑶），名古屋地裁平成5年9月3日判決（税資198号716頁），名古屋高裁平成7年4月27日判決（税資209号307頁），最高裁平成7年10月3日第三小法廷判決（税資214号19頁），大阪地裁平成7年11月29日判決（税資214号544頁），那覇地裁平成8年4月2日判決（税資216号1頁），大阪高裁平成9年6月12日判決（税資223号1015頁），長野地裁平成11年3月31日判決（税資242号1頁），東京高裁平成12年3月16日判決（税資246号1318頁），最高裁平成12年10月19日第一小法廷判決（税資249号207頁）など。なお，立ち話での説明にすぎないとした岐阜地裁平成4年2月26日判決（税資188号412頁）がある。この判断は，控訴審名古屋高裁平成4年12月2日判決（税資193号728頁），上告審最高裁平成5年7月15日第一小法廷判決（税資198号172頁）においても維持されている。

⑷　ただし，提示する情報の客観性も要請される。神戸地裁平成10年3月25日判決（前掲注㊶）は，「事前の税務相談に対する回答は，相談者の主観的，恣意的事実関係を前提としたうえで税法適用上の意見にとどまる」と判示している。控訴審大阪高裁平成11年1月26日判決（前掲注㊶）においても維持された。

⑷　その他，大阪地裁昭和45年5月7日判決（行集21巻5号780頁）は，昭和33年度の法人税確定申告書に記載の誤った欠損金額について，「申告是認通知が何らの法的効果も伴わない単なる事実上の行政措置にすぎない」とし，昭和35年，36年度の法人税についての更正処分を是認し，控訴審大阪高裁昭和46年3月11日判決（税資62号326頁）も原審を支持した。東京地裁昭和46年3月30日判決（行集22巻3号399頁）は，「申告是認通知なるものが，そのときまでに調査したところでは当該申告が正当と認められる旨を事実上通知するにすぎないものであって，もとより以後更正等をなしえなくなる法的効果を伴うものではな〔い〕」とし，控訴審東京高裁昭和49年5月29日判決（税資75号569頁）もこれを引用する。

⑷　既往年分における是認処理に反する課税が信義則違反に当たらないとされた事案として，徳島地裁平成9年2月28日判決（税資222号701頁），高松高裁平成10年2月26日判決（税資230号844頁）がある。

⒅　横浜地裁平成9年2月26日判決（判自174号73頁）は，「固定資産税納税通知書における負担調整率の記載に従い税額を計算すると4万3,089円となるのに4万4,114円の課税を受けたというにとどまり，税務官庁の表示に従い行動し，その結果不利益を受けたというものではないから，…信義則の適用はない。」と判示しており，1,325円にすぎない金額が不利益に当たらないと判断されているようである。

⒆　ところで，いわゆるM税理士事件においては，国税通則法70条《国税の更正，決定等の期間制限》4項（当時5項）の適用の是非も争点とされたが，第一審東京地裁平成14年12月6日判決（民集60巻4号1773頁）は，「更正の期間制限の制度（国税通則法70条）は，法律関係の早期安定という観点から，本来納付すべき税額の徴収を制限するものであるところ，偽りその他不正の行為によりその全部もしくは一部の税額を免れた国税についての更正まで，短期間（3年間）の制限期間内に行わしめるものとすることは，実質的な租税負担の公平の観点から相当でない。」とし，「国税通則法70条5項は，上記のような国税に係る更正については，7年間という長い制限期間を定めたものと解され，同項による制限期間の延長は，納税者が本来納付すべきであった正当税額の納付を求めるものであって，納税者に対して特段の負担を新たに発生させるものではない。」と整理した上で，結論として，「『偽りその他不正の行為』を行ったのが納税者であるか否か，あるいは納税者自身において『偽りその他不正の行為』の認識があるか否かにかかわらず，客観的に『偽りその他の不正の行為』によって税額を免れた事実が存在する場合には，同項の適用があると解するのが相当である。」と判示している。国税通則法70条4項による期間の延長が，「納税者が本来納付すべきであった正当税額の納付を求めるものであって，納税者に対して特段の負担を新たに発生させるものではない。」とする点は，本来納付すべきであった本税相当額を納付することになったとしても，そのことをもって納税者を保護すべき必要性があるとは解されないという態度の表明とも解されるところ，こうした態度は，誤指導によって本税相当額を納付することになったとしても，そこに「経済的不利益」は存しないとする考え方と親和性を有するものともいえるのではなかろうか。もっとも，本税は救済に値しない経済的不利益であるとの構成については一部疑問を挟む余地もある（後述）。

⒇　宇都宮地裁昭和60年12月19日判決（判時1183号79頁）参照。

㉑　その他，同様の考え方を示す判決として，名古屋地裁昭和48年12月7日判決（前掲注㊳），福岡地裁平成10年3月20日判決（税資231号156頁），福岡高裁平成12年3月28日判決（税資247号37頁），最高裁平成12年9月28日第一小法廷判決（税資248号868頁）など参照。

㉒　札幌地裁昭和50年6月24日判決（前掲注㉟）。

㉓　文書回答の法的拘束力について「よくあるご質問とその回答」国税庁ホームページ（http://www.nta.go.jp/category/tutatu/bunsyo/2349/04.htm）では，「我が国は申告納税制度を採用しており，申告・納税は納税者の皆様が自主的に行っていただくものです。このような申告納税制度の下において，文書回答は，納税者サービスの一環として，他の納税者の皆様に予測可能性を与え，適正な申告・納税をしていただくための一助となることを目的として実施しているものです。文書回答は，照会に示された事実関係に基づき，その時点の法令に則して，その範囲内での国税当局の判断を示すものであり，照会者の申告内容等を拘束するものではありません。また，文書回答は，あくまで照会者から示された事実関係を前提としたものですから，その示された事実関係が実際の取引

等と異なっていたり，新たな事実が生じたような場合には，回答内容と異なる課税関係が生じることがあります」として，納税者サービスとして実施しているので，法的拘束力を生じないとしている。同手続が公的見解に当たるかどうかについては，酒井・前掲注(44)「事前照会」644頁以下参照。
(55) 例えば，健康被害による逸失利益なども包摂されよう。
(56) 小粥太郎「『説明義務違反による損害賠償』に関する2，3の覚書」自正47巻10号44頁（1996）。なお，小粥教授は，自己決定権侵害という人格的利益の侵害を不法と捉えて，財産的利益の保護を図るという「ずれ」を包摂する点について次のように述べられる。すなわち，「説明義務違反がある場合に事実上原状回復が認められる理由は，業者が提供すべき情報を提供しなかったために，顧客の意思決定が，十分な情報に基づいて行われなかったところにある。損失の有無は二の次のはずである。経済的損失がなくても，自己決定権が侵害され，何らかの救済が必要な場合は存在する。これは，同じように表意者の意思ないし自己決定権の保護を企図する，詐欺による取消が認められる場面を考えれば明らかであろう。騙された表意者は，経済的損失を被らなくても，意思表示を取り消すことができる。つまり，不法行為法は，説明義務違反による自己決定権侵害が行われた場合の一部を救済するにとどまるわけである」と指摘される。
(57) 札幌地裁昭和50年6月24日判決（前掲注(35)）参照。
(58) 宇都宮地裁昭和60年12月19日判決（前掲注(51)）参照。
(59) 名古屋地裁昭和48年12月7日判決（前掲注(38)）は，「本件各所分がなされたことにより原告は本件指示による期待が裏切られることになることは否定できないが，税法上格別不利益をうけるわけでもないし，現実に何らかの損害を蒙ったわけでもない（弁論の全趣旨によれば被告は本件における異議決定により各年分過少申告加算税の賦課処分を取消していることは明らかである）。」と判示している。この判決について中川一郎教授は，「判決のような更正処分により税法上格別不利益を受けるわけでもなく，また現実に何らかの損害を蒙ったわけでもないと考えるならば，税法の領域で信義誠実の適用される場合は殆どなくなるであろう」と論じられる（中川「租税判例研究」シュト142号5頁（1974））。
(60) 理論的根拠とは異なると思われるが，北野弘久教授も，信義則の法理は，税理士，弁護士，税法学者等の専門家には適用されない旨の主張をされておられる（北野・原論180頁（青林書院2007））。
(61) 適合性原則については，差し当たり，酒井克彦「節税商品の勧誘における適合性原則の適用」中央大学大学院研究年報33号〔法学研究科篇〕175頁（2003），同「節税商品の勧誘と適合性原則（上）・（下）―節税商品取引における勧誘の在り方を求めて―」税通59巻2号195頁（2004），同3号181頁（2004）参照。
(62) さらに詳細な検討項目として，杉田雅彦「証券購入勧誘と説明義務」塩崎勤＝秦光昭『現代裁判法大系24〔銀行取引・証券取引〕』383頁（新日本法規1998）参照。
(63) 村本武志「ワラント裁判例の現状と問題点―違法性判断と損害論を中心として―」ジュリ1076号138頁（1995）は，「投資者の適合性は，投資者の理解力・判断力の側面と投資者の資力や資金の性格の側面に分けることができる。」と論じられる。
(64) 金融商品販売法7～9条は，適合性原則を民事上の効果発生のレベルでは捉えておらず，販売業者のコンプライアンス体制の問題として位置付けていた（酒井克彦「節税商品取引における金融商品販売法適用上の問題」中央大学大学院研究年報34号〔法学研究

科篇〕102頁（2004））。

(65) 税理士と一緒に国税調査官の指導を受けた事案として，東京高裁平成7年5月30日判決（税資209号940頁），横浜地裁平成5年4月28日判決（税資195号199頁），京都地裁平成9年5月14日判決（税資223号632頁）参照。

(66) 本件事案は，更正処分に係る納付すべき税額を上回る税額の修正申告がなされた場合に，その更正処分の取消しを求める訴えの利益の有無について争われたものであるが，ここにはいわゆる吸収説と併存説の対立がある。原審横浜地裁も控訴審東京高裁も，いずれも吸収説を採用している点では相違はなく，東京高裁もこの点の地裁判断は維持していると解される（酒井・租税行政法48頁）。しかしながら，被告（税務署長）側が，納税者から修正申告があることを理由として，更正処分の取消しを求める訴えの利益を欠くと主張することについて，信義則違反を問えるか否かについては判断が分かれている。すなわち，横浜地裁は，信義則に反しないとして被告側の主張を認めるのに対し，東京高裁は，本件のように税務署関係官の誤った勧奨に基づいて修正申告がなされているような場合には，信義則の観点からかかる主張をなし得ないとして原審判断を取り消している。

(67) 例えば，福岡高裁平成11年4月27日判決（訟月46巻12号4319頁）も同旨。

(68) 大審院明治33年5月24日判決（民録6輯5巻74頁）。本来有効な労働協約の無効を主張している者が，協約違反の争議行為に出た相手方の責任を追及するのは信義則上衡平を欠くとした熊本地裁昭和24年4月30日判決（労働関係民事行政裁判資料6号137頁），自ら民法234条違反の建物を築造した者が隣地の同条違反建物につきその収去を求めた事案において，「裁判を求めてくる者は清潔な手で来なければならない。これは衡平な解決を求める者として当然に守らなければならない道理である」とし，右請求は，「法の下の不平等を要求することで…信義誠実の原則に違反して許されない」とした渋谷簡裁昭和49年9月25日判決（判時761号103頁），労働金庫の員外貸付で事実上の借主が抵当権に基づき競売がなされた場合に，設定者が競落人に対し貸付，抵当権，その実行手続などの無効を主張することは信義則上許されないとした最高裁昭和44年7月4日第二小法廷判決（判時565号53頁）などがクリーンハンドの原則を適用している。その他，高松高裁平成11年9月28日判決（税資244号882頁），高松地裁平成10年7月28日判決（税資237号909頁）参照。

その他，最近の事例として，次のようなものがある。中国残留孤児訴訟に係る神戸地裁平成18年12月1日判決（判時1968号18頁）は，「帰国制限に基づく国家賠償債権につき消滅時効を援用するが，…政府自身が，帰国した原告らに対して負う本件自立支援義務を履行せず，原告らの生活基盤を不安定なものとし，訴訟の起訴を困難にしておきながら，被告が，本件帰国制限に基づく国家賠償債権につき，原告らに対し，帰国後3年以内の訴え提起を要求することは，著しく信義に反するといわなければならない。したがって，本件における被告の消滅時効の援用は，法の一般原則を定めた民法1条2項に照らし，許されない。」と判示している。

(69) そのほか，税務署長が納税者に対して，土地を取得したことを理由に，特別土地保有税の賦課決定をしたところ，納税者が，本件各土地は上記期間内に取得されたものではないと主張し，その取消しを求めた事案として，名古屋地裁平成14年6月14日判決（判タ1140号140頁）がある。

原告は，本件各土地のうち，第一群および第二群土地については，地目が農地であっ

たため、農地法5条の許可を停止条件として売買契約が締結され、その旨の所有権仮登記が経由された後、許可が得られない間に、仮登記が抹消され、その後売主名義で許可を得た上で本登記が経由されたという経緯はあるものの、仮登記後その抹消までの間に、原告自身において同土地を産業廃棄物の最終処分場として埋め立てたことにより非農地化しており、その時点で原告への実質的な所有権移転があったと主張した。

売買契約締結後、非農地化したので農地法所定の転用許可を待たずして土地の所有権が原告に移転したとの原告のかような主張に対して、被告税務署長は、「農地法の目的は、自作農を創設・安定せしめ、農業生産力の維持向上を図ることにあり、同法はその目的を達成するために、農地の権利移転や転用を県知事等の許可にかからしめているのであるから、かかる立法目的にかんがみれば、無許可転用による非農地化によって所有権移転の効力が生じるといった脱法行為を防止する必要があり、本件のように、非農地化が買主である原告の責に帰すべき事由によりなされた場合には、所有権移転の効力は生じないというべきである。すなわち、本件の場合、<u>原告自身、原告に所有権移転本登記を経由するためには、農地以外の地目への転用手続が必要であることを認識していたにもかかわらず、同土地を産業廃棄物処分場として埋め立てることにより、故意に非農地化させたのであり、原告の帰責性は明らかである。</u>」と主張した。

裁判所は、「原告が第一群土地及び第二群土地の売買契約を締結した当時、同各土地の地目は農地（田又は畑）であり、その周辺土地も同様であったこと、第一群土地及び第二群土地が非農地化したのは、原告がこれら各土地を産業廃棄物最終処分場用地として自ら埋め立てたためであるが、そのために原告は農業委員会に対し、第二群土地について、平成元年10月20日から平成7年11月1日までの間に4回にわたって農地の一時転用許可申請をしてその許可を得ていること、原告が第一群土地及び第二群土地について所有権移転登記を経由するに当たり、いったん経由した所有権移転仮登記を抹消し、売主が農地法4条の許可を得た上で地目変更登記をしていること、以上の事実が認められ、これらに照らせば、第一群土地及び第二群土地並びにその周辺土地は非農地化が進展していた地域ではなく、原告の埋立行為によって次第に非農地化が進行したものであって、原告自身も、第一群土地及び第二群土地が依然として農地法の規制対象であることを前提として所定の各手続を履践していたものであるから、これらの手続の効力をすべて覆して、それ以前の時点で既に前記売買契約の効力が完全に生じたとするのは、原告自身の取った手続からうかがわれる当時の原告の合理的意思に反し、かつ農地法の趣旨、目的にも反するというべきである。したがって、原告が産業廃棄物の最終処分場として埋立てを開始した時点において、愛知県知事の許可を待たずして当該売買契約の効力が生じたとする原告の前記主張は採用できない。」と断ずる。そして、このような説示の上で、「原告が第一群土地及び第二群土地の所有権を取得したのは、前記事実経過に照らすと、これら各土地について所有権移転本登記が経由された日（…）であると認めるのが相当である。」と判示した。

かような判断はクリーンハンドの原則を前提としているのではないかと思われる。すなわち、農地を買手が勝手に非農地化しておいて、農地法の適用がないというのはクリーンハンドの原則に反するのではなかろうか。

(70) 信義則の適用を認めた判決として、例えば、在日韓国人国民年金誤用訴訟として有名な事件の控訴審東京高裁昭和58年10月20日判決（行集34巻10号1777頁）は、国民年金法の国籍要件を欠くにもかかわらず、行政当局の職員の勧誘で国民年金に加入し、長年に

わたって保険料を納めてきたのに，受給段階になってから，国籍要件を欠き受給資格がないことを理由に国民年金（老齢年金）の支給を拒否された在日韓国人が，社会保険庁長官に対して，支給を拒否した裁定却下処分の取消しを求めた事件について，諸般の具体的事実関係のもとでは，信義衡平の原則に照らし，かかる在日韓国人と行政当局との間で生じた信頼関係を行政当局が覆すことができないとして，処分を取り消している。なお，原審は東京地裁昭和57年9月22日判決（行集33巻9号1814頁）。

(71) 主な判例評釈として，村井正・ジュリ838号55頁（1985），平野武・憲法判例百選Ⅰ〔第5版〕92頁（2007）参照。なお，控訴審は大阪高裁昭和60年11月29日判決（行集36巻11=12号1910頁）。

(72) その上で，「原告らが，…『この種の税はいかなる名目においても新設または延長しない』という条項によって，もはや旧税と同種の税の新設または延長はないと信じたことには，一応もっともな理由があり，原告らの立場からすれば，それゆえにこそ，旧税の適正円滑な施行に協力したのであるし，旧税の後了時の被告市側の態度は，原告らの右信頼を強めたということができ，現に14年間旧税と同種の税の新設の動きはないままに過ぎたのである。」とした。ただ，原告市側が，「旧税の実施中から終了後現在に至るまでの間，旧条例上の当然の義務や本件契約（確約）上の協議等をしたほかに，旧税と同種の税の新設または延長はないという信頼を前提として，資金や労力を投入するなどの積極的行動を行ったとの主張はない。…もっとも，原告らは，旧税に対する違憲の主張をひとまず引っ込めて，旧税の施行に協力したことが最大の対価的負担であると主張する。しかし，本税と同旨の旧税が，社寺の信教の自由を侵すもので違憲であるとする原告ら主張自体正当でない」として，「しかもこの点について，司法による公権的判断がなかったのであるから，原告らが違憲の主張をひとまず引っ込めたことを，重要な意味のあることと評価することはできない。」と判断を下した。

5　権利濫用

はじめに

　租税回避を否認するに当たっての法律上の根拠が議論されることが多いが、その実定法上の根拠の前に、そもそも法理論上の根拠は奈辺にあるのであろうか。

　ここで1つのアイデアを提起するのが、ドイツ法が従来から示してきた権利濫用法理である。この考え方はすでに欧州裁判所（ECJ）判決などにおいて支持されており、他の諸外国においても採用されてきた考え方であるという観測も可能である。かように、欧州裁判所の主要な租税判例において濫用禁止原則に基づく判断が示されており、これらが我が国の租税法における「濫用」を考える上でも役立つと思われる（この点については、岩﨑政明「租税法における『濫用』概念」金子宏『租税法の発展』380頁（有斐閣2010））。

　ところで、租税回避事例としてつとに有名な清水惣事件第一審大津地裁昭和47年12月13日判決（訟月19巻5号40頁）では、租税回避であることから否認が論じられているが、そこでは「権利の濫用」も触れられている。

> 大津地裁は、「原告が本件融資をするにあたり無利息としたことが、私法上許された法形式を濫用することにより、租税負担を不当に回避または軽減することが企図されている場合、あるいはこれを意図したものでないとしても、無利息とすることが経済的合理性を全く無視したものであると認められる様な場合には、実質的にみて租税負担の公平の原則に反する結果になるから、右無利息融資行為をいわゆる租税回避行為として、税法上相対的に否認して本来の実情に適合すべき法形式の行為に引き直して、その結果に基づいて課税しうるものと解すべきである。」と判示している。

　従来、学説の有力説は、租税回避の定義内に課税減免規定の濫用を含めてこなかったものの、課税減免規定の濫用があった場合に、否認されるべき場面があることを肯定してきたものと解される。

　なお、租税回避行為について、例えば清永敬次教授は、「租税回避というとき、一般に、ややもすると、租税回避行為は許されない行為であると考えられがちであるが、これを禁止するための規定がない場合には、租税回避であるからと

いってこれが税法上否認されることはないのであるから，租税回避行為はその限りで税法上承認されている行為にほかならないと考えるべき」とされている（清永・税法44頁）。このように，個別否認規定の及ばない租税回避は結論的にセーフハーバーを意味するとして捉える立場からは，否認されるべき課税減免規定の濫用は否認されるべきでない租税回避に包摂しないという従来の理解に矛盾はなく，見解の内部において体系的に整合性が保たれてきたというべきであろう。

　この点，金子宏教授は，従来の学説に修正を加えられ，租税回避には2つの類型があると整理される。すなわち，1つは「合理的または正当な理由がないのに，通常用いられない法形式を選択することによって，通常用いられる法形式に対応する税負担の軽減または排除を図る行為」であり（金子・租税法134頁），これは従来の租税回避の定義に相当する。そして，もう1つは，「租税減免規定の趣旨・目的に反するにもかかわらず，私法上の形成可能性を利用して，自己の取引をそれを充足するように仕組み，もって税負担の軽減または排除を図る行為」であるとされる（同135頁）。こうした行為は，いうなれば課税減免規定の濫用ともいい得るが，この点について金子教授は，「租税法規のなかには，一定の政策目的の実現のために，税負担の軽減ないし免除を定める規定（租税減免規定）が多い。納税者のなかには，これらの規定の趣旨，目的に適合しないにもかかわらず，税負担の減免のみを目的として，その取引を形の上でこれらの規定の鋳型に当てはまるように仕組みあるいは組成して，それらの規定の適用を図る例が多い。前述のように，これも租税回避の1つのタイプである。このような場合には，減免規定の趣旨・目的に照らして，これらの規定を限定解釈し，これらの取引に対する減免規定の適用を否定することができると解すべきである。」とされるのである（同140頁）。

　さて，近年，外国税額控除余裕枠を利用したいわゆるりそな銀行事件や，組織再編税制を利用したいわゆるヤフー事件など，後者のタイプの租税回避事例が注目されており，最高裁で納税者敗訴が確定しているわけであるが，これらの事例とて，単に租税回避であることを理由に否認することは租税法律主義の観点から許されるものではなかろう。

　以下では，権利濫用の法理に着目して租税回避の否認を眺めてみたい。

(1) 限定解釈を採用した裁判例

外国税額控除余裕枠を利用した事件である，いわゆるりそな銀行事件において，最高裁平成18年2月23日第一小法廷判決（集民219号491頁）は，次のように判示する[1]。

> 「これは，我が国の外国税額控除の制度をその本来の趣旨及び目的から著しく逸脱する態様で利用することにより納税を免れ，我が国において納付されるべき法人税額を減少させた上，この免れた税額を原資とする利益を取引関係者が分け合うために，本件銀行にとっては外国法人税を負担することにより損失が生ずるだけの取引をあえて行うものというべきであって，我が国ひいては我が国の納税者の負担の下に取引関係者の利益を図るものにほかならない。そうすると，本件各取引は，外国税額控除の制度を濫用するものであり，これに基づいて生じた所得に対する外国法人税を法人税法69条の定める外国税額控除の対象とすることはできないというべきである。」

この事例のように濫用法理による否認が許容されるとした場合に，通説どおり，「租税回避とは否認規定がなければ否認できないもの」と捉えると，「濫用」を租税回避の定義の要素に入れることの是非も論じられる必要があろう（なお，租税回避否認と濫用論については，酒井克彦「租税回避否認規定と民法規定」木村＝酒井・租税正義406頁も参照）。

租税法上の権利濫用における「濫用」という消極的・否定的な法的評価の根拠となる「弊害」の意味が，民法上の権利濫用とは異なるとする見解がある。谷口勢津夫教授は，私法上の権利濫用が自律的かつ内在的に「弊害」を認め制限する法理であるのに対して，租税法上の権利濫用は私法上の権利行使について，租税法が「弊害」を認め，その「弊害」を根拠にして私法上の権利濫用たる法形成可能性の濫用に制限をかける法理であるという点が異なるとされる（谷口勢津夫「権利濫用」金子＝中里・租税法と民法17頁（有斐閣2018））。

> なお，谷口教授は，権利濫用の「手段」および「禁止（否認）方法」の観点から比較した場合，「手段」の観点からは，私法上の形成可能性を「手段」として濫用するものであるものが狭義の権利濫用に当たるとされるのに対し（すなわち，既に権利として発生し存在しているものの行使が否定される場合），課税減免規定による租税負担の軽減排除を「手段」として濫用するものを広義の権利濫用（すなわち，制度本来の目的に反する場合におけるその権利形成行為自体）と位置付けられる（谷口・前掲稿31頁）。また，濫用の「禁止（否認）方法」の観点からは，「両者とも濫用の『手段』を排除（無効化）する点では共通している」とされた上で，その排除（無効化）の方法は，「狭義の権利濫用に関する禁止の場合には，『異常』な法形式を『通常』の法形式に引き直すことである

…のに対して，広義の権利濫用に関する禁止の場合には，直接的には，課税減免規定（制度）の適用を否定することであり，その前提として，同規定（制度）の要件（課税減免要件）をその趣旨・目的に反して充足するという『異常な』（すなわち趣旨・目的違反という意味で想定外の）行為が，その趣旨・目的どおり充足しないという『通常の』行為に引き直される」ものと整理される（谷口・同稿31頁）。

(2) 濫用と租税回避否認規定
ア 我が国における権利濫用法理の展開

　フランスの学説は，我が国民法学において継承された。我が国の権利濫用法理の研究の第一人者である末川博博士は，権利濫用禁止の基本的立場として，権利の社会性を強調された。すなわち，「権利は本来社会生活における個人と個人との関係を規律するために認められているものであるから，権利の行使に当たっても権利者以外の者の利害を全然顧慮することなしに，権利者が社会から絶縁された孤独の存在であるかのように振舞うことは許されぬ訳である。そこで『自己の権利を行使する者は何人に対しても不法を行うものではない』という権利者中心の個人主義的な権利行使の絶対性に関する考えは是正されねばならぬ。権利濫用禁止の理論と実際とが生れた所以はここにある。」と主張されるのである（末川「権利濫用の研究」法時5巻7号5頁（1933））。そして，社会的目的に反して権利が行使されるときにその濫用があると論じるが，そこにいう「社会的目的」とは，「時空の関係において制約されている経験的の生活自體によつて定められるほかはないのだから，社會的目的に反する権利の行使が権利の濫用だということは，公序良俗に反するとか社會観念上認容できぬとかいうような點に権利濫用の標識を求めることの正當性を指示する」とされる（末川「権利濫用概論」同『権利濫用の研究』10頁以下（岩波書店1949））[(2)]。

　権利濫用法理の萌芽的判決といわれている信玄公旗掛け松事件大審院大正8年3月3日判決（民録25輯6巻362頁）は，「其の行為が社会観念上被害者に於て，認容すべからざるものと一般に認めらるる程度」を超えるとき，かかる行為は，「権利行使の適当なる範囲」にあるものではないとの判断を下している。ここに客観的な社会観念が採用されたことは注目されている（青山道夫「わが国における権利濫用理論の発展」末川先生古希記念論文集刊行委員会編『権利の濫用（上）』29頁（有斐閣1969））。

　昭和に入り，石田文次郎博士は，権利の濫用について，「権利は法律の許与

によって成立するものである以上，法の保護が拒否されている限り，換言すれば権利の濫用と解される範囲に於ては，実は権利として承認されていないことを意味する。したがって『権利の濫用』と解される限り，そこには『権利がない』といわねばならぬ」と論じ，「権利濫用禁止の理論の発展によって，社会に於ける共同生活の秩序を害するような範囲に於て，所有権は否定されるとの結論」が導き出されたとされる（石田「現代物権法の基礎理論」孫田秀春『日本国家科学大系7巻』25頁以下（実業之日本社1943）。宇奈月温泉事件として有名な大審院昭和10年10月5日判決（民集14巻1965頁）は，所有権の濫用を判示した。この判決について，末川博士は，「権利の相對性を主張して，権利の経済的・社会的目的（La destination économique et sociale des droits subjectifs）に濫用認定の標識を求めようとするフランスでの近時の考え方はこれに相通ずるものがある。」と論じられる（末川「所有権に對する侵害除去の請求と権利の濫用」同『権利濫用の研究』207頁（岩波書店1949））。

昭和22年の改正民法1条3項が権利濫用禁止規定を設けてから，現行民法規定までは明文の根拠を有することとなった。この規定について，民法学説は，末川博士が，「権利というものについて公共性の理念を規定し」たとか（末川「民法の改正をつらぬく二つの理念」季刊法律学4号61頁（1948）），我妻栄博士が，「私権の社会性に反し，権利の行使として是認することのできない行為」（我妻『民法総則〔新訂〕』35頁（有斐閣1965））を禁止する規定として，「私権の社会性を宣言したもの」（我妻・前掲書33頁）とされるように[3]，権利に社会的目的を包摂する意義を明らかにしたと評する見解が大多数である[4][5]。

> 　権利濫用法理による租税回避否認規定を擁するフランスでは，そもそもフランス民法典に直接に権利濫用に関する規定を設けていなかったにもかかわらず，「権利濫用に関する理論は，むしろ権利濫用を法文化した諸国よりも発展した」といわれており（青山・前掲稿22頁），租税回避否認規定において権利濫用法理が採用される法的土壌が形成されていたとみることが可能であろう。
> 　末川博士は，権利濫用法理に関する実定法を有しないフランス法における同法理論について，学説・判例を研究され，同法内に，「権利濫用は権利の目的（destination）という理念と密接に結び付いているようであり，而もその目的の制約は社会的に必要であつて，それはたゞ法規に示されている表面的な制限によつて為されるのみならず各種の法律上の権能の社会的機能から推して法律的な理由を探求することによつても與えられるのだから，これらの権能は絶対至上の権利として現われることなく，制限された利益についての可能として現われ，その実現はたゞその制度の精神に適合する限りにおいてのみ正当に為され得る」という点を確認される（末川「フランスにおける権利濫用理論」

同『権利濫用の研究』155頁（岩波書店1949））。

このことはドイツにおいても同様である（磯村哲「シカーネ禁止より客観的利益衡量への発展―ドイツにおける『226条・826条から242条への展開』の意義―」末川先生古希記念論文集刊行委員会編『権利の濫用（上）』24頁（有斐閣1969））。

権利濫用の概念的把握に関して，フランスでは，形式説（critique de forme）と実質説（critique de fond）とが対立的に主張されたが，この対立を反映して，ドイツにおいても外部説（Aubentheorie）と内部説（Innentheorie）とが主張された（この辺りの記述は，浜上則雄「ドイツ法における権利濫用の理論」末川先生古希記念論文集刊行委員会編『権利の濫用（下）』299頁以下（有斐閣1969）に拠っている。）。外部説が，権利濫用をもって，原則的に権利内容に属している権利の行使が例外的に制限されるものと解し，権利行使の制限は，権利の内容によってではなく外部から規定されるものであると考えるのに対して，内部説は，権利には道義上の制限が内在するものと解して，良俗違反の権利行使をもはや権利行使とはみないという考え方である。内部説によると，濫用が始まるところで権利は消滅しているわけである。この議論には対立があったが，通説は内部説に立っている。

イ　シカーネの法理と濫用

ドイツ租税通則法AO42で主観的要件が中心とされている点については，シカーネの法理（ドイツ民法226条）が採用されていることとの関連を捨象できない。

我が国民法が条文上はシカーネを採用せず，また，学説においても客観説が通説であるものの（幾代通『民法総則〔第2版〕』17頁（青林書院1984），川井健『民法概論1〔第4版〕』11頁（有斐閣2008）），主観説が排除されることに抵抗を示す有力説もあり（総合説。四宮和夫＝能見善久『民法総則〔第9版〕』31頁（弘文堂2018）），裁判例も権利行使の害意性（主観）と，私権と公共的利益との比較考量（客観）という2つの要素を勘案している（加藤雅信『新民法大系Ⅰ民法総則〔第2版〕』44頁（有斐閣2005））。これらに鑑みると，主観的要件テストのみを全面に出すことには躊躇せざるを得ない。

例えば，加藤一郎教授は，「権利濫用においては公益性も一つの考慮すべき事情に入りうるが，本件〔筆者注：板付基地事件〕では国に対する公法的な関係と私法上の所有権とはいちおう別個の問題であり，その調整については土地収用の手続があるのであるから，公益性をなまの形で，つまり私法上の利益と同じ平面で比較衡量することは，やはり妥当でない」とされる（加藤「板付飛行場事件」法協82巻6号800頁（1966））。また，客観的な利益考量のみに重点を置き，加害意思といった主観的要件を弱めあるいは除外する方向に対しては疑問があるとの指摘もある（菅野耕毅「権利濫用理論」星野英一編『民法講座〔第1巻〕（民法総則）』

80頁（有斐閣1984））。さらに，末川博博士は，「何らかの点でシカーネに通じるような非難されるべきもの」が必要であると述べられる（末川「所有権に基づく土地明渡請求が権利の濫用であるとされた事例」民商53巻4号123頁（1966））。このように学説上は害意を無視すべきではないとする見解が有力であるように思われる。

　この点について，租税回避を前提として考えると，適用条文を認める民法においてさえ，権利濫用については慎重な議論が展開されているところであり，これを一般法理として取り込むにつき，直接的な規定を有しない租税法において，租税法律主義の下，かかる法理を適用するからには，より厳格に解釈をし，害意が要件とされると解するべきではなかろうか。

(3)　権利濫用と憲法12条

　木村弘之亮教授は，租税回避の否認原則として，「憲法12条が自由および権

Tax Lounge　納税者を惑わす無責任な租税専門家

　これまで，自動販売機を使って課税売上高を創出し，仕入税額控除をすることによって，賃貸用マンション建設にかかった消費税相当額を控除するというスキームが紹介され，これが合法的な節税であると流布されてきた。そもそも，家賃には消費税が課税されないので，家賃収入しかないマンションオーナーにとっては，マンション建設にかかった消費税を控除することができないという点に着目をした巧妙な手段である。このようなスキームが会計検査院の検査によって指摘されたと報道された（平成21年10月4日付け日本経済新聞）。

　消費税法上の課税売上高という概念に付随収入が包摂されるということから，自動販売機を付随収入とみるという考え方であるが，このような解釈は妥当であろうか。あるいは，かような仕入税額控除が一義的には解釈論上問題がなかったとしても，課税減免規定の濫用ということになりはしないか。筆者は，後者の余地があるのではないかと常々考えてきたが，ちまたではこれを「合法的な節税策」として大々的に宣伝するような税理士事務所も出現していたのである。

　そもそも，「合法的な節税策」であるということの理論的説明は，その広告をみて契約をしたマンションオーナーにどのようになされたのであろうか。金融商品販売法が施行されて以来，消費者に対する商品説明は法の要請するところであるが，節税商品の商品説明が十分になされずに勧誘が行われているとすると，法的な問題に発展しかねない。すなわち，適合性原則に基づく説明義務の履行が要請されなければならないし，断定的判断の提供があってはならないはずである。

　仮に課税当局による更正処分などがあった場合，的確な説明義務が履行されていなければ，税理士は専門家責任を免れることはできないであろう。

利の濫用を禁止し，さらに解釈は可能な語義のところで終了し，税負担を増強する類推適用の禁止原則がはたらくということに基因する」とされ，「これら3つの前提要件に照らし，この租税回避の否認についての一般原則は日本国憲法の下においても租税法上一般に承認され確立しうるものと解される。」と論じられる（木村「節税と租税回避の区別の基準」小川英明＝松澤智＝今村隆編『新・裁判実務大系 租税争訟〔改訂版〕』346頁以下（青林書院2009））。

> **憲法12条**
> 国民は自由及び権利はこれを濫用してはならず，常に公共の福祉のためにこれを利用する責任を負う。

同教授は，「租税法律主義（憲法84条）は権利濫用の禁止原則（憲法12条）と両立しないわけではなく，むしろ権利濫用の禁止原則（憲法12条）は，憲法価値規定における先順位に憲法規定されている事実に照らし，租税法律主義に内在する制約原理として働いている。」とされ，租税法律主義を最大限尊重するとしても，憲法規定に基づいて租税回避対抗原則を租税法上許容できる構成を提示されるのである（木村・前掲稿347頁。なお，木村弘之亮「権利濫用」木村＝酒井・租税正義83頁も参照）。

(4) 小 括

我妻栄博士は，「すべての私権は，究極において，社会共同生活のために存在する」とされ，私権の濫用を防止すべきと強く論じられる。

木村弘之亮教授が，国税通則法をはじめとする租税法規が権利濫用禁止規定を置いていないとしても，民法1条3項をその根拠とし得ると論じられ（木村・前掲稿347頁），また，北川善太郎教授が，明文の規定がなくとも本来的な公権力関係を含め公法関係に民法規定が適用される場面はかなり多いと分析されているように（北川『民法総則〔民法講要Ⅰ〕』23頁（有斐閣1993）），上記のような権利濫用法理を租税法律関係に適用することは，理論上は可能であろう。もっとも，繰り返しになるが，租税法領域に権利濫用法理を持ち込む際には慎重な姿勢が必要であることもまた指摘しておきたい。前述したりそな銀行事件の最高裁判決がその突破口となるかどうかが注目されてきたところであるが，依然としてその性格付けは判然としていないのが現状というほかない。また，いわゆ

るヤフー事件最高裁平成28年2月29日第一小法廷判決（民集70巻2号242頁）は，「組織再編成は，その形態や方法が複雑かつ多様であるため，これを利用する巧妙な租税回避行為が行われやすく，租税回避の手段として濫用されるおそれがあることから，法132条の2は，税負担の公平を維持するため，組織再編成において法人税の負担を不当に減少させる結果となると認められる行為又は計算が行われた場合に，それを正常な行為又は計算に引き直して法人税の更正又は決定を行う権限を税務署長に認めたものと解され，組織再編成に係る租税回避を包括的に防止する規定として設けられたものである。このような同条の趣旨及び目的からすれば，同条にいう『法人税の負担を不当に減少させる結果となると認められるもの』とは，法人の行為又は計算が組織再編成に関する税制（以下『組織再編税制』という。）に係る各規定を<u>租税回避の手段として濫用すること</u>により法人税の負担を減少させるものであることをいうと解すべきであり，その濫用の有無の判断に当たっては，〈1〉当該法人の行為又は計算が，通常は想定されない組織再編成の手順や方法に基づいたり，実態とは乖離した形式を作出したりするなど，不自然なものであるかどうか，〈2〉税負担の減少以外にそのような行為又は計算を行うことの合理的な理由となる事業目的その他の事由が存在するかどうか等の事情を考慮した上で，当該行為又は計算が，組織再編成を利用して税負担を減少させることを意図したものであって，組織再編税制に係る各規定の本来の趣旨及び目的から逸脱する態様でその適用を受けるもの又は免れるものと認められるか否かという観点から判断するのが相当である。」とし，結論として本件について，「組織再編税制に係る…各規定を租税回避の手段として濫用することにより法人税の負担を減少させるものとして，法132条の2にいう『法人税の負担を不当に減少させる結果となると認められるもの』に当たると解するのが相当である。」としているが，ここでいう「濫用」の意味についてもこれから議論がなされていくところであろう。

> 🔍 我妻博士は，「もちろん，私権は…個人の身分と財産の関係における利益の独占的享受を保障するものだから，その権利主体たる個人の利益を直接の目的とすることは疑いない。しかし，(イ)理論的にみれば，すべての私権は，法によって認められるものであり，法は社会全体の向上発展を目的とするものであるから，法ないし国家よりも，以前の，あるいは以上の，私権なるものは，ありえない。従って，私権は，その成立のそもそもから，社会全体の福祉と調和する限りにおいてだけ，存在しうるものである。(ロ)のみならず，実質的にみれば，社会全体の向上発展は，すべての個人の充実発展なしには考えられないと同時に，各個人の充実発展は，社会全体の向上発展とともにのみ可能である。

従って，私権の認められる根拠は，それが社会共同生活の向上発展のための不可欠の要件であることに存在する。」とされ，「しかるに，近世の個人主義的法思想には，私権，ことに個人の自由と財産についての私権をもって，国家以上の絶対不可侵のものとなし，法以前の天賦不可譲のものと考える傾きがあった。しかし，この思想は，封建制度を打破して個人の尊厳を確認するためには，限りない大きな功績を残したけれども，理論的に是認しえないだけでなく，現在の法思想にも適合しない。のみならず，この思想が，私権の絶対不可侵性を強調したのは，それによって社会共同生活がどうなってもかまわないと考えたのではなく，そうすることによって社会全体の向上発展が企図されると考えたのであった。従って，19世紀の末から，主として富の偏在による社会事情の変化のために，その思想によっては，もはや社会全体の向上発展を企図することが不可能となった以上，私権の社会性・公共性を確認することは，その思想の進展だともいうことができるであろう。」と論じられる（我妻・前掲書32頁以下）。

🖉 このような考え方は，末川博士が，次のように述べているのと通じるところであろう。すなわち，同博士は，「権利というものを個人の人格の延長でもあるかのように考えて，その絶対性を認め，権利の行使は，どこまでも正当であり適法であるとする権利者本位の自由主義的な思想は，近世自然法学的史観に根ざすところの個人主義の一つの現れであるということができるのであるが，これに対して，権利というものの社会性ないし公共性を認めて，権利の行使に限界があるという見地から，権利一般について濫用を許さないとする考え方は，いわば社会本位に権利の相対性を肯定しようとするものであるから，そこに，20世紀的な要素を見出し得るというわけなのである。」と論じられる（末川・前掲書31頁）。

¶ レベルアップ！　混沌とした租税回避論の整理
ア　租税回避の定義の再確認
(ア)　講学上の租税回避の定義

従前，金子宏教授は，租税回避について，「私法上の選択可能性を利用し，私的経済取引プロパーの見地からは合理的理由がないのに，通常用いられない法形式を選択することによって，結果的には意図した経済的目的ないし経済的成果を実現しながら，通常用いられる法形式に対応する課税要件の充足を免れ，もって税負担を減少させあるいは排除すること」と定義されており（金子・租税法〔第21版〕125頁），この定義は多くの学者が研究の基礎として引用する通説的理解であるとされてきた（現在の記載振りについては，🔍97頁🖉参照）ここでの注目すべき点は，租税回避が，①「私法上の選択可能性を利用」するものであること，②「課税要件の充足を免れる」ものであることである[6]。

従来から講学上，論じられてきた租税回避の上記の定義を理解するために，いわゆる岩瀬事件をみてみたい。この事例は租税回避の定義を確認するための格好の材料であるといえよう。

第一審東京地裁平成10年5月13日判決（訟月47巻1号199頁）は，「本件取引は本件取得資産及び本件差金と本件譲渡資産とを相互の対価とする不可分の権利移転合意」として，「交換（民法586条）であった」と認定し，更正処分を適法と判断した。これに対して，控訴審東京高裁平成11年6月21日判決（訟月47巻1号184頁）は，「各売買契約と本件差金の支払とが時を同じくしていわば不可分一体的に履行されることによって初めて，両者の本件取引による経済的目的が実現されるという関係にあ〔る〕」とした上で，「本件取引の法形式を選択するに当たって，…交換契約の法形式によることなく，本件譲渡資産及び本件取得資産の各別の売買契約とその各売買代金の相殺という法形式を採用することとしたのは，本件取引の結果H側に発生することとなる本件譲渡資産の譲渡による譲渡所得に対する税負担の軽減を図るためであったことが，優に推認できる」とした。

　結果として，「本件取引のような取引においては，むしろ補足金付交換契約の法形式が用いられるのが通常であるものとも考えられるところであ」るが，「いわゆる租税法律主義の下においては，法律の根拠なしに，当事者の選択した法形式を通常用いられる法形式に引き直し，それに対応する課税要件が充足されたものとして取り扱う権限が課税庁に認められているものではない」として課税処分の違法性を断じたのである[7]。

　この事例は当事者間の契約の解釈が争点となったものであるが，上記のとおり，東京高裁は，その事実認定において，租税負担の軽減という目的を織り込んで契約解釈の基礎となる当事者の内心的効果意思を認定している。この点，同判決は，租税回避について中立的な態度に出たものと評することができよう。

　前述のとおり，租税回避の定義は，①私法上の選択可能性を利用し，②課税要件の充足を免れることと理解されている。この岩瀬事件は，①交換か売買かという私法上の選択可能性を利用し，②売買契約を締結することで，交換契約の場合の課税要件の充足を免れている事案であることは間違いがない。したがって，講学上の租税回避の定義がそのまま当てはまる事例であるといえよう。

　✍　金子宏教授の示す従前の租税回避の定義に即してみれば，本件は，交換か売買かという私法上の選択可能性を利用し，私的経済プロパーの見地からは2本の売買契約を結ぶことには合理的理由がないのに，通常用いられない売買契約を選択することによって，結果的には意図した交換という成果を実現しながら，通常用いられる交換に対応する課税要件の充足を免れ，もって租税負担を減少させることと置き換えることができるから，

まさに租税回避の定義どおりの事案であるといえよう。

(イ) 「課税要件の充足を免れること」と「課税減免要件の充足を図ること」

清永敬次教授も，租税回避を「課税要件の充足を避けることによる租税負担の不当な軽減又は排除」とされ（清永・税法42頁），金子教授の定義に比してより簡潔であるが，いずれにしても，これまで講学上の租税回避は，「課税要件の充足を免れること」ないしは，「避けること」と論じられてきた（なお，取引の異常性・迂遠性など現象面から定義付ける向きもある[8]。）。

このように，通説は，租税回避と節税を明確に区別し，租税回避とは課税要件の充足を免れるものと捉えている。課税要件が充足されない限り，課税効果は生じないのであるから，租税回避を課税要件の充足を免れるものと捉える以上，納税義務などの課税効果は発生せず，いわばセーフハーバーを意味することになる。租税回避の否認とは，課税要件の充足を免れているものについて，課税要件を充足させる行為であるから，セーフハーバーからの排除を意味する。換言すれば，「租税回避」とは経過的な状態を表わすものであり，したがって，「租税回避の否認」とは，租税回避の状態のままにしないために，セーフハーバーから課税地帯へ引き上げることを意味しているといってよかろう。

ところで，一定の政策目的を実現するために租税負担を免除ないし軽減している規定（以下「課税減免規定」という。）の要件を形式的に充足する行為や取引をし，その規定の本来の政策目的とは離れたところで，租税負担の免除・軽減を図ろうとする事例がある。

例えば，いわゆるりそな銀行事件と呼ばれる事例である。この事件では，外国税額控除の適用が認められるか否かが争点となっている。

税務署長Y（被告・控訴人・上告人）は米国の事例であるグレゴリー事件判決において確立されたといわれる「事業目的の原理」によって，法人税法69条《外国税額の控除》の「納付」の意味・内容を限定解釈すべきと主張したが，これに対し，第一審大阪地裁平成13年12月14日判決（民集59巻10号2993頁）は，かかる解釈基準を採ることには無理があるとした上で，「取引各当事者に，税額控除の枠を利用すること以外におよそ事業目的がない場合や，それ以外の事業目的が極めて限局されたものである場合には，『納付することとなる場合』には当たらないが，それ以外の場合には『納付することとなる場合』に該当するという基準が採用されるべきである。」とし，結果として，当該事案の場合「あくまで

も，F社への投資の総合的コストを低下させるための手段と位置づけることが可能である。」としてYの主張を斥けた。控訴審大阪高裁平成15年5月14日判決（民集59巻10号3165頁）も第一審判断をおおむね維持し，Yの主張を排斥した。

この事例は上告され，上告審最高裁平成17年12月19日第二小法廷判決（民集59巻10号2964頁）[9]は，「本件取引は，全体としてみれば，本来は外国法人が負担すべき外国法人税について我が国の銀行であるX社が対価を得て引き受け，その負担を自己の外国税額控除の余裕枠を利用して国内で納付すべき法人税額を減らすことによって免れ，最終的に利益を得ようとするものであるということができる。これは，我が国の外国税額控除制度をその本来の趣旨目的から著しく逸脱する態様で利用して納税を免れ，我が国において納付されるべき法人税額を減少させた上，この免れた税額を原資とする利益を取引関係者が享受するために，取引自体によっては外国法人税を負担すれば損失が生ずるだけであるという本件取引をあえて行うというものであって，我が国ひいては我が国の納税者の負担の下に取引関係者の利益を図るものというほかない。そうすると，本件取引に基づいて生じた所得に対する外国法人税を法人税法69条の定める外国税額控除の対象とすることは，外国税額控除制度を濫用するものであり，さらには，税負担の公平を著しく害するものとして許されないというべきである。」と示し，原審判断を覆し，Yの逆転勝訴としたのである。

このように，外国税額控除制度の適用において，同制度の趣旨目的に合致した場合のみ認められるものと解すべきか否かが争われたが，結果として，最高裁はこれを肯定したのである。

> 類似事件の最高裁平成18年2月23日第一小法廷判決（集民219号491頁）は，「そうすると，本件各取引は，外国税額控除の制度を濫用するものであり，これに基づいて生じた所得に対する外国法人税を法人税法69条の定める外国税額控除の対象とすることはできないというべきである。」と論じており，外国税額控除制度の濫用による否認が示されているようにも解される。

この事件は，X社が故意に二重課税を生じさせたものであり，法人税法69条の適用要件を充足している事例である。租税回避の定義が，①私法上の選択可能性を利用することにより，②課税要件の充足を免れるものであると理解されているところ，この事件は，①私法上の選択可能性の利用がなされている事例として説明することは難しく，また，②課税要件の充足を免れるどころか，Xは，あえて法人税法69条の適用要件の充足を図っているのであるから，講学上

の租税回避の定義から外れるものと整理されることになろう。

　この点に関し，今村隆教授は，課税減免規定の濫用についても租税回避の定義に入れるべき旨の主張をされる（今村隆『租税回避と濫用法理―租税回避の基礎研究―』11頁（大蔵財務協会2015））。すなわち，「〔金子宏教授の租税回避の〕定義は，三越事件のように，土地を譲渡するとの経済目的が存在していることを前提に，私法上の法形式を通常用いられない法形式を使うことにより税負担の減少を図る場合を念頭に置いているが，アメリカでタックス・シェルターとして問題となっているような『意図した経済目的がなく，減免規定の充足により，専ら税負担の減少を図る場合』が含まれていない点でこのような場合を含めないでいいのかが問題となる。」として，金子教授の従来の租税回避の定義について疑問を呈される（今村・前掲書11頁）。

　　✍　もっとも，金子宏教授は，最近の教科書（金子・租税法〔第23版〕133頁以下）において，租税回避について，「私法上の形成可能性を異常または変則的な（『不自然』という言葉は，主観的判断の幅が広く，不明確度が大きいため，避けておきたい）態様で利用すること（濫用）によって，税負担の軽減または排除を図る行為のことである。」とされた上で，次の２つの類型に整理されている。
　　①　合理的または正当な理由がないのに，通常用いられない法形式を選択することによって，通常用いられる法形式に対応する税負担の軽減または排除を図る行為
　　②　租税減免規定の趣旨・目的に反するにもかかわらず，私法上の形成可能性を利用して，自己の取引をそれを充足するように仕組み，もって税負担の軽減または排除を図る行為

(ウ)　中間概念としての租税回避

　課税要件の充足によってはじめて課税効果（法律効果）が発生することを念頭に置けば，「租税回避＝課税要件の充足を免れること」という定義は，租税回避である以上課税されないものと言い換えていることにほかならない。さすれば，「租税回避＝課税されない」ということであるから，要するに課税効果の観点からすると，租税回避は節税と同義ということになる[10]。

　そうであるとすると，租税回避をことさらに定義付ける意味は奈辺にあるのであろうか。節税でもなければ脱税でもないという意味での，いわば中間概念としての仮置きの概念であろうか。仮置きの概念であるとするならば，かような概念に法的な積極的意義を見出すことができるのか疑問が生じる。

　このような関心からすれば，「租税回避」という概念を使用することによる混乱を避ける必要が生じる。そこで，以下，ここにいう中間概念としての租税

回避を「租税回避の試み」とし，単に「租税回避」という場合には，結果として課税要件の充足を免れた場合（租税回避の試みに成功した場合）という意味で，講学上の租税回避の定義の理解に従って整理を進めることとする。

 📖 谷口勢津夫教授は，既にこのような視角から議論を展開されている（谷口『租税回避論―税法の解釈適用と租税回避の試み―』16頁（清文社2014））。

「租税回避」を，結果として課税要件の充足を免れたことと整理すると，上述のとおり「節税」に接近することになるが，この点は木村弘之亮教授の見解が参考となる。

 すなわち，木村教授は，租税回避を課税根拠規定の適用を回避して租税の負担を免れる行為であるとされ，節税については，課税減免規定の要件を充足させて租税の負担を免れる行為であると説明される（木村「節税と租税回避の区別の基準」小川英明＝松澤智＝今村隆編『新・裁判実務大系　租税争訟〔改訂版〕』346頁（青林書院2005））。

図表1

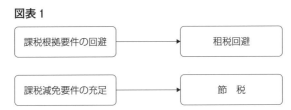

 これらの行為のうち問題となるのは，規定の適用要件の充足を回避する行為あるいは充足させる行為が「不当」な場合であろう。

 「租税回避」と「節税」という括りで簡単には収まりきらない問題は，上記の木村説のように整理することが可能であるように思われる。既に，りそな銀行事件を紹介したとおり，現下において問題とすべきなのは，課税の局面のみならず，課税減免の局面での議論である。後者の問題もこの分野での射程範囲に取り込まざるを得ないのであって，それをいかに整理するかという点に関心が寄せられるべきであろう。

 📖 今村隆教授は，課税減免の局面を租税回避の定義に包摂した上で議論すべきとされる（今村・前掲書11頁）。

イ　節税・租税回避・脱税という三つの枠組み

 私見としては，従来の「節税」「租税回避」「脱税」の整理の仕方にも若干の

疑問を覚える。「節税」や「租税回避」でなければ「脱税」に当たるということではないのは自明であるからである。課税要件の充足が認められれば租税回避の試みが失敗し，課税対象になるというだけであって，それが「偽りその他不正の行為」（所法238）等によるもの，すなわち「脱税」に当たるか否かは別の議論である。

また，前述の整理からすれば，租税回避の試みが，租税行政庁が主張する課税要件を満たしていないということであったとしても（租税回避として成功したのであれば），それが節税になるわけではない。なぜなら「節税」はあくまでも，課税減免要件の充足を意味するからである。このように考えると，「節税」という概念も結果概念であって，課税減免要件の充足を図ろうとする「節税の試み」が成功すれば「節税」となり，失敗すれば単に課税対象となるだけであって，それは「租税回避」でもなければ「脱税」になるものでもないと考えるべきであろう（租税回避の概念の要素には，租税回避の意図は含まれない（清永・税法369頁））（図表2参照）。

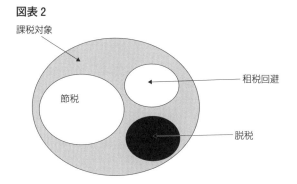

図表2

もっとも，りそな銀行事件のように，近時は課税減免要件を満たすことによって法が予定するところとは異なる租税負担の減免や軽減を図ろうとする節税の試み事例が散見されており，上記の議論のみでは整理ができないことになる。前述のとおり，節税を課税減免要件を充足することと整理すれば，課税根拠要件の充足か否かという括り（従来型の租税回避論）は，課税減免要件の充足をあえて行おうとする行為を念頭に置くと必ずしも十分な整理であるとはいえない。そこで議論を大きく2つに分けて述べていく必要があると思われる。

図表3は，りそな銀行事件において議論されているような課税減免要件の充足が争われる場面である。そこでは，課税庁側は，本件は課税減免要件の充足をしていないため「節税」ではない，すなわち「課税」であるという主張をし（①），これに対し，「節税の試み」を行う納税者側は，本件は課税減免要件の充足をしているから「節税」であるという主張をすることになろう（②）。

図表3　節税の試み

①は課税庁の主張（課税庁側からは，本件は「節税」ではないという主張になる。）
②は納税者の主張（納税者側からは，本件は「節税」であるという主張になる。）

図表4は，いわゆる我が国における従来型の租税回避論であり，そこでは課税要件の充足を免れるものが租税回避であると定義されてきた。したがって，課税庁側は，本件は課税根拠要件の充足をしているから（課税要件の充足を免れていないため）「租税回避」ではない，すなわち「課税」であるという主張をし（③），「租税回避の試み」を行う納税者側は，課税根拠要件の充足は免れているという主張，すなわち，本件は「租税回避」であるという主張をすることになる（④）。

図表4　租税回避の試み

③は課税庁の主張（課税庁側からは，本件は「租税回避」ではないという主張になる。）
④は納税者の主張（納税者側からは，本件は「租税回避」であるという主張になる。）

このように考えると，「租税回避の試み」と「租税回避」，「節税の試み」と「節税」は明確に区別して議論すべきである。これは租税回避の定義には意図が含まれないという整理と親和性を有する理解であろう[11]。したがって，この理解は，例えば，所得税法157条，法人税法132条，相続税法64条にいう同族会社等の行為計算の否認規定が，「税の負担を不当に減少させる結果となると認

められるものがあるとき」と規定しており，結果が要件設定されていることと符合する[12]。さらに，「節税」「租税回避」「脱税」という枠組みでは空白域が広すぎることから（図表2参照），ここではこの辺りを意識して議論を展開することとしたい。

　ウ　濫用という切り口

　租税回避や節税については，上記の課税根拠要件の充足の有無，あるいは課税減免要件の充足の有無で捉える課税要件法からの視角とは別に，その行為形態に着目をした捉え方があり得る。

　これまで学説は，租税回避を「私法上の選択可能性を利用」する行為と定義してきたところであるが，これをやや強調して説明するとすれば，いわゆる私法制度（契約形態等）の濫用的行為により租税負担の軽減を図ることであるといってもよいように思われる（今村・前掲書11頁，谷口・税法64頁）[13]。このような捉え方は，例えば，親会社の子会社に対する無利息融資に係る利息相当額が法人税法上の益金に算入されるべきか否かが争点とされた，いわゆる清水惣事件大津地裁昭和47年12月13日判決（訟月19巻5号40頁）[14]においてみることができる。すなわち，同地裁は，「原告が本件融資をするにあたり無利息としたことが，<u>私法上許された法形式を濫用することにより，租税負担を不当に回避または軽減することが企図されている場合</u>…には，実質的にみて租税負担の公平の原則に反する結果になるから，右無利息融資行為をいわゆる租税回避行為として，税法上相対的に否認して本来の実情に適合すべき法形式の行為に引き直して，その結果に基づいて課税しうるものと解すべきである。」と判示している[15]。この点からみると，岩瀬事件のようなケースがその典型に挙げられるかもしれない（図表5参照）。

図表5　私法制度の濫用的行為―租税回避の試み

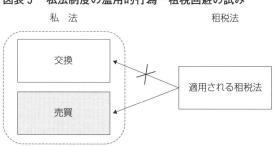

これに対して，前述のりそな銀行事件は私法制度の濫用ではなく，租税法制度（課税減免規定等）の濫用の形態に属するものと思われる[16]（図表6参照）。

図表6　租税法制度の濫用的行為—節税の試み

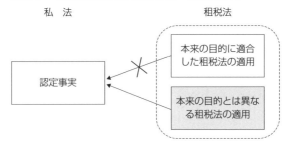

そこでは，例えば，図表7のようなイメージで議論が展開されているようである。すなわち，課税根拠要件の充足の回避を図ることと，課税減免要件の充足を行うことが問題となり得るが，前者については，従来の租税回避の定義や岩瀬事件のようなケースにみられるように私法制度の濫用がその中心的問題となる。後者については，むしろ私法制度の濫用というよりも，りそな銀行事件でみたように，租税法制度の濫用が中心の問題となる（今村・前掲書14頁）。

図表7　私法制度の濫用的行為—租税回避の試み

　今村隆教授は，権利濫用と法の濫用を明確に区別すべきとした上で，前者の構成によるべきと論じられる。特に，ECJにおける濫用の法理（See, CadburySchweppes plc v. Commissioners of Inland Revenue, C-196/04, 12 Sep.2006.）を参考にされており，注目すべき議論を展開される（今村・前掲書175頁）。谷口勢津夫教授は，課税減免制度が付与する租税負担減免権の濫用として説明される（谷口「租税回避と税法の解釈適用方法論」岡村忠生編『租税回避研究の展開と課題』15頁（ミネルヴァ書房2015））。木村・前掲稿347頁は，憲法12条を租税法律関係に内在するものとした上で，民法1条《基本原則》3項にいう権利濫用禁止原則に基礎を置く。

ここで注目されるのは，今村隆教授の見解である。同教授は，租税回避という用語の持つ語義感，「回避」との用語に引きずられて，課税減免要件の充足の問題が欠落してきたこれまでの議論を強く批判される（今村・前掲書19頁）[17]。

それと同時に，租税回避の場合には，私法制度の濫用ばかりが強調されてきたとして，これまでの学説に対する疑問を呈示される（今村・同書48頁）。

このように議論の射程範囲を従来の「租税回避」にとどまらず，「租税法制度の濫用的な節税」をも取り込む方向が今日的な関心の高まりであるといえよう。

　✎　谷口勢津夫教授も，課税要件規定の欠缺と課税減免規定の欠缺の利用によって租税上の利益が得られる点を念頭に置いた議論を展開される（谷口・65頁）。

エ　課税ターゲットとしての租税回避

租税回避という用語自体は論者によって多義的であり，また実定法上の概念ではないことから，ことさらにその定義を論じることには疑問も覚える[18][19]。また，租税回避論においては，各論者の租税回避の捉え方により議論が常に不安定性を帯びることを指摘できる。すなわち，「租税回避の範囲を拡張すべき」との主張がしばしばみられるところ，「租税回避を否認されるべきもの」と考える論者にとっては，かかる主張は課税されるべき領域を拡張すべきという意味を有するのに対して，「租税回避を課税されないセーフハーバー」と位置付ける論者にとっては，むしろその主張は課税されない領域を拡張すべきという反対の意味を有することになるのである。かような点での議論の不安定性である[20]。

では，これまでの租税回避の定義を巡る議論には意味がなかったのか，というとそのようなことは決してない。租税回避の定義がいかなる意味を持つのかという点と併せて，同概念の議論をより建設的な議論に組み替えるべきであるように思われる。この点，解釈論上セーフハーバーである租税回避を課税の対象として取り込む根拠法を用意する必要があるかどうかという立法論上の課税ターゲット論のための道具概念であるとするならば，それは有益な議論となり得るであろう。すなわち，それは，いわば課税されるべき領域としての不当な租税回避や節税の議論（別言すれば，セーフハーバーにある「租税回避」や「節税」を課税領域に引き込む議論）であって，法の潜脱ともいい得る領域に対して，立法論上どのように考えるべきかというコンテクストでの道具概念であると捉えれば有益な議論となると考える。

ところで，通説のように租税回避を課税根拠要件充足の回避と理解すれば，租税回避の否認とは，免れている課税根拠要件を改めて充足させることを意味

する。これは，①課税要件の充足があるとして課税要件事実を認定する方法（私法上の法律構成による否認論（◎⑩参照）等）[21]と，②課税要件規定の解釈を納税者の主張するそれとは異なるものとすること（りそな銀行事件の控訴審判決にみる縮小解釈ないしは限定解釈など）の両方を指すことがある。また，③租税回避の否認を「従来の課税要件規定にはない新たな課税要件を作り出すこと」と説明することもできる（清永・税法42頁）。③は解釈論においては行い得ない。

〔注〕
(1) 最高裁平成17年12月19日第二小法廷判決（民集59巻10号2964頁），大阪高裁平成14年6月14日判決（訟月49巻6号1843頁）なども参照。
(2) 末川博士は，不法行為との関係について，「一般に権利濫用が不法行為とせられる要點は，権利の侵害にあるのではなくて，その違法性にあると観なければならぬのだから，一々の場合にいかなる個別的の権利が侵害されたかを詮さくする必要はない」と論じられる（末川「権利濫用概論」同『権利濫用の研究』（岩波書店1949））。
(3) もっとも，我妻栄博士は，民法1条1項をもっぱら社会一般と私人の利益との衝突・調整を意図する規定として捉えられ，「公共の福祉に反する私権の行使は，私権の濫用となる—従って濫用という句を用いてもよい—が，その基準を定めるには，第3項とはまた違ったグループとすることが適当である」との試論を提示されている（我妻「公共の福祉・信義則・権利濫用の相互の関係」末川先生古希記念論文集刊行委員会編『権利の濫用（上）』58頁（有斐閣1969））。
(4) 社会法の意義および権利濫用の法理と関係について，菊地勇夫「権利濫用の法理と社会法」末川先生古希記念論文集刊行委員会編『権利の濫用（上）』1頁以下（有斐閣1969）。
(5) 青山道夫「わが国における権利濫用理論の発展」末川先生古希記念論文集刊行委員会編『権利の濫用（上）』35頁（有斐閣1969）も，「個人本位の権利思想を脱却し，権利の現代的意義を明らかにしたものと評価」される。
(6) 清永敬次教授は，ドイツの租税法学者ヘンゼル教授（Albert Hensel）の租税回避の定義を参照して，「税法上通常のものと考えられている取引形式を選択せず，それとは異なる取引形式を選択することにより，通常の取引形式を選択した場合と同一の経済的効果を達成しながら，租税上の負担を軽減または排除することである。このなかには，通常のものではない，したがって異常な取引形式の選択，同一またはほぼ同一の経済的効果の達成，および租税上の負担の軽減または排除という三つの要素が含まれている。」とされる（清永・税法369頁，同「租税回避に関する諸問題(10)」税法193号5頁（1967））。
(7) その後，第一審被告からの上告受理申立ては不受理とされた（上告審最高裁平成15年6月13日第二小法廷決定・税資253号順号9367）。
(8) 例えば，北野・原論225頁，大淵博美「同族会社の行為計算の否認規定（法法132条）を巡る論点の考察(1)」税法63巻11号32頁（2008），同「同族会社の行為計算否認による不平等課税とその課題—所得税法・相続税法の行為計算否認により派生する基礎的疑問の解明—」石島弘ほか編『納税者保護と法の支配』〔山田二郎先生喜寿記念〕94頁以下（信

山社2007），片岡政一『会社税法の詳解』635頁（文精社1941）などを参照。これらの見解は，私法上の選択可能性の利用という捉え方でも，課税要件の充足の回避という捉え方でもなく，異常性あるいは不合理性といった捉え方であり，何らかの「通常」あるいは「正常」な行為との関係性（距離や性質の相違性といったもの）で租税回避が判定されるべきとする考え方であろうか（今村隆教授は，租税回避の定義に取引の迂遠性は必要ないと論じられる（今村「租税回避についての最近の司法判断の傾向（その1）」租税研究684号103頁（2006））。左袒したい。）。

(9) 判例評釈として，杉原則彦・平成17年度最高裁判所判例解説〔民事篇〕〔下〕990頁（2008），同・曹時58巻6号177頁（2006），同・ジュリ1320号180頁（2006），同・最高裁時の判例5号〔ジュリ増刊〕103頁（2007），今村隆・税理49巻7号2頁（2006），本庄資・税通61巻7号25頁（2006），同・ジュリ1336号141頁（2007），平川雄士・税研126号80頁（2006），矢内一好・税弘54巻4号153頁（2006），志賀櫻・税務事例38巻7号33頁（2006），石毛和夫・銀法50巻12号52頁（2006），吉村政穂・判評572号184頁（2006），谷口勢津夫・民商135巻6号163頁（2007），田中健治・平成18年度主要民事判例解説〔判タ臨増〕256頁（2007），吉村典久・平成17年行政関係判例解説113頁（2007），清水一夫・税大論叢59号245頁（2008），駒宮史博・税研148号126頁（2009），岡村忠生・租税判例百選〔第6版〕38頁（2016），木村弘之亮・税法569号43頁（2013），酒井克彦・会社法務A2Z99号58頁（2015）など参照。

(10) 岡村忠生教授は，租税回避を課税要件の不充足として捉えると，そもそも，租税回避という現象の実在性にさえ疑問があるとされる。すなわち，「租税回避は，課税要件を充足せずに税負担を〈軽減する〉ことであるとされるが，そのようなことが果たしてありえるのか，税負担は〈軽減された〉のではなく，単に最初からその金額だけだったのではないのか，と問われたとき，答えはないと思われる。」とされ，「さらに問われるのは，いったい何のために租税回避を研究するのか，その理由と学問的実益である。」とされる（岡村「租税回避研究の意義と発展」同編『租税回避研究の展開と課題』〔清永敬次先生謝恩論文集〕328頁（ミネルヴァ書房2015））。

(11) この点，岡村忠生教授は，IBM事件第一審東京地裁平成26年5月9日判決（判タ1415号186頁）が租税回避の意図に拘ったものとして批判される（岡村「BEPSと行為計算否認(2)」税研181号76頁（2015））。谷口勢津夫教授は，私法上の法律構成による否認論（今村隆『租税回避行為の否認と契約解釈(1)』税理42巻14号208頁（1999））を，租税回避「目的」を課税要件事実に係る真実の法律関係（主要事実）の認定における「重要な間接事実」として捉える考え方であるとして，批判される（谷口・税法76頁）。

(12) この点については，酒井克彦「租税法における同族会社等の行為計算否認規定の適用範囲―制度濫用への適用可能性を中心として―」中央ロー・ジャーナル12巻1号89頁以下（2015）に詳述した。

(13) 今村隆教授は，課税根拠要件充足の回避の面では租税回避を法形式の濫用と捉えるのに対して（今村隆『租税回避と濫用法理―租税回避の基礎研究―』11頁（大蔵財務協会2015），金子宏教授は，その点では定義のみをみると「濫用」とはされていないように思われる。すなわち，同教授は，租税回避の定義において，「私法上の選択可能性を利用し」としているものの，「私法上の選択可能性を濫用し」とはしていないのである（金子・租税法〔第21版〕125頁）。また，清永敬次教授は，そもそも私法上の選択可能性との関係について租税回避の定義の中で触れられてはいない（清永・税法43頁）。

もっとも，金子教授の租税回避の定義を「私法上の選択可能性の濫用」と理解することができないわけではないが，同教授はあえて「濫用」という用語を使用していないのではないかと思われる。すなわち，金子教授は濫用に当たるとまではいえないような場合であっても，租税回避に該当すると解されているのではなかろうか。なお，りそな銀行事件最高裁判決は「著しい」目的外利用についてのみ外国税額控除制度の「濫用」を観念していると解される（谷口『租税回避論―税法の解釈適用と租税回避の試み―』55頁（清文社2014））。

(14)　判例評釈として，中川一郎・シュト129号1頁（1972），西山忠範・ジュリ541号122頁（1973），宮村素之・税弘22巻105頁（1974），内藤利文・税通32巻11号72頁（1977），福山正衛・税務事例5巻3号57頁（1973）など参照。

(15)　もっとも，同判決は，私法形式の濫用が企図されているかどうかをみるとしている。また，それにとどまらずに，企図したものでないとしても，経済的合理性を全く無視したものであると認められるものがある場合に否認が許されるとの立場であるから，必ずしも私法形式の濫用だけを前提とした議論ではないとの評価もあり得る。

(16)　租税法制度の濫用があった場合にこれを否認し得るとする実定法上の根拠規定が法人税法はじめ租税法にあるのであろうか。この点，例えば，前述のヤフー事件最高裁平成28年2月29日第一小法廷判決によれば，法人税法132条の2は，租税法制度の濫用があった場合にこれを否認し得る実定法上の根拠規定ということになるのかもしれない。
　しかしながら，同事件のようなケース以外の場面では，課税減免規定の濫用があったとしても，かかる課税減免規定の適用を排除する直接の法的根拠に乏しいといわざるを得ない。りそな銀行事件において，最高裁が果たして本当にそのような解釈をとったとみるべきなのであろうか。最高裁は直接の明示をしていないので判然とはしないが，ここにいう外国税額控除規定の適用否認の構成は，制度の濫用であったとみるのではなく，あくまでも法人税法69条1項の制度趣旨に合致しないとして同条項適用上の目的論的解釈（縮小解釈ないし限定解釈）を行ったとみるべきとの見解もある。金子宏教授は，「一定の政策目的の実現のために，税負担の軽減ないし免除を定める規定（租税減免規定）が多い。納税者のなかには，これらの規定の趣旨，目的に適合しないにもかかわらず，税負担の減免のみを目的として，その取引を形の上でこれらの規定の鋳型に当てはまるように仕組みあるいは組成して，それらの規定の適用を図る例が多い。…これも租税回避の1つのタイプである。このような場合には，減免規定の趣旨・目的に照らしてこれらの規定を限定解釈し，これらの取引に対する減免規定の適用を否定することができると解すべきである。これは，アメリカのグレゴリー事件の判決によって認められた法理（プロパー・ビジネス・パーパスの法理）であるが，わが国でも，解釈論として同じ法理が認められてしかるべきであろう。この法理を適用すると，結果的には租税回避行為の否認を認めたのと同じことになるが，それは理論上は否認ではなく，減免規定の本来の趣旨・目的にそった限定解釈の結果である。最高裁判所が，平成17年12月19日判決…および同18年2月23日判決…において，ある銀行の取引が法人税法69条の定める外国税額控除制度の濫用にあたるとして，その適用を否定したのも，法律上の根拠がない場合に否認を認める趣旨ではなく，外国税額控除制度の趣旨・目的にてらして規定の限定解釈を行った例であると理解しておきたい。」と述べられる（金子・租税法140頁）。酒井・レクチャー84頁以下も参照。

(17)　今村教授は，ヘンゼル教授の定義が法律回避から導出されていることなどから，法の

濫用の適用を限定するための議論であったとした上で，課税減免要件の充足の問題が排除されるべきでないと主張される（今村・前掲注⑬17頁）。
⒅　この点については，酒井克彦「租税回避否認規定の提案と問題点⑴」税大ジャーナル9号1頁（2008）参照。
⒆　中里実「租税回避の概念は必要か」税研128号83頁以下（2006）は，明文規定によらない否認を認めないのであれば，租税回避を議論する意味がないと指摘される。この点について，今村・前掲注⑬13頁も参照。
⒇　この点について，酒井・前掲注⒅5頁。
㉑　私法上の法律構成による否認論は，租税回避行為が合理的な契約に基づくものではないとの重要な間接事実を裁判官に提示することによって，裁判官の心証形成に働きかけようとする今村隆教授の学説である（今村「租税回避行為の否認と契約解釈⑴〜⑷」税理42巻14号206頁（1999），同15号262頁（1999），同43巻1号242頁（2000），同3号205頁（2000），中里実『タックスシェルター』246頁以下（有斐閣1999），谷口勢津夫・租税判例百選〔第5版〕38頁（2011），酒井克彦「二層的構造認識論と事実認定」石島弘ほか編『納税者保護と法の支配』〔山田二郎先生喜寿記念〕255頁（信山社2007）。

> **Tax Lounge**　アルベロベッロのトゥルッリ
>
> 　イタリア南部プーリア州，オリーブで有名な農村地帯にある人口1万人ほどの小さな村アルベロベッロには，トゥルッリと呼ばれる円錐形の屋根をもつ白い家が建ち並んでいる。この村の世界でも類のないユニークな景観は世界遺産にも登録されている。土産物店が軒を連ねるリオーネ・モンティ地区と，人々が暮らすアイア・ピッコラ地区とから成り，合わせてトゥルッリの数は約1,000棟にも達するといわれている。このトゥルッリの起源は15世紀，王の許可なく町を興した当時の領主アクアヴィーヴァ伯爵が，家屋にかかる税金を逃れるため，農民たちにすぐに解体できる家を造るよう命じたところにあるといわれている。すなわち，トゥルッリが，屋根の取り外しがきき，土台も骨組もないアンカレッレという平たい石灰岩を積み上げただけの簡素なものとなっているのは，「家屋」ではないとして，家屋にかかる税金を免れることにあったというのである。
>
> 　租税訴訟においても，例えば，地方税法348条4項にいう「倉庫」該当性をめぐる事件などもあり，かかる「倉庫」とは，農業協同組合の行う事業に関連して特に設けられた物品の恒久的な貯蔵庫をいい，臨時的に倉庫として使用する建物および単なる物置程度のものは含まれないと解されている（名古屋高裁平成14年1月16日判決・判自252号19頁）。アルベロベッロにおいても，臨時的に使用するものは「家屋」ではないと理解されていたのであろうか。

6　通謀虚偽表示・公序良俗違反

はじめに

　通謀虚偽表示による脱税の場合には法律行為そのものが無効あるいは不存在であるから，その場合には，表示された法律関係によってではなく，真実の法律関係に基づいた課税がなされるべきとするのが通説である。その一方で，無効な法律行為を基礎として生じた経済的利得については，その基礎となる法律行為の存在が否定されているにもかかわらず，かかる利得に対する課税が許容されている。この点について，通説は前者と後者を峻別し，後者は所得概念の問題として整理する。一義的にはかように整理されるが，具体的には，無効な行為によって生じた経済的な利得が単なるウィンドフォールゲインとして課税されるのではなく，その基礎となる事実関係を模索した上で，税目の確定や所得区分の確定作業が行われる。その際，租税法への当てはめを行うべき「事実」の認定に当たっては，何が「真実の法律関係」かということを見極めることが必要である。この作業はきわめて難しく，その認定は，「きわめて微妙な作業であることが多いから，慎重に行われなければならない」と指摘されている（金子・租税法152頁）。

　ここでは，この問題の解決の糸口を不法利得に対する課税の根拠を模索することに求め，仮装行為がある場合の課税ルールについて考えてみたい。

(1)　不法利得に対する課税

　不法利得が所得課税上の課税対象所得となるか否かについては，過去において盛んに議論された時期があるが，管見するところ，現在においては，これを否定する有力な見解は見当たらない。まず初めに，ここにいう不法利得とは何かが問われなければならないが，金子宏教授は，「犯罪行為・公序良俗違反行為等，違法ないし不法な活動に由来する利得」とされ，その例として，窃盗・横領・詐欺・賭博等による利得や，経済統制法違反による利得などを示される（金子「租税法における所得概念の構成」同『所得概念の研究』93頁（有斐閣1995））。

　この不法利得に対する課税の根拠としては，2つの考え方があり得る（金

子・前掲稿95頁以下参照）。まず，所得概念を法律的に把握し，私法上有効に保有し得る利得のみを課税の対象となる所得と考える見解がある。この場合においても，詐欺や強迫による利得については，「原因たる行為を組成する意思表示」が取り消されない限り私法上有効に保有し得ると考えられることから，所得として課税の対象となるし，また，賭博による利得なども，民法上の不法原因給付として相手方がその返還を求め得ないという意味で，利得者が私法上有効に保有し得ると理解できる。この考え方では，窃盗や横領による利得については課税の対象とはなり得ない。

これに対して，所得概念を経済的に把握し，それが私法上有効に保有し得るものであるかどうかとは関係なく，経済的にみて，利得者が現実にそれを管理支配し，自己のために享受している限り，不法利得も課税対象たる所得を構成するという考え方があり得る。

これらの2つの見解は，私法上の法律関係を基準として課税対象となる所得を考えるか，あるいは経済的実体を基準として課税対象となる所得を考えるかに違いがあるといえるが，この点について，金子教授は，4つの観点から後者が妥当であると論じられる（金子・前掲稿96頁以下参照）。すなわち，第一に，「担税力の観念はもともと事実に即した観念で，経済的負担能力を意味すること」，第二に，「経済的実体に即して見るとき，無効な利得が没収や返還請求によって常に失われるとは限ら〔ない〕」こと，第三に，「担税力の観点から見るとき，両者の間に質的な相違があるとは考えられないこと」，第四に，所得税法152条が，税額計算の基礎となった事実のうちに含まれていた無効な行為により生じた経済的成果が，その無効であることに基因して失われたときは，更正の請求をなし得る旨を定めており[1]，「無効な行為により生じた利得も一般的に課税の対象となることを前提」としているということは，窃盗や横領による利得も含まれると解することができるというのである[2]。

所得税法152条《各種所得の金額に異動を生じた場合の更正の請求の特例》
　　確定申告書を提出し，又は決定を受けた居住者（その相続人を含む。）は，当該申告書又は決定に係る年分の各種所得の金額につき第63条（事業を廃止した場合の必要経費の特例）又は第64条（資産の譲渡代金が回収不能となった場合等の所得計算の特例）に規定する事実その他これに準ずる政令で定める事実が生じたことにより，国税通則法第23条第1項各号（更正の請求）の事由が生じたときは，当該事実が生じた日の翌日から2月以内に限り，税務署長に対し，当該申告書又は決定に係る第

110　第2章　租税法と私法

> 120条第1項第1号若しくは第3号から第8号まで（確定所得申告書の記載事項）又は第123条第2項第1号，第5号，第7号若しくは第8号（確定損失申告書の記載事項）に掲げる金額（当該金額につき修正申告書の提出又は更正があった場合には，その申告又は更正後の金額）について，同法第23条第1項の規定による更正の請求をすることができる。この場合においては，同条第3項に規定する更正請求書には，同項に規定する事項のほか，当該事実が生じた日を記載しなければならない。

　これらの根拠を示される金子教授の見解において注目すべきなのは，経済的負担能力や経済的実体に即した観点から所得概念を捉えているという点である。

> 　名古屋高裁昭和26年6月14日判決（高刑集4巻7号704頁）[3]は，「惟うに闇取引は窃盗，詐欺，横領等と等しく，犯罪の一種であって国法に於て之を厳禁しているのであるから，これによって得た利益に対して課税することは国家機関に於て犯罪を容認したと同様の状態となり，一見奇異な観を呈するのであるが，翻って所得税法，法人税法等を通看するに，其趣旨とするところは一に経済的現象に在って，収入源泉の合法，違法の問題を考慮していないのである。」とし，「如何なる収入と雖も経済面のみから看れば単純な収支の関係に過ぎないのであるから法文の体裁も勢い合法的色彩とならざるを得ないであろう。…而して既に述べた通り所得税法，法人税法等は一に経済面から規定したに過ぎないものである」と説示する[4]。

✍　裁判例の検証

　恐喝による不法利得を課税対象とした事案として，名古屋地裁昭和41年9月29日判決（税資51号80頁），業務上横領により取得した不法利得について，東京地裁昭和61年3月6日判決（税資168号1456頁）[5]，東京地裁昭和59年7月17日判決（税資171号775頁）[6]，東京地裁平成4年7月7日判決（税資191号813頁）[7]，裏ロムによるパチンコ窃盗をして得た不法利得について，名古屋地裁平成9年5月15日判決（税資225号1446頁）[8]などがある。
　また，経済統制法違反事件としては，例えば，物価統制令違反に係る闇金融による不法利得に関する前述の名古屋高裁昭和26年6月14日判決のほか，いくつかの裁判例がある[9]。また，利息制限法違反の超過利息については，所得税法課税処分取消請求事件として，最高裁昭和46年11月16日第三小法廷判決（刑集25巻8号938頁）[10]がある。

✍　ところで，ポーカーゲーム機賭博によって得た不法利得が課税対象となるか否かが争点となった事件として，東京地裁平成6年4月26日判決（税資217号83頁）[11]がある。この事件において，刑事弁護人は昭和23年2月の大蔵省主税局通達を引用した。すなわち，同通達は，「窃盗，強盗，横領したる財物は，法律上所有権が移転しないものであるから，所得とならない。」としていたのである。同弁護人は，かかる通達を引用した上で，所論は，ポーカーゲーム機による賭博収入は，強盗，窃盗等で得た収入と同じ性質のものであるとし，課税所得に該当しないと主張したのである。これに対して，東京地裁は，「ポーカーゲーム店の営業による収入は，賭客が自らの意思で賭けた金銭をポーカーゲーム機による勝負の結果によって取得するものであって，強盗，窃盗によって取得した財物と同列に論じることができないことは明らかである」と判示している[12]。

法律上所有権が移転しない窃盗などのような犯罪行為による不法利得については所得として捉えないという考え方が課税実務上採られていた時期もあったが，現在かような通達は存在しない（所基通36-1参照）。むしろ，ポーカーゲーム機賭博が窃盗などと同種のものであるか否かというよりも，経済的実体に即して所得概念を捉える立場から，いずれの不法利得をも所得として捉える判断枠組みが妥当であると思われる。

ここで留意したいのは，経済的実体に即して所得概念を捉えるということの意味である。これらの裁判例では，いずれも無効あるいは不存在とされる私法上の法律関係を基礎とした課税を妥当としているが，この点についてはもう少し検討を加える必要があろう。

(2) 不法利得に対する課税の根拠再考
ア 問題点

窃盗や横領などの単独の行為の場合には，管理支配の事実を基礎として課税するという構成で説明を行い得るが[13]，契約関係を前提とした不法利得に対する課税を説明することはそれほど容易なことではないと思われる。けだし，この場合は私法というフィルターを通した法律関係が課税の基礎とされているところ，私法のフィルターを取り除いてそもそもの行為や事実に対する課税を考えるのか，あるいは，何か別のフィルターを通して捉え直す必要があるのかが問題とされるからである。

通謀虚偽表示などのように，契約の無効の場合には，その表示された「無効な契約を無視して」課税することが相当であると考えられている。しかしながら，一方で，前述の裁判例などにみられるように，例えば，売春斡旋契約のような公序良俗違反による無効な契約については，その契約を無視することはせずにその契約があたかも有効に成立しているかのようにして，課税を行うことが是認されているように思われる（金子・前掲稿93頁以下）。一見すると相反するこれらの課税はどう整合的に説明されるのであろうか。

ここでは，通謀虚偽表示による無効の場合と，公序良俗違反による無効の場合を例にとって考えてみたい。

イ 通謀虚偽表示と公序良俗違反

仮に，通謀虚偽表示によって金銭消費貸借契約（表示行為）を締結していたとしても，真の法律行為が贈与契約（秘匿行為）であるとすれば，贈与税課税がなされるべきとするのが通説であろう（図表1）。

図表 1

次に，公序良俗違反による絶対的無効[14]のような場合はどのように考えるべきであろうか。ここでは，売春斡旋契約が締結されていた場合を例にとることとする。

図表 2

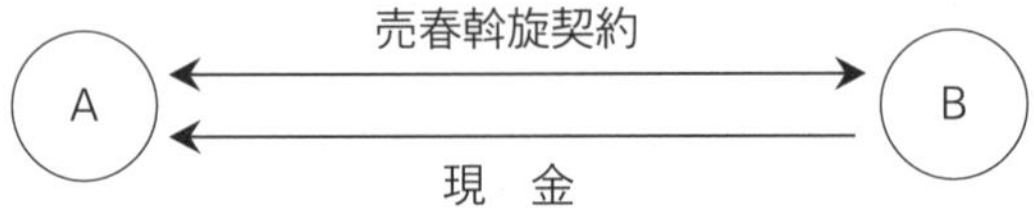

```
        売春斡旋契約
  A ←──────────→ B
        現  金
```

このように基礎となる私法上の法律行為が無効の場合に，真実の法律関係に基づいて課税をすべきであるとすると，図表2のような売春斡旋契約があった場合には当然に当該契約は無効とされることから，何らの契約もないところに単にBからAへの現金の移動のみがあったことになる。したがって，当該現金の対価性の基礎が否定されることになるから，贈与税の課税がなされるべきか，あるいは不当利得返還請求権との相殺により課税がなされるべきではないということになりそうである。この点，金子宏教授は「ある利得が所得であるかどうかは，その利得の原因をなす行為や事実の法的評価をはなれて，実現した経済的成果に即して判定すべきである。…合法な利得であるか不法な利得であるか，有効な利得であるか無効な利得であるかを区別せずに，それが個人または法人の担税力を増加させるという事実に着目して所得の意義をきめてゆくべき」とされる（金子・租税法129頁）[15]。すると，見方によっては，無効な法律関係の上に「契約の不存在を無視して」課税を行うことになるのである。

これらは同じように無効な法律関係を前提としているが，図表1では，表示された「契約を無視」して課税を行っているのに対して，図表2では，「契約の不存在を無視」し，あたかも依然として無効な契約が正当に存在しているかのようにみて課税を行っている（図表2では，法律の効力の問題を度外視しており，また，単に経済的成果に課税―贈与税課税―をするものでもない。）。

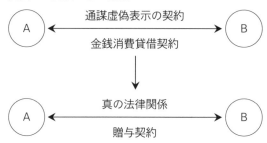

贈与を目的として金銭を引き渡すこととしたA, B両者が, 贈与契約とすると贈与税が課税されることから, これを避けるために金銭消費貸借契約を通謀して締結した図表3の脱税事例を考えると, 課税が基礎とすべきは, 通謀虚偽で表示された金銭消費貸借契約ではなく,「真実の法律関係」である贈与契約であるといえよう。これに対して, 売春斡旋契約が締結されている図表4の事例では, 課税の基礎となる「真実の法律関係」を売春斡旋契約とみることは, 何ら疑問視されない。

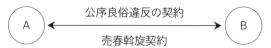

金銭消費貸借契約の通謀虚偽表示は民法94条違反として無効とされる。これに対して, 売春斡旋契約も公序良俗違反であるから民法90条違反として絶対的無効である（🔍酒井・フォローアップ**7**―101頁参照）。これら2つの無効な法律行為の事例に対する課税上の取扱いの違いはどこにあるのであろうか。

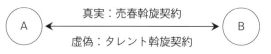

また, 売春斡旋契約を締結しようとするA, Bが, 警察当局に対して隠蔽するために, 通謀してタレント斡旋契約と表示していた図表5のようなケースは

どのように考えるべきであろうか。「脱税」であるから真実の法律関係に基づく課税をすべきというわけではなかろう。

タレント斡旋契約という通謀虚偽表示を無視して，売春斡旋契約を基礎として課税を行うべきということになるのであろうか（図表6・7）。しかしながら，民法94条によりタレント斡旋契約の無効を前提にしてそれを無視した上で，民法90条により当然無効とされる売春斡旋契約を基礎として課税を行う根拠は判然としない。といっても，売春斡旋契約をも無視するということになると課税の根拠となる契約関係がなくなってしまうことになる（図表8）。少なくとも，これまでの課税実務においては，この場合に贈与を認定し贈与税が課税されると理解されているわけではない（図表9）。

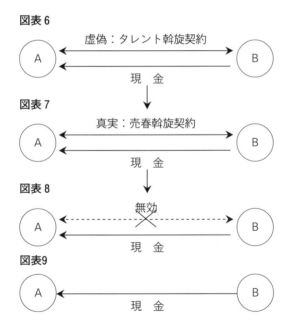

民法94条の無効（図表3）と同法90条の無効（図表4）との2つの無効契約の間に介在する大きな差異は，「当事者の内心的効果意思の合致」の有無であるともいえよう。すなわち，タレント斡旋契約という通謀虚偽表示では当事者の内心的効果意思の合致がないのに対して，売春斡旋契約は当事者の内心的効果意思の合致があるという点に違いがあるともいえるのである。

A，B両当事者は，通謀して形式上タレント斡旋契約を締結しているものの，かかる表示行為には当事者の内心的効果意思の合致がみられないのであるから，内心的効果意思が合致する売春斡旋契約に基づく課税を行うべきということになるのではなかろうか[16]。

　かように考えると，多くの学説が契約の無効や不存在の場合に「真実の法律関係」に基づく課税を行うとする点を再構築することができるのではないかと思われる。すなわち，当事者の内心的効果意思の合致に依拠するという契約成立論の考え方をトレースして，内心的効果意思の合致するところに法律関係を構成し，その関係の上に課税を行うとする枠組みである。そして，この見地からは，かかる契約が私法上有効であるか否かには左右されないというきわめて租税法的な見方をベースにした法律行為として構成し直すことを可能にする。けだし，経済的成果たる所得移転の根拠は，法律行為の法的有効性にあるのではなく，当事者の内心的効果意思の合致したところにこそあるからである。かような理解こそが，「真実の法律関係」に基づく課税の実現であるという考え方である。

　このように考えれば，契約が無効の場合には，真実の法律関係に基づく課税が行われるべきであり，その際の「真実の法律関係」とは，法律行為の有効無効を問わず，当事者の内心的効果意思の合致したところの法律構成に基づいて課税を行うという意味であると理解することができよう（中里実「課税逃れ商品に対する租税法の対応（上）」ジュリ1169号118頁（1999）。もっとも，無効な行為による所得を現実に把握し得るかという実務上の問題点が立ちはだかっていることも事実であろう（山下学「無効な法律行為」木村＝酒井・租税正義229頁））。

(3) 仮装行為

　上記の考え方を仮装行為があった場合の課税関係に置き直して考えてみたい。仮装行為というのは，意図的に真の事実や法律関係を隠ぺいないし秘匿して，見せかけの事実や法律関係を仮装することであって，通謀虚偽表示（民94）がその典型的な例である。

　金子宏教授は，「仮装行為が存在する場合には，仮装された事実や法律関係ではなく，隠蔽ないし秘匿された事実や法律関係に従って課税が行われなければならない。これは，特段の規定をまつまでもなく，課税要件事実は外観や形

式に従ってではなく，実体や実質に従って認定されなければならないことの，当然の論理的帰結である。」とされる（金子・租税法151頁）。また，清永敬次教授は，「仮装行為によって当事者の真の意図した法律行為が隠されている場合は，所得税等においてはその隠されている法律行為ないしそれによって形成される法律関係が課税のための基礎をなすことになる。」とされる（清永・税法48頁）。このように，仮装行為の場合には「真実の法律関係」に従って課税をすると解するのが通説である。

ここでは，通謀虚偽表示の有無ではなく仮装行為の有無を問題としていることから（もっとも，金子・租税法151頁は，通謀虚偽表示を仮装行為の典型例とされている。），仮装とされた法律行為が私法上無効か否かは問われていない[17][18]。にもかかわらず，私法上の法律行為の効力の如何にかかわらず隠蔽ないし秘匿された事実や法律関係に従って課税を行い得るとする理論的根拠は奈辺にあるのか。

やはりここでも，仮装行為が当事者の内心的効果意思の合致したところを表示していないという点から，表示行為から離れて内心的効果意思の合致したところにある法律関係を再構成し，その上に課税を行うルールであるとみることもできる。

また，考えられる立論として，法律上無効であっても，取引の実体に対して課税を行っているとする理解もあり得よう。その場合には，そもそも所得課税は取引の実体に対して課税を行っているという考え方で構成し直す必要があると思われる。つまり，かような考え方は，多くの場面で法律上の形式主義に合致させて課税を考えるというこれまでの法的実質主義からの決別を意味する見解ともいえるのではなかろうか。さらに，そこには通説的見解である二層的構造認識論の考え方との衝突もある。すなわち，金子宏教授が，「租税は，もともと私的部門で生産され蓄積された富の一部を，公的欲求の充足のために国家の手に移すための手段であって，各種の私的経済生活上の行為や事実を対象として課されるが，これらの行為や事実は，第一次的には私法によって規律されており，租税法がこれらの行為や事実をその中に取り込むに当たっては，これらを生の行為や事実としてではなく，私法というフィルターを通して――ということは私法を前提としてそれを多少ともなぞる形で――取り込まざるを得ない場合が多い。そのため，租税法は，程度の差はあれ，宿命的に私法に依存する関係にあり，租税法の立法においても，その解釈及び適用においても，私法との関

係がたえず，問題となるのである。」と論じられているように（金子「租税法と私法―借用概念及び租税回避について―」租税6号1頁（1978）），行為や事実を直接に課税の対象とするのではなく，私法に準拠させて考えるとする解釈論との不整合をどのように乗り越えるべきかという問題が待ち構えているように思われるのである。

このように考えると，取引の実体に対する課税というよりも，清永敬次教授が論じられるように「当事者間に存在する主観的な法律関係」を基礎として課税が行われるという構成が支持されることになるのではなかろうか（清永『租税回避の研究』371頁（ミネルヴァ書房1995））。

このことを換言すれば，これまで述べてきた「当事者の内心的効果意思の合致」といってもよいように思われる。

かくして，通謀虚偽表示や仮装行為の場合に表示された契約によらずに課税を行うという考え方は，課税の基礎とすべき法律行為が有効に成立しているか否かということよりも，当事者の内心的効果意思が合致しているところにこそ課税の基礎たる法律関係を見出すべきとの考え方を看取することができそうである[19]。かように考えると，無効な法律関係を無視して課税を行い得るとする考え方と，無効な法律行為であってもその法律行為を基礎として課税を行い得るという一見相反する考え方が矛盾なく説明できるのである。

仮装行為の場合，当事者間の主観的な法律関係がそこにはないため，課税の基礎となる法的実体が備わっていないのに対して，公序良俗違反の場合には同じ無効ではあっても課税の基礎となる法的実体としての「当事者の内心的効果意思の合致」が存在するのである。

その際，課税は取引の実体を基礎として行われるものであると理解し，その実体を単に経済的成果の所在という意味のみとして捉えるというよりも，「当事者の内心的効果意思の合致」に着目して課税をするという考え方が妥当と思われるのである。

    ✍ ところで，手塚貴大教授は，仮に国税通則法上に租税法上の契約解釈の規定を配備し，いわば「契約読み替え権限」が明文化されるとしても，その性質上いかなる場合に，どのように読み替えが行われるかについて，法律上具体的に明文化することはなし得ないとされ，それゆえに，「通謀虚偽表示の場合の課税のように，真実の法律関係が別途存在することを認定し，それに着目して課税するという大前提（いわゆる法的実質主義）は目下のところ崩されえないと考えられる。」とされる（手塚「通謀虚偽表示」木村＝酒

井・租税正義267頁)。

(4) 私法上の法律構成による否認論との関係

租税回避否認が議論される近時の裁判例には，このような当事者の内心的効果意思の合致したところに基づいて課税をすべきとするものが散見される。

> 外国税額控除余裕枠利用事件として有名なりそな銀行事件大阪地裁平成13年12月14日判決（民集59巻10号2993頁）[20]は，「当事者間の契約等において，当事者の選択した法形式と当事者間における合意の実質が異なる場合には，取引の経済実体を考慮した実質的な合意内容に従って解釈し，その真に意図している私法上の事実関係を前提として法律構成をして課税要件への当てはめを行うべきである。」と説示している。

しかしながら，上記の検討は，仮装行為の場合には「当事者の内心的効果意思の合致」が表示された法形式上に存在していないということを出発点としての考察であった。かように仮装行為の場合に「当事者の内心的効果意思の合致」を模索し，そこに課税を行うという考え方が是認されるとしても，さらにこの考え方を課税一般のルールとまでいい得るのかについては，議論のあるところであろう。

かような問題意識からであろうか，岡村忠生教授は，私法上の法律構成による否認論を仮装行為による否認の適用領域の拡大を目指す手段と指摘されるのである（岡村「租税負担の回避の意図と二分肢テスト」税法543号7頁（2000））。このように捉えると，仮装行為（多くは脱税）の場合の課税ルールが租税回避の否認の手法として活用されるということになるのであって，このことは，脱税と租税回避とを明確に区別した議論すなわち，「脱税が課税要件の充足の事実を全部または一部秘匿する行為であるのに対し，租税回避は，課税要件の充足そのものを回避し，または減免規定の適用要件を充足させる行為である」とす金子宏教授の見解などとどのように整合性を説明すべきであろうか（金子・租税法135頁）。

この辺りをいかに整理すべきかは，「当事者の内心的効果意思の合致」の探求を租税回避事例にまで適用すべきか否かという問題関心に明確につながることになろう。

その際，「何が私法上の真実の法律関係または事実関係であるかの認定は，取引当事者の効果意思に即して，きわめて慎重に行われるべきであって，『私

法上の法律構成』の名のもとに，仮にも真実の法律関係または事実関係から離れて，法律関係または事実関係を構成しなおす（再構成する）ようなことは許されないと考える。」と論じられる金子教授の見解を想起すべきであろう（金子・租税法141頁）。

> 📝 納税者の内心的効果意思を探求して租税回避行為を否認することについて，課税庁側の立証は非常に困難であるとするものとして，西本靖宏「通謀虚偽表示と課税要件事実の認定」金子＝中里・租税法と民法108頁は，「課税庁側は，納税者が選択した法形式が内心の効果意思を欠くことを立証し，さらに納税者の真意による法律行為を立証しなければならない。虚偽表示は，間接事実によって証明されるとはいうものの，第三者である課税庁側が両方を立証するのは非常に難しい」とする。

〔注〕
(1) 所得税法施行令274条《更正の請求の特例の対象となる事実》は，1号において，「確定申告書を提出し，又は決定を受けた居住者の当該申告書又は決定に係る年分の各種所得の金額…の計算の基礎となった事実のうちに含まれていた無効な行為により生じた経済的成果がその行為の無効であることに基因して失われたこと。」と規定している。なお，同令141条《必要経費に算入される損失の生ずる事由》3号の資産損失規定も参照。
(2) なお，最高裁昭和39年10月22日第一小法廷判決（民集18巻8号1762頁）では，確定申告に関する錯誤の主張が認められるか否かが争点となったが，判決では，租税法上，更正の請求の制度が用意されているということが，錯誤による確定申告の無効を主張し得ない理由の1つとされている。判例評釈として，清永敬次・民商52巻5号112頁（1965），渡部吉隆・曹時16巻12号161頁（1964），碓井光明・行政判例百選Ⅰ〔第5版〕262頁（2006），田部井彩・行政判例百選Ⅰ〔第7版〕252頁（2017），伊藤剛志・租税判例百選〔第4版〕194頁（2005），酒井克彦・租税判例百選〔第6版〕198頁（2016）など参照。
(3) 原審は名古屋地裁昭和25年11月29日判決（高刑集4巻7号740頁）。
(4) さらに，同高裁は，「犯罪行為に因る所得に就て課税し得ると謂わなければならないのであるが，しかし此問題は帰するところ『合法，違法』の区別ではなくして『所得か否か』の区別に存するのである。」と判示している。もっとも，かかる判決において，所得とは，金銭または財物の取得額からその取得に要した金銭または財物の損失額を控除した残額を指称し，その残額に対する「所有権」を取得することをもって課税の対象となる所得と称することができるとし，一時的にせよ「所有権」を取得するときは，後日返還を要するかまたは損害賠償の請求を受ける関係に立つ場合でも所得となると解されるとしている点からすれば，依然として私法上の法律関係を基準とした考え方に引きずられているようにも思われる。
(5) 控訴審東京高裁昭和63年7月18日判決（税資168号1456頁）は，原審判断を破棄自判しているが，そこでも，学園の資金によって個人資産を購入し，あるいは私的交際費に費消したときは，それらの資金に相当する額の収入金額が認定されている。
(6) 判決では，会社経営者が前後14回にわたって会社の約束手形・銀行預金の払戻金を横領したことによる所得は，雑所得に当たると判断している。なお，控訴審は東京高裁昭和61年6月2日判決（税資171号594頁），上告審は最高裁平成元年3月17日第三小法廷

判決（税資171号549頁）。
(7) これは、被告人Ａが、会社の資金の管理・出納等の経理事務を任されていたことを奇貨として、丙商事株式会社が取引先に手数料を支払ったかのように装って、同会社の資金を自己の掌中に収めるなどして収入を得た所得を脱税していた所得税法違反被告事件（平成4年（特わ）399号）である。その他、関連事案として東京地裁平成4年7月7日判決（判時1467号159頁）もあるが、これは法人税法違反等被告事件（平成3年（特わ）425号）である。
(8) これは、いわゆるセット打法と称する特定の遊技方法により遊技を行った場合、入賞を容易にするための特別装置（役物）の作動を著しく容易にする機能が追加された不正ロムがパチンコ遊技機およびアレンジボール遊技機に装着されていることを知りながら、不正ロムが装着されたパチンコ遊技機およびアレンジボール遊技機から、セット打法を行うことにより遊技球を窃取した事例である。
(9) 利息制限法違反による闇金融の課税問題として、第一審大阪地裁昭和29年2月25日判決（税資27号25頁）、控訴審大阪高裁昭和29年11月8日判決（税資27号1頁）なども参照。
(10) 第一審熊本地裁昭和41年7月1日判決（行集17巻7＝8号755頁）および控訴審福岡高裁昭和41年12月19日判決（行集17巻12号1364頁）においては、所得税法上の所得とは、その発生原因が法的に許容されたものであるかどうかを問わず、いやしくも税法その他法令によって非課税とされていないもので、しかも経済的、実質的見地から把握して収支計算上利得を構成するものであればたりるものと解すべきであるから、利息制限法所定の利率を超える部分の約定利息金額は、旧所得税法10条1項にいう「収入すべき金額」に当たる旨判示している。これに対して、最高裁は、利息制限法による制限超過の利息、損害金については、約定の履行期が到来しても、なお未収である限り、旧所得税法10条1項にいう「収入すべき金額」に該当しないとする。

なお、法人税法違反被告事件として、最高裁昭和46年11月16日第三小法廷判決（刑集25巻8号938頁（第一審東京地裁昭和43年11月30日判決・刑集25巻8号948頁、控訴審東京高裁昭和44年9月29日判決・刑集25巻8号959頁、差戻第一審東京地裁昭和48年12月3日判決・税資73号1792頁））がある。
(11) 控訴審東京高裁平成8年1月31日判決（税資217号35頁）では、所得秘匿工作該当性が議論されたが、棄却されている。
(12) なお、同判決では上記通達において、「詐欺または強迫による給付は、一応所有権が移転するものであるから、所得となる。」としていた点についても付言されている。
(13) 例えば、窃盗により得た金員を管理支配している事実を仮装行為によって秘匿していたとしても、秘匿された事実を基礎として課税がなされると解されよう。
(14) 川島武宜＝平井宜雄『新版注釈民法(3)総則(3)』216頁〔森田修〕（有斐閣2003）、平野裕之『民法総則』186頁（日本評論社2017）。
(15) 金子「租税法における所得概念の構成」同『所得概念の研究』193頁（有斐閣1995）は、所得概念の経済的把握説を支持される。すなわち、これは、「それが私法上有効に保有しうるものであるかどうかとは関係なく、経済的に見て、利得者が現実にそれを支配し、自己のために享受している限り、不法利得も課税対象たる所得を構成する、とする考え方」であり、この考え方によれば、「詐欺・強迫による利得や不法原因給付に該当する利得のみでなく、窃盗や横領による利得も所得に含まれる」ということになる。同「市民と租税」加藤一郎編『岩波講座現代法(8)現代法と市民』319頁（岩波書店1966）も参照。

⒃　いわゆる「誤表は害せず」の考え方により，課税の局面では当事者の自己決定の結果が尊重されるとみることもできよう。
⒄　仮装行為とは，もともとはドイツ法上の概念であり（木村弘之亮「節税と租税回避の区別の基準」小川英明＝松澤智＝今村隆『新・裁判実務大系租税争訟〔改訂版〕』327頁以下参照），我が国の民法上の概念ではないため，その外延が明確ではないと思われる（今村隆「租税回避行為の否認と契約解釈⑴」税理42巻14号209頁（1999）も参照）。
⒅　サンヨーオートセンター事件控訴審大阪高裁平成14年10月10日判決（訟月50巻7号2065頁）は，「本件各売買における代金の配分・割付は仮装の金額に過ぎないとすると，次に本件不動産について当事者が合意した真の譲渡価格はいくらであるかが問題となる。その点は，売買の目的物の市場価格，取引当事者の必要性等を考慮して当事者の合理的な意思を探索するよりほかはない」と判示する。判例評釈として，渡邉幸則・ジュリ1256号203頁（2003），船繁夫・税経新報525号14頁（2005）など参照。なお，原審は神戸地裁平成12年2月8日判決（訟月50巻7号2110頁）。
⒆　中里実教授は，「たとえ契約が虚偽表示にあたる旨を裁判所が正面から認定していないような場合であっても，（終局的には裁判所による）事実認定の結果として，（当事者の主張と異なる）課税要件に該当するような事実認定がなされれば，当該事実認定にしたがった課税が行われるのは当然のことである」とされる（中里「課税逃れ商品に対する租税法の対応（上）」ジュリ1169号118頁（1999））。
⒇　控訴審大阪高裁平成15年5月14日判決（民集59巻10号3165頁）の判例評釈として，占部裕典・金法1730号32頁（2005），同1731号36頁（2005）以下など参照。上告審最高裁平成17年12月19日第二小法廷判決（民集59巻10号2964頁）の判例評釈として，杉原則彦・曹時58巻6号177頁（2006）など参照。

> **Tax Lounge**　　内縁の妻に対する配偶者控除と違法建築物に対する
> 　　　　　　　　　住宅借入金等特別控除
>
> 　適法な婚姻手続を経ていない内縁の妻に対する配偶者控除等の適用を考える際の参考として，建築基準法に違反する家屋の取得について住宅借入金等特別控除が適用できるかということを考えてみたい。
> 　租税特別措置法41条1項（住宅借入金等を有する場合の所得税額の特別控除）は，「居住者が，国内において，住宅の用に供する家屋…の新築…等をして，これらの家屋…を…その者の居住の用に供した場合…において，その者が当該住宅の取得等に係る次に掲げる借入金又は債務…の金額を有するとき…所得税の額から，住宅借入金等特別税額控除額を控除する。」と規定している。同規定と租税特別措置法施行令などをあわせ解釈すれば，建築確認などを経ていないからといって，住宅借入金等特別控除が適用できなくなると解することはできないように思われる[39]。すなわち，ここでは「家屋」に該当するか否かが要件として重要であるが，違法建築物であっても，それが家屋である限り住宅借入金等特別控除の適用があり得ると解さざるを得ない。このこととの平仄から，一見すると，適法な届出を経ていない内縁の妻についても配偶者控除の適用があり得るのではないかという気もする。
> 　しかしながら，違法な建築物を家屋といわないのであれば格別，違法建築物であっても，それを「家屋」という限り住宅借入金等特別控除が適用できるとしたものであって，この点は，違法な建築物が「家屋」概念に合致するか否かという観点と同様，適法な届出を経ていない内縁の妻が「配偶者」に該当するか否かという点から考えねばならない。前述のとおり，民法は実質的な法的保護の機会を内縁の妻にも与えてはいるものの，適法な届出を経ていない者を法律上の「配偶者」といわない限り，所得税法上の「配偶者」と解釈することもできないのであって，ここに違法建築に対する住宅借入金等特別控除との解釈上の大きな差異があるといわざるを得ないのである。

7 錯誤無効

はじめに

　何らかの法律行為を行う際に想定してしなかった租税負担を受けることになった場合に，課税標準や税額等の基礎となった取引等の事実をなかったものとする錯誤無効の主張は認められるのであろうか。租税負担が予期せぬものであったということはあくまでも動機の錯誤であると思われるが，動機の錯誤も，表示されることによって契約内容と認定し得る場合があると解されていることを前提とすれば，問題は表示の事実の有無に関心が寄せられることになる。もっとも，ここにいう「表示」とは「黙示」をも含むのか，黙示を含むとしたならばいかなる場合に黙示による動機の錯誤の表現がなされたと考えるべきかについては議論のあるところであろう。

　本節前半（⑴〜⑷）で取り上げようとする問題関心はまさにこの辺りにある。以下，この点について，黙示の錯誤無効の主張が肯定された岡山地裁平成21年7月16日判決（判自328号17頁）[1]を素材として検討を加えることとしたい。

　そして，本節後半（⑸〜⑻）では，いわゆる倉敷青果市場事件最高裁平成30年9月25日第三小法廷判決（民集72巻4号317頁）[2]を素材として，源泉徴収制度を前提とした錯誤論について考えてみたい。

⑴　前半事例に関する事案の概要

ア　裁判所の認定した事実

㋐　銀行による仮差押えへの対応

　X1（原告）の子X2（原告）は，平成18年3月，本件不動産（本件土地および土地建物）の持分に対して本件仮差押えが行われたため，その対処方法について，本件のX1らの訴訟代理人である弁護士に相談した。同弁護士は，本件仮差押えに係るX2の持分の評価額を算定し，これを訴外銀行に支払い，本件仮差押えの申立てを取り下げてもらう方法がある旨を助言した。X2は，自分には支払う資力がないので，金額によっては，親族に相談してみる旨返答をした。

(イ) 持分評価額の鑑定

　X2は，不動産鑑定士に対し，本件不動産に関するX2の持分の評価額を鑑定するよう依頼した。これにより不動産鑑定士が作成した平成18年6月14日付け鑑定評価書は，本件土地の更地価格を4,310万円，本件建物の再調達価格を3,500万円と査定した上，本件土地について，本件建物が存在することによる建付減価150％，使用借権割合20％による減価等を行って，底地価格を3,303万円と評価し，本件建物について，経年減価等により600万円と評価した。そして，X2の持分価格は，更に共有減価等が行われて，①本件土地（持分112分の93）について1,540万円，②本件建物（持分100分の15）について50万円と決定された（①＋②＝1,590万円）。

　前出の弁護士は，この鑑定結果を受けて，X2に対し，訴外銀行に対する弁済資金として，親族に1,590万円以上の金員を負担してもらえるかどうかを検討するよう述べた。さらに，同弁護士は，X2に対し，親族から訴外銀行に金員を支払うだけだと同親族からX2に対して贈与がなされたこととなってしまい，受贈者となるX2に贈与税が課されることとなるので，贈与税の課税を受けないようにするためには，本件不動産に関するX2の持分を同親族に売却して，その代金として上記金員を支払ってもらうなどする必要がある旨を説明した。

(ウ) 本件売買

〔1〕　X2は，本件建物に同居している母であるX1に支払資金を出してもらおうと考え，X1に対し，本件不動産のX2の持分が仮差押えを受けていること，上記のとおり弁護士に相談したこと，訴外銀行に一定の金額を支払えば仮差押えがなくなって今までどおり本件建物に住むことができること，そのためには，最低でも1,590万円が必要であることを告げ，この金員を支払ってくれるよう頼んだ。そして，上記金員を支払ってくれるのならば，X2に贈与税が課税されないようにするため，X2の持分をX1に買い取ってもらうこととし，その代金を訴外銀行に支払うこととしたいと話した。

　X1は，これを聞いて驚き，「そんなに払わんといけんのかな。」などと言ったが，結局，1,590万円さえ用意できれば本件建物に住んでいられるのなら，X1のタンス預金と簡易保険3口を解約して得られる返戻金を支払に充てようといい，後の手続は弁護士と相談して進めてほしいと告げた。

〔2〕　訴外銀行は，X2から1,590万円の支払を受けることを条件として，本件

仮差押えの申立てを取り下げることを了承した。

〔3〕 そこで，X2は，平成18年9月27日，X1に対し，本件不動産の持分全部を代金1,590万円で売却し（本件売買），売買を原因とする持分全部移転登記手続をした。

X2は，訴外銀行等に対し1,590万円を支払い，同月28日，本件仮差押えの申立ては取り下げられた。

(エ) その後の経緯

X2は，平成18年11月頃，税理士事務所の職員である友人から，本件土地売買によるX2の持分の譲渡に対しては，X1に多額の贈与税が賦課される可能性があるとの指摘を受けた。すなわち，財産評価基本通達等による贈与税の課税実務上，本件土地に関するX2の持分の価格は，4,224万1,716円と評価される。そうすると，本件土地売買で上部持分の代金とされた1,440万円は，「著しく低い価額の対価」（相法7）に該当すると評価される可能性があり，このように評価されると，上記価格と代金額との差額（2,784万1,716円）についてX2からX1への贈与があったとみなされ，X1に対し，約1,337万円の贈与税が課されることとなる。

そこで，X1らは，本件土地売買を錯誤により無効であるとして，再度，本件土地についての売買契約を締結することとした。そして，X2は，1,440万円に相当する土地持分のみを売買の対象とすることとし，計算の上，X1に対し，本件土地の持分112分の35を代金1,440万円で改めて売却した。

上記持分の売買に関する登記は，平成18年12月22日，錯誤を原因として，売買によって移転した持分は112分の35であるとの更正登記がされた。

しかしながら，O県民局長は，X1らに対して不動産取得税を賦課する旨の決定を行ったため，これに対して，X1らは，県Y（被告）を相手取り訴訟を提起した。

イ 争 点

錯誤を原因とする更正登記があるにもかかわらず，O県民局長がX1らに対して行った不動産取得税を賦課する旨の決定は，取り消されるべきか否か。なお，X1らに重過失があったか否かも争点とされているが，ここでは触れないこととする。

(2) 判決の要旨

岡山地裁平成21年7月16日判決は，次のように説示して，X1の主張を認め，本件土地売買は錯誤により無効であるとした。

> 「上記認定事実のとおり，本件売買は，本件仮差押えの取下げを求めるための資力がX2になかったため，母であるX1に対し，1,590万円の負担を依頼したことが発端となり，X1は，手持ちの現金では足りず，簡易保険の解約までして売買代金を工面したものであるところ，このような経緯及びX1が負担した上記金額が多額のものであることを併せ勘案すると，X1に対し，これに加えて多額の支払義務が生ずることは，本件売買の当時，全く想定されていなかったものと認められる。そうすると，X1らは，本件売買の際，X1が贈与税の課税などを含め，本件売買の代金額以外に多額の金員の支出を負担しないことを，本件売買の動機として当然の前提とし，かつ，その旨を黙示的に表示していたと認められる。
> ところが，本件売買のうち本件土地売買は，X1らの予期に反して，X1に対して，1,300万円を超える多額の贈与税の賦課を生じさせる可能性があるものであり，X1らが，そのようなことを認識していたならば，本件土地売買を成立させる意思表示をしなかったものと容易に認めることができる。そうすると，X1らには，本件土地売買について要素の錯誤があったといえる。」
>
> 「Yは，〔1〕本件売買は，本件仮差押えの申立てを取り下げてもらうため，X1が，1,590万円を支出することとし，この支出がX1からX2への贈与であると評価されないようにするために締結されたものであるところ，本件仮差押えの申立ては1,590万円の支払により取り下げられているから，本件売買における経済的目的は達成されており，本件売買は無効ではなく，〔2〕X1らは，訴外銀行等に対しては，本件売買が無効であることを主張しておらず，むしろこれを有効なものとして扱っており，このようにYに対してのみ無効を主張することは，信義則上も許されないと主張する。
> 上記〔1〕の主張について判断すると，X1に存在した本件土地売買についての錯誤は，上記のとおり，X1に対する贈与税の賦課に係るものであり，1,590万円の支払によって本件仮差押えの申立てが取り下げられた事実は，贈与税の賦課と関わりのないものであるから，錯誤の成否を左右するものとはいえない。上記〔2〕の主張は，その趣旨が明らかでないが，上記…のとおり，訴外銀行は，X2から1,590万円の支払を受けることを条件として，本件仮差押えの申立てを取り下げることを了承し，その後，X2は，その支払をしたにすぎず，本件土地売買の有効性に対して訴外銀行が法的な利害関係を有するとはいえない。そうすると，X1らと訴外銀行等との間で，本件土地売買の効力が問題とされる状況があるとは認められないのであり，上記〔2〕の主張は失当というほかない。
> したがって，Yの上記主張は，いずれも採用することができない。」
>
> 「Yは，節税対策として行った行為が功を奏すればその利益を享受し，他方，当初の期待に反して課税された場合には錯誤を主張するということは，あまりにも不当であり，節税対策が契約の目的である場合は，それがいかに明白に表示されていても，法律行為の要素の錯誤とはならないというべきであると主張する。
> 確かに，本件売買は，X1が1,590万円を支払うことによってX2に贈与税が賦課され

ることを回避しようとして行われたものであり，節税対策に当たると言って差し支えないが，X1に対し，財産権であるX2の持分を実際に譲渡するものであって，租税法規を潜脱するものではないのみならず，不当ともいえない行為であるから，X1らによる錯誤無効の主張を禁ずる必要は認めがたい。」

「したがって，X1らには，本件土地売買において，X1に対する贈与税の賦課に関する誤信が存在したものであり，…法律行為の要素に錯誤があったと認められる。」

「以上によれば，本件土地売買は，法律行為の要素に錯誤があり，錯誤がX1らの重大な過失によるものであるとは認められないので，本件土地売買は無効である。」

(3) 検　討
ア　論点整理
本件事案の特徴的論点としては，次のような点を挙げることができよう。
① 法の不知について錯誤無効の主張ができるか（法律の錯誤）。
② 最高裁平成元年9月14日第一小法廷判決（後述）の射程範囲は本件に及ぶか。
③ 動機の錯誤の黙示的な表示があったか。

イ　要素の錯誤
(ア)　内容の錯誤の要件―「因果関係」・「重要性」

意思表示は，法律行為の要素に錯誤があったときに無効となる（民95本文）。要素とは，重要部分を意味するが，表意者において錯誤がなかったならば意思表示しなかったであろうと考えられ，それが一般取引上の通念に照らして至当と認められるときには要素の錯誤があると認められる（大審院大正7年10月3日判決・民録24輯1852頁，大審院大正3年12月15日判決・民録20輯1101頁，大審院大正5年7月5日判決・民録22輯1325頁など(3)。我妻栄『新訂民法総則』300頁（岩波書店1965））。

要素の錯誤に該当するかどうかについて，判例・通説によれば，錯誤のうち「因果関係」と「重要性」という2つの要件を備えた錯誤であるとされている（内田貴『民法Ⅰ〔第4版〕総則・物権総論』68頁（東京大学出版会2008））。ここに，因果関係とは，その錯誤がなければ表意者は意思表示をしなかったであろうということである。また，重要性とは，錯誤がなければ意思表示をしないであろうことが，通常人の基準からいっても（一般取引の通念に照らして）もっともであるほどの重要な部分についての錯誤である，ということである（内田・同書68頁）。

ウ　動機の錯誤

動機の錯誤は，内心の形成に当たって錯誤が生じたものにすぎず，内心と表示との間に不一致がないので考慮されるべきではないと解されてきた。しかしながら，表示された動機については，法律行為の内容となり，錯誤として考慮されるという考え方が示されてきた（我妻説[4]）。動機の錯誤について，我妻説や判例（最高裁昭和29年11月26日第二小法廷判決・民集 8 巻11号2087頁[5]など）が，動機が表示されていることを要求するのは，一方では意思理論を貫徹するためであるといわれている（加藤雅信『民法総則Ｉ〔第 2 版〕』253頁（有斐閣2005））。他方，それに加えて，意思主義的な取引の安全についての考慮もあったといえよう。動機は表示されていない限り相手方は知ることができないので，相手方の保護，ないし取引の安全のために，動機は表示されなければならないとも考えるのである。このことは，相手方における認識可能性の観点から説明することも可能であろう（加藤・同書254頁）。

エ　法律の錯誤

ところで，刑事法の領域では，「法の不知はこれを許さず」という法諺が適用されている（刑38③）が，民事法の領域では，この法諺は適用されないと解されているようである。最近の民事法の学説は，法律の錯誤と事実の錯誤とに分けて議論をせず，両者を同じように扱ってきているのである（我妻・前掲書306頁）。

もっとも，裁判例においては，法律の錯誤ないし法律状態の錯誤の主張に対しては，厳しくこれを制限しているものが少なくない[6]。

例えば，所有者でない者を所有者と誤信して，売買・賃貸借などをした事例（大審院昭和 3 年 7 月11日判決・民集 7 巻559頁）などがある。とりわけ，予期せぬ租税負担の発生を契機としてその前提とされた法律行為の錯誤無効を主張し得るか否かが争点とされた各種事例においては，かかる錯誤無効の主張の是非については消極的に解されてきたところである。

また，後述する最高裁昭和37年12月25日第三小法廷判決（集民63号953頁）は，土地の売買で，当事者間で譲渡所得課税の減額に努力したほどには減額されなかったという事例において，動機が表示された法律行為の内容になっていないことから無効であるとはいえないと判示している。

離婚に伴う財産分与として不動産を譲渡するとの離婚調停があった事例にお

いて、分与者に譲渡所得課税が課せられるとは思ってもいなかったということが要素の錯誤には当たらないとされた事例である。東京高裁昭和60年9月18日判決（判時1167号33頁）[7]でも、法律の錯誤は要素の錯誤として認定されていない。

このような判断の傾向は、大阪高裁平成17年5月31日判決（税資255号順号10042）がいうように、「安易に納税義務の発生の原因となる法律行為の錯誤無効を認めて納税義務を免れさせることは、納税者間の公平を害するとともに、租税法律関係を不安定にし、ひいては申告納税方式の破壊につながるもの」との恐れがあることにあったのではなかろうか（現状の日本において、課税負担の錯誤を理由とした場合には、私法上錯誤無効と考えられる場合であっても、裁判例上、法定申告期限後に更正の請求を行うことが困難である旨を指摘するものとして、漆さき「租税負担の錯誤による贈与等の契約の無効・取消と税額の変更」金子＝中里・租税法と民法126頁も参照）。

しかしながら、これまでの判決とは異なる判断が最高裁平成元年9月14日第一小法廷判決（集民157号555頁。以下「最高裁平成元年判決」という。）[8]において示されたのである。すなわち、同最高裁は、租税法に関する錯誤が要素の錯誤に当たるか否かという点を正面から取り上げることをせずに、分与者に対する課税が高額に上ること、分与者が裸一貫となっていることなどから要素の錯誤に当たるとの判断を展開したのである（このことから、この事件はしばしば「裸一貫事件」などと呼ばれることもある。）。

もっとも、最高裁平成元年判決以後も租税負担に関する錯誤が要素の錯誤には当たらないとする判断は多く示されてきたところであるが[9]、同判決の意義はどのように考えるべきであろうか。

オ　最高裁平成元年判決

予期せぬ租税負担が発生したからといって、これを錯誤無効の対象とするのであれば、外部から明らかではない内心の問題である動機についての錯誤によって、事後的に無効とされてしまうことには、法律関係の安定性や取引の安全性の見地から疑問が惹起される。そこで、学説は、これまで動機の錯誤が表示されることを要件として、錯誤無効の主張の是非を検討してきた。

しかしながら、この点について、最高裁平成元年判決は、次のように、黙示による表示であってもよいと判示したのである。

「意思表示の動機の錯誤が法律行為の要素の錯誤としてその無効をきたすためには，その動機が相手方に表示されて法律行為の内容となり，もし錯誤がなかったならば表意者がその意思表示をしなかったであろうと認められる場合であることを要するところ（最高裁昭和27年(オ)第938号同29年11月26日第二小法廷判決・民集8巻11号2087頁，昭和44年(オ)第829号同45年5月29日第二小法廷判決・裁判集民事99号273頁参照），右動機が黙示的に表示されているときであっても，これが法律行為の内容となることを妨げるものではない。」

「本件についてこれをみると，所得税法33条1項にいう『資産の譲渡』とは，有償無償を問わず資産を移転させる一切の行為をいうものであり，夫婦の一方の特有財産である資産を財産分与として他方に譲渡することが右『資産の譲渡』に当たり，譲渡所得を生ずるものであることは，当裁判所の判例（最高裁昭和47年（行ツ）第4号同50年5月27日第三小法廷判決・民集29巻5号641頁，昭和51年（行ツ）第27号同53年2月16日第一小法廷判決・裁判集民事123号71頁）とするところであり，離婚に伴う財産分与として夫婦の一方がその特有財産である不動産を他方に譲渡した場合には，分与者に譲渡所得を生じたものとして課税されることとなる。したがって，前示事実関係からすると，本件財産分与契約の際，少なくとも上告人において右の点を誤解していたものというほかはないが，上告人は，その際，財産分与を受ける被上告人に課税されることを心配してこれを気遣う発言をしたというのであり，記録によれば，被上告人も，自己に課税されるものと理解していたことが窺われる。そうとすれば，上告人において，右財産分与に伴う課税の点を重視していたのみならず，他に特段の事情がない限り，自己に課税されないことを当然の前提とし，かつ，その旨を黙示的には表示していたものといわざるをえない。そして，前示のとおり，本件財産分与契約の目的物は上告人らが居住していた本件建物を含む本件不動産の全部であり，これに伴う課税も極めて高額にのぼるから，上告人とすれば，前示の錯誤がなければ本件財産分与契約の意思表示をしなかったものと認める余地が十分にあるというべきである。上告人に課税されることが両者間で話題にならなかったとの事実も，上告人に課税されないことが明示的には表示されなかったとの趣旨に解されるにとどまり，直ちに右判断の妨げになるものではない。」

最高裁は，上記のように判示した上で，審理が尽くされていないとして原審判断を破棄し，差し戻している。

動機の錯誤にすぎないものは内心の形成に当たって錯誤が生じたもので，内心と表示との間に不一致がないので，動機の錯誤は考慮されないと考えられるものの，かかる動機が表示されたのであれば，表示された動機は，法律上の内容となり，錯誤として考慮されると考えられてきた（最高裁昭和29年11月26日第二小法廷判決）。これに対し，租税負担の錯誤について黙示的な表示であっても，錯誤無効となるとした最高裁平成元年判決は，これまでの過去の判決が，予期せぬ租税負担を負うことになった当事者の錯誤無効の主張についてこれを認め

ず，かなり厳格な態度をとり，要素の錯誤には当たらないとしてきた傾向に反するものであったといえよう。

では，次に，そのような最高裁平成元年判決の射程範囲が本件事案に及ぶと考えるべきか否かについて検討を加えてみたい。

> なお，動機が黙示的な表示であったとしても，法律行為の内容となり得るとする考え方は，後述の最高裁昭和37年12月25日第三小法廷判決においても一部示されてはいた。

カ 最高裁平成元年判決の射程
(ア) 問題関心

動機の錯誤については，その他の錯誤と異なるところはないとする一元的構成が通説的理解である。このような立場は，前述の離婚に伴う財産分与事例の最高裁平成元年判決においても採用されているし，その原審東京高裁昭和62年12月23日判決[10]（判時1265号83頁。以下「東京高裁昭和62年判決」という。）においても採用されているところである。

そうであるにもかかわらず，東京高裁昭和62年判決は錯誤無効の主張を排斥し，他方で，最高裁平成元年判決は錯誤無効の主張を認めているのである（なお，同最高裁においては，重過失の有無に係る更なる審理につき差戻しが判示されている。）。

なぜ，かように判断が分かれたのかについては，動機の錯誤の認定には微妙なものがあるからであって，結局は当該契約（ないし調停，和解）における当事者の意思をどう解釈するかの問題となるからであると指摘されている（伊藤由紀子「財産分与契約の無効」判タ996号46頁）。

したがって，上記最高裁平成元年判決が，契約締結の経緯過程において，夫が妻に対する課税を気遣う発言があったこと，妻も自己に課税されると理解していたということなどが認定された上で，課税されないことが当事者の契約の前提となり黙示の表示がされていたと認定されていた事例であることからすれば，同判決は，「黙示の表示の認定，契約の解釈の一事例としての意味を持つもの」（伊藤・前掲稿46頁）と評価されるにとどまる事例判決であるとみるべきであろう。

そうであるとすれば，過去における多くの裁判例が予期せぬ租税負担の発生についての錯誤無効の認定に厳格な態度をとり，要素の錯誤に当たらないとしてきた判断の全てを，最高裁平成元年判決が塗り替えたものと解するのは妥当ではない。かくして，同判決の射程範囲を考察することの重要性がここに確認

されなければならない。

　このように，同じ租税負担に関する錯誤無効の主張の事例であっても（その他，後述する千葉地裁平成12年3月27日判決なども参照），最高裁平成元年判決の前後を通じて売買契約等やそれ以外の商事行為の多くの事例において，錯誤無効の主張が排斥されてきた傾向は無視し得ないように思われるのである。

(イ) 財産分与事例としての最高裁平成元年判決

　多くの売買契約等の事例において錯誤無効の主張は認められていないところ，最高裁平成元年判決は離婚に伴う財産分与の事例において，錯誤無効の主張を認めたものであった。

　この点について，鹿野菜穂子教授は，財産分与には夫婦が共同生活において取得した実質的共有財産の清算という意味が含まれているため，その内容を決定するには，売買契約等の場合と異なり，各当事者の積極財産と消極財産の内容を分けて考えることが前提とされると論じられる（鹿野「財産分与者の課税に関する錯誤」ジュリ956号110頁（1990））。そして，譲渡される目的物のみならず，最終的に各当事者に帰属する積極財産と消極財産が，共に契約（合意）の内容とされることが多いというのである。特に，最高裁平成元年判決の事例のように，分与の内容が全財産に及ぶ場合には負担部分まで当事者が考慮していたことが推定されるからなおさらであろう。もちろん，このように解したとしても，共有財産の清算の場合でも錯誤が表示されていないときには，無効は主張し得ないことは当然である。

　　🖉　もっとも，租税負担は，財産分与の合意時に予定しなかった債務が後に明らかになったというような場合とは異なり，合意時には存在せず，譲渡の際に法律により負担するものではあるが，この点について，鹿野教授は，譲渡所得に対する課税については，増加益清算課税説の通説的な理解からすれば，すでに譲渡以前から分与財産には消極財産としての租税負担部分が潜在的に課税の繰延べとして存在していたものといい得るから，債務が後に明らかになったケースと同様に考えるべきであり，取扱いを異にすべきではないと主張されている（鹿野・前掲稿110頁以下）。

　　🖉　東京地裁平成12年4月21日判決（税資247号319頁）[11]の事例は，遺産分割に関する事例であるが，表示されていない動機の錯誤は，法律行為の要素の錯誤とはならないと判示している。すなわち，同地裁は，「原告は，仮に原告が本件調停により本件2階3室を代償分割により単独取得したものとしても，本件のように膨大な金額の譲渡所得税が課されるとすれば，本件調停に応じていなかったから，本件調停による遺産分割は原告の意思表示の錯誤により無効である旨主張する。

　　　しかし，代償金を支払う資金を捻出するために本件2階3室を譲渡することにより多

額の譲渡所得税を課されることを予期しなかったことは，本件調停に合意する旨の意思表示についての動機の錯誤にすぎないから，少なくともその動機が相手方に表示されない限り法律行為の要素の錯誤とならないというべきである。」と判示する。東京高裁平成12年9月17日判決（税資248号858頁）も原審判断を維持した。なお，最高裁平成13年5月14日第三小法廷決定（税資250号順号8896）は上告受理申立てを受理していない。

　このような見地から考えた場合に，なるほど売買契約の場合と財産分与の場合とを同じ錯誤無効のケースとして論じることには無理があるといえよう。

　すると，最高裁平成元年判決は財産分与の事例であって，およそ財産分与以外の事例にまで射程が及ぶと考えることには，やはり無理があるといわざるを得ない。この点は，例えば，会社設立の際の現物出資による出資引受けに係る錯誤無効の事案において，大阪高裁平成8年7月25日判決（訟月44巻12号2201頁）[12]が，「前記判例〔筆者注：最高裁平成元年判決〕は事案を異にする」として，ディスティングウィッシュしているとおりである。

　その他，法定申告期限後の錯誤無効が争われた事案において，高知地裁平成22年1月22日判決（訟月58巻1号233頁）は，「最高裁平成元年9月14日第一小法廷判決も，法定申告期限前に錯誤に陥っていたことに気づき，自ら国税局の税務相談に赴いた上で，提訴に至ったもので，やはり，本件とは事案を異にする」としている。そして，同地裁判決の控訴審では，控訴人である納税者側が，「最判平成元年9月14日…は，課税にかかわる錯誤によって法律行為が無効になることを認めている。」と主張したが，高松高裁平成23年3月4日判決（訟月58巻1号216頁）[13]は，原審判断と同様，「平成元年判例〔筆者注：最高裁平成元年判決〕の事案は，協議離婚に伴い財産分与として不動産を分与した場合において，分与者側に所得税が課されることはないとの錯誤に陥っていた納税者が，法定申告期限前に錯誤に陥っていたことに気づき，自ら国税局の税務相談に赴いたものである」とした上で，「そもそも分与者側と分与を受ける側との間において，当該財産分与契約が錯誤により無効であるかどうかが争われ，提訴，判決に至ったものであって，課税にかかわる錯誤によって法律行為が無効になるという限りでは本件においても意味を有しないわけではないが，その余の点では，本件と事案を異にするものといえる。」と論じて，最高裁平成元年判決の射程範囲を画しているのである。かような判断は，最高裁平成元年判決の射程範囲を明確に意識した上でのものであるといえよう。

　このように考えると，最高裁平成元年判決の射程範囲は必ずしも広いものと

はいえないと思われるのである。むしろ，管見するところ，最高裁平成元年判決以後においても，租税負担を巡る錯誤無効を認める裁判例は後述するように数件しか発見できず，「その後〔筆者注：最高裁平成元年判決後〕も無効を認める裁判例は多くない」と指摘されているとおりである（東亜由美・租税判例百選〔第4版〕35頁（2005））。かように，同最高裁判決の事例の後において，錯誤無効を認めた事例は極めて少ないといわざるを得ない。

さらに，最高裁平成元年判決が，課税上の取扱いについての見解が分かれていた事案であるという点も見逃すことはできない。離婚に伴う財産分与において，分与者に譲渡所得課税がなされることについては，多くの批判論が学説上展開されていたところであり(14)，上記最高裁平成元年判決の射程範囲を考察するに当たっては，この点が看過されるべきではないように思われるのである。

> ✐ そもそも，前述のとおり，最高裁平成元年判決は，最高裁昭和50年5月27日第三小法廷判決（民集29巻5号641頁）を引用している。この判決は離婚に伴う財産分与において，夫婦の一方がその特有財産を他方に譲渡した場合に分与者に譲渡所得課税がなされることについての積極説を採用した事例であるが，かかる最高裁判決に対しては有力な批判が展開されていたのである。批判の第一は，所得税法33条《譲渡所得》1項にいう「資産の譲渡」について，これは有償譲渡であるという点からの批判であるが，注目すべき批判は，むしろ，財産分与によって清算される譲渡された部分は，共有財産の分割あるいは共有物の分割を意味するものであるところ，共有物をその持分に応じて分割しても譲渡所得課税はなされるべきではないという主張である。課税実務上も，所得税基本通達33-1の6《共有地の分割》においてかように取り扱っているし，潜在的な所有権が顕在化されただけのことに「資産の譲渡」は観念し得ないとする批判があるのである。例えば，金子宏教授は，「固有の意味の財産分与（夫婦共通財産の清算の意味における財産分与）としての財産の移転は，その実質は夫婦共有財産の分割であって資産の譲渡にはあたらないと解すべきであろう（反対，…最判昭和50年5月27日）。」とされる（金子・租税法264頁，同・租税3号40頁（1975））。
>
> ✐ 中里実教授も，「固有の意味の財産分与は，実質的に共有財産の分割であり，『資産の譲渡』には該当しないと考えることも十分に可能である」と批判を展開されているのである（中里・租税判例百選〔第5版〕35頁（2011））。

(ｳ) 最高裁平成元年判決と本件判決

これまで述べてきたとおり，最高裁平成元年判決の射程範囲を検討するに当たっては，①同事件が離婚に伴う財産分与の事例であること，②財産分与に係る譲渡所得課税については学説上の見解が大きく分かれていた中での事案であったということを捨象して論じることはできないというべきであろう。その点に関心を寄せれば，最高裁平成元年判決の射程が及ぶ事例であれば格別，その

ような事例でなければ，予期せぬ租税負担については，その前提となる法律行為に関する錯誤無効の主張を排斥してきた過去の判例傾向や，最高裁平成元年判決以降も依然として租税負担軽減に関して錯誤無効が排斥されている傾向をこそ重視すべきであるように思われるのである。

ところで，本件事案は，およそ最高裁平成元年判決に係る上記2つの極めて重要な要素を考えた場合に，そのいずれについても合致する状況にあったものではないのは明らかである。そうであるにもかかわらず，本件事案における錯誤無効の主張の可否を考えるに当たって，仮に最高裁平成元年判決を根拠として議論するとするならば，判例の射程範囲に関する誤った判断を前提とするものであるといわざるを得ない。

これらの検討からすれば，最高裁平成元年判決と本件事案は前提となる事実を異にすると解するのが相当であると思われるのである。すると，予期せぬ租税負担に関する錯誤無効の主張につき，厳格に解するこれまでの判断の傾向を無視することには躊躇を覚えるところである。結局において本件では，商事行為に関する要素の錯誤該当性について検討するに当たって，最高裁平成元年判決に拠るのではなく，個々の事例に即して，契約の締結状況，契約に至った経緯，本人や相手方の効果意思などを素材として，要素の錯誤に関する要件該当性を客観的に判定していくほかあるまい。

キ　黙示の錯誤

本件における租税負担の錯誤はあくまでも，動機の錯誤にすぎないと思われるが，かかる動機が明確に表示されたとする点は事実からうかがうことができそうにないが，そうであるにもかかわらず，なぜ錯誤無効の主張が認められたのであろうか。

そこで，次に黙示の錯誤について考えることとしたい。

例えば，ある者が相続放棄をした結果，他の相続人の相続税が予期に反して多額に上ったという事例として広島高裁岡山支部昭和27年7月18日判決（民集9巻10号1496頁）がある。同事件は，控訴人〔筆者注：相続人〕が相続財産を維持するため相続税の軽減を図る目的で相続の放棄をしたところ，かえって被控訴人の単独相続により課税財産が増え，結果的に相続税も32万数千円に達し，むしろ控訴人等が共同相続した方が税額が低くなり，相続放棄の目的に反することとなったから，本件相続の放棄は要素に重大な錯誤があって無効であると主張

した事例であった。同広島高裁は、「控訴人等として、相続税が予期に反して多額に上ることがわかっていたなら、相続の放棄をしなかったであろうことは、察するに難くないけれども、<u>それは放棄の意思決定をするに至った動機にすぎず、放棄の意思表示の内容をなすものではない。</u>」とした。かように、同判決は、租税負担が予測に反していたからといって相続放棄の意思決定の動機にすぎず、表示内容となっていないことから、錯誤無効は主張し得ないとしているのである[15]。

また、最高裁昭和37年12月25日第三小法廷判決は、土地の売買において、当事者間で譲渡所得課税の減額に努力したほどには減額されなかったという場合に、動機が表示された法律行為の内容になっていないことから無効であるとはいえないと判示している。

> 「上告人の主張の趣旨が、所論の如く税額の減額化が本件契約の縁由ないし動機をなしその点に関し錯誤があったから本件契約は無効であるというにあるとみられるとしても、およそ、動機の錯誤が法律行為の無効を来たすためには、その動機が明示又は黙示に法律行為の内容とされていて、若し錯誤がなかったならば表意者はその意思表示をしなかったであろうと認められる場合でなければならない。<u>従って動機が表示されても意思解釈上動機が法律行為の内容とされていないと認められる場合には、動機に存する錯誤は法律行為を無効ならしめるものではない。</u>…原判決は…『譲渡所得税の賦課に関しては被上告人側において税務署と折衝して法律上可能な限り税額を低きに止めるように努力するとの旨の諒解事項があったに過ぎない、右言明が上告人主張の如き本件売買契約の内容にまでなるというような強い効力を持つものであったとの事実は証拠上認められない』との旨を判示したのである。換言すれば、<u>右諒解事項の言明は上告人に対する譲渡所得税を税務署に対する被上告人側の折衝によりできるだけ上告人主張の程度に低額に決定徴収させる約束を含むことや、かような言明がなかったならば上告人は本件売買契約を締結しなかったであろうという如き関係において、右言明が本件売買契約の内容にまでされていたこと等については、これを認めるに足る証拠がないから、上告人の右主張は採用し難い、</u>というのが原判示の趣旨とするところであると解される。」
>
> 「原審の判断には所論の違法なく、論旨は理由がない。」

同族会社と同族関係者との間の株式の低額譲渡につき錯誤無効の主張が排斥された事例として、東京地裁平成9年11月25日判決（税資229号762頁）がある。同地裁は、次のように説示して、錯誤無効の主張を排斥している。

> 「意思表示の内容に錯誤があり、その錯誤がなかったならば、その状況にある者は、

通常，当該意思表示をしなかったであろうと考えられるほどに重要なものであるときは，法律行為の要素の錯誤として当該意思表示は無効となり，この錯誤が当該意思表示の動機に関するものである場合も，この動機が意思表示に際して表示されているときには同様に解されることになる。
　しかし，本件においては，本件売買契約(1)締結に先立って，原告U及びTとの間で，本件売買契約(1)によって生じ得る課税関係が話題となったこと，その場にI税理士が同席していたことが認められるものの，既に認定したとおり，原告U及びTは株式譲渡における課税関係に関する一定の知識及びM商事株式が額面500円であることの認識を有し，一般の株式が額面50円で表示されていることを十分知った上で，適切な換算をして譲渡価格を決定している上，有価証券取引税以外の租税債務の存否，額が本件各売買契約の成否を決するまでに重要な動機であったというのであれば，本件各売買契約の金額に照らしても，同席したI税理士に事実関係を明示して慎重な検討を求めることが期待されるのに，これを行ったとの事情は認められないから，本件売買契約(1)の株式譲渡に際して，原告Uに対する所得税の発生が話題となったとしても，これが生じないことが右契約の動機となっていたと認めるには足りないというべきである。」

　控訴審東京高裁平成10年10月28日判決（税資238号949頁）においても，この判断は維持されている。
　これらの事例を眺めた場合，本件事案において黙示的な表現でも錯誤無効が肯定されていることとの違いはどこにあるのか，という点に関心を寄せざるを得ない。しかしながら，その相違点を明確には見出しづらい。「控訴人等として，相続税が予期に反して多額に上ることがわかっていたなら，相続の放棄をしなかったであろうことは，察するに難くないけれども，それは放棄の意思決定をするに至った動機にすぎず，放棄の意思表示の内容をなすものではない。」とした前述の広島高裁岡山支部昭和27年7月18日判決と本件は極めて親和性の強い事例であると思われるが，それでも，本件の場合には錯誤無効が肯定されているのである。

ク　本件事案の特異性

　予期せぬ租税負担が発生した場合の錯誤無効の主張が肯定された事例としては，前述の最高裁平成元年判決以外にもいくつか発見することはできる。
　例えば，名古屋地裁昭和58年6月28日判決（判タ508号186頁）のように，課税上の優遇措置が受けられるとの説明を受けて売買契約を締結したが，改正租税特別措置法が未成立であったため優遇措置が受けられなかったというケースにおいて動機の錯誤を認めたものもある。また，租税法上の交換の特例の適用の

ないことが要素の錯誤に当たり，土地の交換契約につき錯誤無効とした東京地裁平成7年12月26日判決（判時1576号51頁）もある。

このように，売買契約等の事例においても錯誤無効が認められるケースはないこともない。

ところで，上記名古屋地裁昭和58年6月28日判決は次のような事案であった。すなわち，売買契約を締結するに当たり，税制改正により不動産譲渡益に対する課税が1年度中2,000万円までは優遇措置が設けられることを原告より聞いたので，この優遇措置を受けるために，年をまたいで支払を2回に分けたが，不動産の売手である被告らが国税局に課税上の優遇措置についての税制改正を確かめに行ったところ，原告が説明した内容の税制改正についての法案が国会に上程されているものの，議決されているものではなく，成否は未定である旨の回答を得た。そこで被告らは，原告の説明は虚偽であったと立腹し，原告の提供する中間金の受領を拒絶し，所有権移転登記手続のために用意していた印鑑証明書等の書類も交付せず，前示売買契約の履行をしなかったというケースである。そこでは，当事者双方の間で，課税上の優遇措置2年度分の4,000万円まで受けられることが確認され，取引を行っても「不利益はないものと信じ右合意を成立させたものであった」と認定されており，原告が説明した内容の税制改正についての法案が国会に上程されているものの成立していなかったということからすれば，その動機の錯誤が明らかに示されていた事例であり，租税負担の減免自体が明らかに契約（合意）の内容となっていたことに疑いがなかった。

また，上記東京地裁平成7年12月26日判決の事例は，XとY1およびY2の被相続人であるAが，法人税法50条《交換により取得した資産の圧縮額の損金算入》および所得税法58条《固定資産の交換の場合の譲渡所得の特例》の適用を受けられることを前提に，交換差金（交換の際の取得資産の価額と譲渡資産の価額とが等しくない場合に，その差額を補うために交付される金銭その他の資産）等以外の課税問題が生じないと考えて土地の交換契約を締結したところ，課税庁から法人税法50条および所得税法58条の適用を否認され，課税を受けたという事例である。この事例において，同地裁は，次のように説示した上で，要素の錯誤に当たるとしている。

「認定事実に基づいて考察するに，本件交換は，税法上の交換の特例により，Xと

> Y1の双方に交換差金等以外の課税問題を生じないこと，すなわち，Xについては法人税法50条，Y1については所得税法58条の各特例の適用があることを大前提として締結されたものであり，Y1が本件交換に伴う税金の負担を全く考えていなかったことはもとより，Xも，本件交換に伴う交換差金2億2,950万円課税される公租公課7,610万9,000円（Xの試算による）並びに前示の不動産取得税，印紙税及び消費税を除き，その余の公租公課が自己及びY1に賦課され，これをXにおいて負担することは全く考えていなかったことが明らかである。」

　ここでは，Aは，Xの開発事業部の担当者であるHから土地を売却してほしい旨の申入れを再三にわたって受けたが，そこで，「土地の譲渡に伴う課税の問題もあり，本業でないビル事業等で金もうけをすると本業に影響するなどの理由から右申入れを頑として拒否していた。」という事案であり，明らかに当事者は租税負担について意識をしていたことが認定されている。その上で，法人税法および所得税法上の特例の適用がなされることが当事者にとっての当然の前提であった事例であり，黙示的に表示された租税負担の軽減が完全に契約内容の一部を構成していた事例であったといえよう。

　予期せぬ租税負担が錯誤無効として認められるには極めて微妙な判断が待ち受けていると思われるものの，それでも，これらの事案においては，租税負担の軽減がなされることが明らかに契約の内容とされていたものといえよう。ここには本件事案との親和性が認められるようにも思われる。しかしながら，上記の事例はいずれも課税処分に関するものではないことに注意したい。すなわち，名古屋地裁昭和58年6月28日判決は違約金請求事件であり，東京地裁平成7年12月26日判決は土地所有権移転登記抹消登記請求事件であるのに対して，本件は課税処分取消請求事件である[16]。

　課税処分の取消訴訟において，単に，租税法を知らず，課税されるとは思っていなかったとの錯誤を理由に課税を免れるとすれば，租税法律関係の安定性は極めて脆弱なものにならざるを得ず，租税法律関係において最も重要視されるべき公平な課税の実現が危ぶまれることにもなりかねない。したがって，単なる租税法の不知を理由に錯誤無効の主張を容易に認めるわけにはいかないものの，その錯誤に基づく合意についての効力を否定することまでは禁じられてはいない。かような点からすれば，合意の形成の基礎にある意思表示の存在を認定し得ない限り，要素の錯誤に当たると判断することはできないと考えるべきであろう。

そうであるとすると，本件事案における判断を肯定するには，租税負担のないことが黙示的に表示され，それが当事者の合意の前提とされていたという点から説明をするほかないように思われるのである。

ところで，最高裁平成元年判決後の差戻審東京高裁平成3年3月14日判決（判時1387号62頁）が，黙示による表示であっても錯誤無効を肯定したとはいっても，そこで認定された黙示による表示とは，「離婚協議書に署名捺印をする際，<u>控訴人は，本件土地建物を取得する被控訴人に税金が課されることを気遣い，大丈夫かと尋ねた。被控訴人は，何とかなるというような返事をした。控訴人は，被控訴人が親せきから援助を受けて右税金を支払うものと理解した。しかし，控訴人も被控訴人も，財産分与としてされた不動産の譲渡が譲渡所得税の課税対象となるとの知識はなく，本件土地建物を財産分与することにより控訴人に課税されるとは全く思っていなかった。実際にも，控訴人には，本件土地建物を財産分与した後に，多額の税金を負担するだけの資力はなかった。</u>」という事実認定によるものである。しかしながら，本件事案では，「X1に対し，これに加えて多額の支払義務が生ずることは，本件売買の当時，全く想定されていなかったものと認められる。そうすると，X1らは，本件売買の際，X1が贈与税の課税などを含め，本件売買の代金額以外に多額の金員の支出を負担しないことを，本件売買の動機として当然の前提とし，かつ，その旨を<u>黙示的に表示していたと認められる</u>。」として，黙示的な表示が認定されてはいるものの，本件判決にいう黙示的な表示は前述の東京高裁平成3年3月14日判決とは，大きく異なるものといわざるを得ない。本件判決においては，何らの表示もないのである。

最高裁平成元年判決の事例では，夫が妻に税金が課されることを気遣って大丈夫かと尋ね，これに応えているという租税負担に関するやり取りがある。妻に税金が課されることが問題視されていたのに夫の税負担について触れられていないことからすれば，両当事者において夫に税金が課されないという黙示的な表示があったものと認定することが不可能ではない事例であった。また，前述の名古屋地裁昭和58年6月28日判決では，国会を通過していない租税上の優遇措置が錯誤原因として表示されていた事案であったし，東京地裁平成7年12月26日判決では，「土地の譲渡に伴う課税の問題」が意識されていたことが認定され，それが当事者にとっての当然の前提であった事例であり，いずれも明

示的あるいは黙示的に表示された租税負担の軽減が完全に契約内容の一部を構成していた事例であったといえよう。

これらに対して、本件事案における「黙示的に表示」とは何を表現したものであろうか。贈与税が課税されないようにするための提案であったことや、簡易保険の解約までして売買代金を工面したことが「黙示的に表示」されたとする認定に働きかけたとは思われるが、この点は判決文からは必ずしも明らかではない。

前述したとおり、最高裁平成元年判決の射程範囲は必ずしも広いものではないから、本件判決は同判決のロジックに従ったものではないといえるし、まして本件判決が最高裁平成元年判決を引用してはいないことからすると、同最高裁の射程外の事例であると理解すべきであろう。

むしろ、黙示による表示は動機の錯誤に係る無効主張の要件として不要であるとしているのであれば、それはそれで理屈が通るようにも思われるが[17]、本件判決はそうではなく、「黙示に表示」があったと認定しているのである。そうであるとすれば、何をもって黙示の表示と認定したのかを明らかにする必要があったのではなかろうか。かような点において、本件判決には大いなる疑問が残るのである。

本件判決は、最高裁平成元年判決よりも黙示的表示の範囲を広げた事案であるとみることができる。

(4) 小 括

租税負担に関する錯誤は、前提事情に関する錯誤たる動機の錯誤である。いわば契約の周辺的事情である。かような前提事情は自己領域内の出来事にすぎないのである[18]。このような前提事情に関する錯誤については、例えば、他に連帯保証人がいることが保証契約の内容となっていない場合には、錯誤無効の主張はできないとする最高裁昭和32年12月19日第一小法廷判決（民集11巻13号2299頁）のように、判例は、当該動機が表示されているか否かを基準として錯誤無効の主張の適否を判断してきた。

このように、判例は動機の表示に黙示的な表示を含めているところであるが、本件事案がいかなる根拠に基づいて黙示的表示があったとみているかについては判然としていない。にもかかわらず、本件判決が黙示的な表示があったとし

て錯誤無効を肯定したことには少なからず疑問を禁じ得ない。

　この点についての強い疑問は残るものの、あえて、本件判決を肯定的に説明するとするならばどのようになるであろうか。その動機の錯誤の黙示的な表示があったという構成では錯誤無効を肯定し得ないため、別の構成を考える必要があろう。すると、本件判決が認定しているように、①本件売買は、本件仮差押えの取下げを求めるための資力が原告X2になかったこと、②原告X1は、手持ちの現金では足りず、簡易保険の解約までして売買代金1,590万円を工面したことなどからすれば、1,590万円以上の負担がないということが前提となっていた事例であったということがいえる。つまり、X1とその子であるX2は、1,590万円以上に金銭出資はないものということを大前提としていた事例であるといえ、そのことが共通認識にあったということに尽きるのではなかろうか。そのことをもって判決は黙示的な表示としているが、これは表示ではないといわざるを得ない。

　かように考えると、本件事案の判断は、簡易保険の解約までして売買代金1,590万円を工面した事例という意味では、既述のとおり最高裁平成元年判決とは事案を異にするといえるものの、「裸一貫」を認定した同最高裁事例と親和性を有するものといえなくもない極めて特異な事例判決であったと評価するほかあるまい。

(5) 後半事例に関する事案の概要
ア　裁判所の認定した事実

〔1〕　X（上告人）は、青果物その他の農産物およびその加工品の買付けを主たる事業とする権利能力のない社団である。

　Aは、昭和56年、Xの専務理事に就任し、平成6年3月17日から同22年6月17日までの間、Xの理事長の地位にあった。

〔2〕　Aは、昭和56年頃から、Xおよび金融機関から繰り返し金員を借り入れ、これを有価証券の取引に充てるなどしていたが、いわゆるバブル経済の崩壊に伴い、借入金の弁済が困難であるとしてXに対し借入金債務の減免を求めた。これに対し、Xは、平成2年12月以降、Aに対し度々その利息を減免したものの、その元本に係る債務の免除には応じなかった。

〔3〕　Aは、平成16年7月23日、株式会社Bとの間で、借入金のうち6,500万

円を分割弁済した場合にはその余の支払義務の免除を受ける旨を合意して，同社に対して6,500万円を分割弁済し，同17年7月31日，同社から，借入金残元本4,382万1,143円等の債務の免除を受けたが（以下，この債務の免除による経済的な利益を「平成17年債務免除益」という。），その後は債務の免除を受けた同19年12月まで，Aの資産に増加はなかった。

Aは，同人の平成17年分の所得税の更正処分等を不服として異議申立てをしたところ，所轄税務署長は，平成19年8月6日，上記異議申立てに対する決定をし，その理由中において，平成17年債務免除益について平成26年6月27日付け課個2-9ほかによる改正前の所得税基本通達36-17（以下「本件旧通達」という。）の適用がある旨の判断を示した。本件旧通達は，その本文において，債務免除益のうち，債務者が資力を喪失して債務を弁済することが著しく困難であると認められる場合に受けたものについては，各種所得の金額の計算上収入金額または総収入金額に算入しないものとする旨を定めていた。

〔4〕　AのXに対する借入金債務の額は，平成19年12月10日当時，55億6,323万934円であったところ，Xは，Aおよび同人の元妻から，その所有しまたは共有する不動産を総額7億2,640万9,699円で買い取り，その代金債務と上記借入金債務とを対当額で相殺するとともに，Aに対し，上記相殺後の上記借入金債務48億3,682万1,235円を免除した（以下，この債務の免除を「本件債務免除」といい，これによりAが得た経済的な利益を「本件債務免除益」という。）。

〔5〕　所轄税務署長は，平成22年7月20日付けで，Xに対し，本件債務免除益がAに対する賞与に該当するとして，本件債務免除等に係る平成19年12月分の源泉所得税につき，納付すべき税額を18億3,550万6,244円とする納税告知処分および納付すべき加算税の額を1億8,355万円とする不納付加算税の賦課決定処分をした。本件は，これを不服としたXが，国Y（被上告人）に対し，上記各処分（ただし，上記納税告知処分については審査請求に対する裁決による一部取消し後のもの）の取消しを求めた事案である。

〔6〕　本件においてXは，前記〔3〕の異議申立てに対する決定において，Aについて「資力を喪失して債務を弁済することが著しく困難と認められる場合」に当たるとして本件旧通達が適用されたため，本件債務免除益についても本件旧通達の適用により課税の対象とならないと考え，Aとその旨確認の上，本件債務免除をしたのであるから，本件債務免除益が納税告知処分の対象にな

るのであれば，XとAが確認した前提条件に錯誤があり，これは要素の錯誤であるから，本件債務免除は無効である旨主張していた。

〔7〕 第一審岡山地裁平成25年3月27日判決（民集72巻4号336頁）および控訴審広島高裁岡山支部平成26年1月30日判決（訟月62巻7号1287頁）[19]ではXが勝訴したため，錯誤の主張については判断されなかったところ，上告審最高裁平成27年10月8日第一小法廷判決（訟月62巻7号1276頁）[20]では原判決を破棄し，原審に差し戻す旨判示された。

イ　原審判断

原審である差戻控訴審広島高裁平成29年2月8日判決（民集72巻4号353頁）は，上記事実関係等の下において，本件債務免除益は所得税法28条《給与所得》1項にいう賞与または賞与の性質を有する給与に該当するとした上で，Aの資産の状況に照らし，本件債務免除によりAが得た経済的な利益は12億8,479万1,053円であり，Aに係る平成19年12月分の源泉所得税の額は4億8,573万4,304円であるとし，Xの上記の主張につき次のとおり判示して，上記〔5〕の各処分中，納税告知処分のうち上記源泉所得税の額を超えない部分および不納付加算税の賦課決定処分のうち同部分に係る部分（以下「本件各部分」という。）は適法であるとした。

> 「申告納税方式の下では，同方式における納税義務の成立後に，安易に納税義務の発生の原因となる法律行為の錯誤無効を認めて納税義務を免れさせることは，納税者間の公平を害し，租税法律関係を不安定にすることからすれば，法定申告期限を経過した後に当該法律行為の錯誤無効を主張することは許されないと解される。源泉徴収制度の下においても，源泉徴収義務者が自主的に法定納期限までに源泉所得税を納付する点では申告納税方式と異なるところはなく，かえって，源泉徴収制度は他の租税債権債務関係よりも早期の安定が予定された制度であるといえることからすれば，法定納期限の経過後に源泉所得税の納付義務の発生原因たる法律行為につき錯誤無効の主張をすることは許されないと解すべきである。」

(6) 判決の要旨

差戻上告審最高裁平成30年9月25日第三小法廷判決は，次のとおり原審の上記判断は是認することができないとした。

> 「給与所得に係る源泉所得税の納付義務を成立させる支払の原因となる行為が無効

であり，その行為により生じた経済的成果がその行為の無効であることに因して失われたときは，税務署長は，その後に当該支払の存在を前提として納税の告知をすることはできないものと解される。そして，当該行為が錯誤により無効であることについて，一定の期間内に限り錯誤無効の主張をすることができる旨を定める法令の規定はなく，また，法定納期限の経過により源泉所得税の納付義務が確定するものでもない。したがって，給与所得に係る源泉所得税の納税告知処分について，法定納期限が経過したという一事をもって，当該行為の錯誤無効を主張してその適否を争うことが許されないとする理由はないというべきである。」

「以上と異なる見解の下に，Xが法定納期限の経過後に本件債務免除の錯誤無効を主張することは許されないとした原審の判断には，法令の解釈適用を誤った違法があるものといわざるを得ない。しかしながら，Xは，本件債務免除が錯誤により無効である旨の主張をするものの，…納税告知処分が行われた時点までに，本件債務免除により生じた経済的成果がその無効であることに基因して失われた旨の主張をしておらず，したがって，Xの主張をもってしては，本件各部分が違法であるということはできない。そうすると，本件各部分が適法であるとした原審の判断は，結論において是認することができる。論旨は，結局，採用することができない。」

(7) 検　討
ア　原審の判断枠組み

原審広島高裁は，①納税者間の公平を害し，②租税法律関係を不安定にするという点から，安易に法定申告期限を経過した後の錯誤無効の主張を認めないとした。

図表1

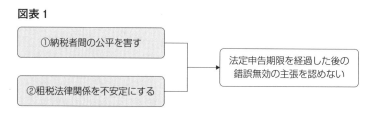

そもそも，法定申告期限を経過した後に更正の請求を経ることなく遡及して課税関係を是正することが許されるとすれば，更正の請求の排他的管轄（☞更正の排他的管轄とは）の下，更正の請求のルートによることができずに権利救済の途が閉ざされてしまう納税者との間の公平という観点が問題とされることから，上記①の納税者間の公平に反することがないようにすべきであるということになるのであろう。

　☞　**更正の排他的管轄**とは，租税法が実定法において，更正の請求という申告内容の是正

の途を設けているのであるから，かかるルートによらずに是正の途を認めることはできないとする原則的な考え方をいう。

　例えば，最高裁昭和39年10月22日第一小法廷判決（民集18巻8号1762頁）[21]は，「所得税法は，いわゆる申告納税制度を採用し（23条, 26条参照），且つ，納税義務者が確定申告書を提出した後において，申告書に記載した所得税額が適正に計算したときの所得税額に比し過少であることを知った場合には，更正の通知があるまで，当初の申告書に記載した内容を修正する旨の申告書を提出することができ（27条1項参照）。また確定申告書に記載した所得税額が適正に記算したときの所得税額に比し過大であることを知った場合には，確定申告書の提出期限後1ヶ月間を限り，当初の申告書に記載した内容の更正の請求をすることができる（同条6項参照），と規定している。ところで，そもそも所得税法が右のごとく，申告納税制度を採用し，確定申告書記載事項の過誤の是正につき特別の規定を設けた所以は，所得税の課税標準等の決定については最もその間の事情に通じている納税義務者自身の申告に基づくものとし，その過誤の是正は法律が特に認めた場合に限る建前とすることが，租税債務を可及的速かに確定せしむべき国家財政上の要請に応ずるものであり，納税義務者に対しても過当な不利益を強いる虞がないと認めたからにほかならない。従って，<u>確定申告書の記載内容の過誤の是正については，その錯誤が客観的に明白且つ重大であって，前記所得税法の定めた方法以外にその是正を許さないならば，納税義務者の利益を著しく害すると認められる特段の事情がある場合でなければ，所論のように法定の方法によらないで記載内容の錯誤を主張することは，許されないものといわなければならない。</u>」としている。

　また，いつまででも過誤の是正を行い得るとすれば，いたずらに法律関係を不安定にすることにもなる。上記最高裁昭和39年10月22日第一小法廷判決がいうように，「租税債務を可及的速かに確定せしむべき国家財政上の要請」という見地からも，上記②の租税法律関係を不安定にするような是正を許容することはできない。このように，原審は，①納税者間の公平を害し，②租税法律関係を不安定にするという点から，「法定申告期限を経過した後」の錯誤無効の主張を認めないとしたのである。

　しかしながら，これは，あくまでも申告納税方式における納税義務の成立が問題となっているケースにおける議論であって，源泉徴収義務者が錯誤を主張する本件はその前提が異なることを指摘し得る。

　ところが，原審は，上記のとおり，申告納税方式において用いられる構成が源泉徴収義務者が主張する錯誤のケースにおいても，当てはまると論じている。すなわち，「源泉徴収制度の下においても，源泉徴収義務者が自主的に法定納期限までに源泉所得税を納付する点では申告納税方式と異なるところはなく，かえって，源泉徴収制度は他の租税債権債務関係よりも早期の安定が予定され

た制度であるといえることからすれば，法定納期限の経過後に源泉所得税の納付義務の発生原因たる法律行為につき錯誤無効の主張をすることは許されないと解すべきである。」とするのである。ここでは，申告納税方式の「申告」と源泉徴収制度における「納付」を類似したものとして位置付けている。むしろ，源泉徴収制度の方がより租税債権債務関係の早期安定が予定されているとして，かかる見地から法定納期限の経過後に源泉所得税の納付義務の発生原因たる法律行為につき錯誤無効の主張をすることは許されないというのである。かように，法律関係の安定化に軸足が置かれた説示が展開されているのである。

図表 2

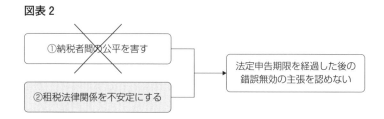

申告納税方式については，2つのロジックによって構成されている「法定申告期限経過後の錯誤無効の主張の排斥」が，源泉徴収制度の下では，ロジックが法律関係の早期安定化とのみになっている（あるいは，早期安定化に重きを置いた判断になっている）ように思われる。

さて，本件最高裁は，このような原審判断を否定したのである。

イ　最高裁の判断枠組み

本件最高裁は，①当該行為が錯誤により無効であることについて，一定の期間内に限り錯誤無効の主張をすることができる旨を定める法令の規定はなく，また，法定納期限の経過により源泉所得税の納付義務が確定するものでもないから，②給与所得に係る源泉所得税の納税告知処分について，「法定納期限が経過したという一事をもって，当該行為の錯誤無効を主張してその適否を争うことが許されないとする理由はない」と判示している。

ここで注意をしたいのは，法定納期限が経過したという「一事をもって」錯誤無効の主張をすることができなくなるのではないという点である。この点については，2つの解釈があり得よう。

まず，法定納期限の経過は錯誤無効の主張の期限としての意味を持ち得ない

とする説示であると考える立場である。この点を強調すれば，源泉徴収制度に係る事例においては，錯誤無効の主張をするにつき，期限の設定はないと解するべきであるとする考え方にも接近しよう。すると，本件最高裁判決では，原審が申告納税方式のロジックに似た構成で法定納期限を錯誤無効の主張のデッドラインとしたことに対する否定が展開されたとみることができるのであり，本件におけるＸの立場を肯定することになるのかもしれない。しかしながら，本件最高裁は，法定納期限での判断ではなく，「納税告知処分が行われた時点」までに経済的成果が失われた旨の主張をしなければならないとしている点からすれば，無期限で錯誤無効の主張を認めたとみることはできない。

　これに対して，法定納期限が経過したということの「一事をもって」判断するのではなく，「別の」期限の設定がなされるべきだと含意した説示であるとの見方があり得る。少なくとも，上記説示①において，法定納期限の経過によって源泉所得税の納付義務が確定するものではないとしていることからすれば，「法定納期限」を持ち出すことには理論的な脆弱性があると判断したことの表れかもしれない。現に，最高裁は，上記のとおり，「納税告知処分の行われた時点まで」に錯誤無効の主張を行うべき旨を説示しているのである。

　かような意味では，納税告知処分については，それを基礎付ける法的根拠がないあるいは乏しいといい得たとしても，納税告知処分というタイミングを基礎付ける法的根拠が奈辺にあるのかという点については深慮を要する。少なくとも，本件最高裁はこの点を明示的には述べていないように思われるからである。

　もっとも，本件最高裁が，「Ｘが法定納期限の経過後に本件債務免除の錯誤無効を主張することは許されないとした原審の判断には，法令の解釈適用を誤った違法がある」としている点は，あくまでも，「法定納期限の経過後」の錯誤無効の主張を認めなかった点に問題があるのであって，その結論を原審が導出するために用いた，安易な錯誤無効の主張を認めることに対する①納税者間の公平を害するおそれ，および②租税法律関係を不安定にするおそれという点（あるいは②の点のみ）についての考え方自体を否定しているものではないとみることもできなくはない。そうであるとすると，①および②（あるいは②のみ）が前提とされて納税告知処分というタイミングが持ち出されたのかもしれない。

　本件最高裁は，このような点について触れていないように思われるため，①

や②のロジックで説明することが妥当なのか，あるいは，主張する側の信義則の側面などから議論する必要があるのか（渋谷雅弘「時効と課税」金子＝中里・租税法と民法126頁），判然とはしない。

(8) 小 括

いずれにしても，本件最高裁が説示するように，錯誤無効の主張については，経済的成果がその無効であることに基因して失われた旨の主張を，納税告知処分までにするとなると，現実問題としては，きわめて錯誤無効の主張をする側に厳しい状況が想定される。けだし，納税告知処分があって初めて源泉徴収義務を認識するとのが通常であると解されるところ，すでに，その段階において，錯誤無効の主張がなされていなければならないとするのが，上記判示の意味するところであるとすると，事実上，錯誤無効の主張をする機会がないケースが容易に想定されるからである。

かような意味では，本件最高裁判決は，源泉徴収制度に係る事案における錯誤無効の主張を相当程度制限した判断を示したリーディングケースであるというべきではなかろうか。

ところで，先の民法改正によって，錯誤規定については，無効から取消しへと改正が加えられることとなり，また，動機の錯誤に関する取扱いについても明文化されることとなったから，最後に新旧の条文を確認しておきたい。

> **改正前民法95条《錯誤》**
> 　　意思表示は，法律行為の要素に錯誤があったときは，無効とする。ただし，表意者に重大な過失があったときは，表意者は，自らその無効を主張することができない。

> **改正後民法95条《錯誤》**
> 　　意思表示は，次に掲げる錯誤に基づくものであって，その錯誤が法律行為の目的及び取引上の社会通念に照らして重要なものであるときは，取り消すことができる。
> 　一　意思表示に対応する意思を欠く錯誤
> 　二　表意者が法律行為の基礎とした事情についてのその認識が真実に反する錯誤
> 2　前項第2号の規定による意思表示の取消しは，その事情が法律行為の基礎とされていることが表示されていたときに限り，することができる。
> 3　錯誤が表意者の重大な過失によるものであった場合には，次に掲げる場合を除き，第1項の規定による意思表示の取消しをすることができない。
> 　一　相手方が表意者に錯誤があることを知り，又は重大な過失によって知らなかっ

たとき。
　二　相手方が表意者と同一の錯誤に陥っていたとき。
4　第1項の規定による意思表示の取消しは，善意でかつ過失がない第三者に対抗することができない。

〔注〕
(1)　判例評釈として，酒井克彦・税務事例45巻11号35頁（2013）参照。
(2)　判例評釈として，木山泰嗣・税通73巻14号170頁（2018），岸田貞夫・税理62巻1号4頁（2019），西本靖宏・ジュリ1528号10頁（2019）など参照。
(3)　要素の錯誤が肯定された事例として，大審院明治32年2月13日判決（民録5輯2巻46頁），大審院明治35年3月26日判決（民録8輯3巻73頁），大審院明治43年11月17日判決（民録16輯779頁），大審院大正2年5月27日判決（新聞869号27頁），大審院大正6年2月24日判決（民録23輯284頁），大審院大正7年3月27日判決（民録24輯599頁），大審院昭和10年1月29日判決（民集14巻183頁），大審院大正10年12月15日判決（民録27輯2160頁），大審院昭和9年7月25日判決（新聞3728号12頁），大審院昭和13年3月18日判決（新聞4258号16頁），最高裁昭和33年6月14日第一小法廷判決（民集12巻9号1492頁），最高裁昭和37年11月27日第三小法廷判決（判時321号17頁），最高裁昭和40年6月25日第二小法廷判決（集民79号519頁），同日の最高裁昭和40年6月25日第二小法廷判決（集民79号511頁），最高裁昭和40年10月8日第二小法廷判決（民集19巻7号1731頁），最高裁昭和45年3月26日第一小法廷判決（民集24巻3号151頁）など。また，要素の錯誤に当たらないとされた事例として，大審院明治38年12月19日判決（民録11輯1786頁），大審院大正6年5月30日判決（民録23輯911頁），大審院大正7年6月1日判決（民録24輯1159頁），大審院昭和4年12月17日判決（新聞3090号11頁），大審院昭和12年12月28日判決（判決全集5輯42頁），大審院昭和14年5月9日判決（新聞4437号12頁），大審院昭和16年6月7日判決（集民20巻809頁），最高裁昭和29年11月26日第二小法廷判決（民集8巻11号2087頁），最高裁昭和32年12月19日第一小法廷判決，最高裁昭和38年2月1日第二小法廷判決（判タ141号53頁）なども参照。
(4)　我妻栄『新訂民法総則』297頁（岩波書店1965）。
(5)　判例評釈として，谷田貝三郎・不動産取引判例百選〔増補版〕16頁（1977），野村豊弘・民法判例百選Ⅰ〔第2版〕52頁（1982），同・民法の基本判例〔第2版〕28頁（1999），加藤昭・研修608号63頁（1999）など参照。
(6)　なお，国税不服審判所裁決事例には，多くの私法上の法律行為に関する錯誤主張の否認事例がある。例えば，国税不服審判所平成20年10月21日裁決（裁決事例集76号60頁）など参照。
(7)　判例評釈として，小林一俊・判評326号42頁（1986）参照。
(8)　判例評釈として，堺澤良・TKC税研時報5巻2号72頁（1990），野口惠三・NBL435号52頁（1989），山田二郎・税務事例22巻2号4頁（1990），同・リマークス1号132頁（1990），同・平成2年度主要民事判例解説〔判タ臨増〕142頁（1991），野村豊弘・ジュリ952号67頁（1990），高梨克彦・シュト338号1頁（1990），鹿野菜穂子・ジュリ956号110頁（1990），同・家族法判例百選〔第5版〕46頁（1995），小林一俊・民商102巻4号488頁（1990），副田隆重・法セ35巻12号120頁（1990），采女博文・鹿児島大学法学論集

26巻1号135頁（1990），伊藤由紀子・家庭裁判所家事・少年実務の現状と課題〔判タ臨増996〕44頁（1999），小林一俊・現代判例民法学の理論と展望〔森泉章先生古稀祝賀論集〕56頁（1998），東亜由美・租税判例百選〔第4版〕35頁（2005），山下純司・民法判例百選Ⅰ〔第7版〕50頁（2015），中里実・租税判例百選〔第5版〕35頁（2011）など参照。

(9) 大阪地裁平成2年9月7日判決（判時1403号81頁），神戸地裁平成7年4月24日判決（訟月44巻12号2211頁），大阪地裁平成12年2月29日判決（税資246号1103頁），その控訴審大阪高裁平成12年11月22日判決（税資249号718頁），千葉地裁平成12年3月27日判決（税資247号1頁），東京地裁平成13年11月2日判決（税資251号順号9018），その控訴審東京高裁平成14年4月30日判決（税資252号順号9119）など参照。

(10) 判例評釈として，小林一俊・判評357号177頁（1988），石塚章夫・昭和63年度主要民事判例解説〔判タ臨増〕24頁（1989）など参照。

(11) 判例評釈として，品川芳宣＝榊原万佐夫・TKC税研情報10巻4号17頁（2001）参照。

(12) 判例評釈として，今村隆・税理42巻6号191頁（1999）参照。

(13) 判例評釈として，岩崎政明・ジュリ1449号128頁（2013）参照。

(14) 南博方・家族法判例百選〔第4版〕48頁（1988），竹下重人・シュト100号107頁（1970），吉良実・税法304号14頁（1976），佐藤義行・判評202号28頁（1975）など参照。

(15) この事例は上告されたが，上告審最高裁昭和30年9月30日第二小法廷判決（民集9巻10号1491頁）においても，「本件相続放棄の結果，被上告人の相続税が上告人等の予期に反して多額に上った等所論の事項は，…単なる動機に関するものに過ぎないことは，原判示のとおりである」と判示している。

(16) なお，もちろん，大阪地裁平成2年9月7日判決（判時1403号81頁）のように，損害賠償請求事件などにおいても，租税負担の軽減に関する錯誤の主張が排斥されている事例はある。

(17) 四宮和夫＝能見善久『民法総則〔第7版〕』191頁（弘文堂2005）。

(18) 東京に転勤になると誤解して東京でアパートを借りる契約をした場合，友人の婚約が破棄されているのを知らないで，結婚祝とする目的で品物を買った場合など，賃貸借契約や売買契約の内容そのものに関する誤解・誤信ではなく，契約をするに至った主観的理由や前提事情の点で誤解があったにすぎない場合に，東京への転勤は誤解であったとか，友人の結婚は誤解であったと主張して，無条件で賃貸借契約や売買契約の無効を主張できるのは適当でない（四宮＝能見・前掲注(17)188頁）。

(19) 判例評釈として，豊田孝二・速報判例解説18号〔法セ増刊〕213頁（2016）参照。

(20) 判例評釈として，木山泰嗣・税通71巻1号189頁（2016），同・青山ビジネスロー・レビュー5巻2号65頁（2016），今本啓介・ジュリ1489号10頁（2016），占部裕典・平成27年度重要判例解説〔ジュリ臨増〕203頁（2016）など参照。

(21) 判例評釈として，雄川一郎・租税判例百選158頁（1968），可部恒雄・租税判例百選〔第2版〕150頁（1983），杉村章三郎・シュト39号1頁（1965），清永敬次・民商52巻5号112頁（1965），渡部吉隆・曹時16巻12号161頁（1964），碓井光明・行政判例百選Ⅱ〔第5版〕262頁（2006），藤浦照生・租税判例百選〔第3版〕150頁（1992），玉國文敏・戦後重要租税判例の再検証43頁（2003），伊藤剛志・租税判例百選〔第4版〕194頁（2005），田部井彩・行政判例百選Ⅰ〔第7版〕252頁（2012），酒井克彦・租税判例百選〔第6版〕198頁2016）など参照。

8 期限・時効――期限後申告書の提出期限

はじめに
　一定期間にわたって，一定の事実状態が継続している場合に，かかる事実状態が真実の権利関係に合致していなかったとしても，事実状態に権利関係を合わせる法的仕掛けを「時効」という。
　時効は，事実関係が権利関係を基礎とした真に正当な状態であるかどうかには拘泥せずに，かかる事実状態を正当な権利関係に昇華させる仕組みであるといえよう。かような制度はいかなる理由で設けられているのであろうか。
　一般的には，①早期の法律関係の安定や②主張・立証の困難からの救済などが挙げられる。また，法諺として，「権利の上に眠る者は保護しない」という考え方が背後にあるといわれている。

ア　早期の法律関係の安定
　一定期間継続した事実状態について，人々がかかる状態を正当なものとして信頼することが考えられる。その信頼の上に，新しい権利関係が積上げられるのが通常であるが，そのような場面で，信頼人々を保護しないと社会生活が混乱を来すことが考えられる。かような場面において，法律関係を早期に安定させることが要請されることがあろう。時効制度はこの一定期間継続した事実状態を正当なものと信じる者の保護のために設けられた制度であるとみることができる。
　すなわち，民法上の時効制度は，長期間継続した事実状態を尊重し，それを法的に正当化するものである（渋谷雅弘「時効と課税」金子＝中里・租税法と民法129頁）。

イ　主張・立証の困難からの救済
　一定期間継続した事実状態が果たして正当なものであることを証明しょうにも，その期間が長期に及ぶと，権利関係についての証拠資料が散逸等してしまっていることが考えられる。それでも，主張・立証責任の分配を前提に権利関係を証明させることになると証明責任の負担を負うものに酷なことになることが考えられる。そこで，時効制度を設けることによって，権利の取得や消滅を

認める仕掛けを設けているともいえよう。

　ウ　国税通則法上の期間・期限

　さて，このような一般法の時効制度に類似した制度が租税法においても認められる。特別法優先の原則に従えば，租税法律関係においては国税通則法上の期間・期限の制限が優先されるため，以下，同法の期間・期限について考えることとしよう。

　申告納税制度においては，納税者は期限内に確定申告を行わなかった場合，すなわち期限後であっても申告することができる。ところが，国税通則法は，かかる期限後申告書の提出期限について明確に規定する条文を置いていない。

　国税通則法18条《期限後申告》は，「期限内申告書を提出すべきであった者（所得税法第123条第１項《確定損失申告》，第125条第３項《年の中途で死亡した場合の確定損失申告》又は第127条第３項《年の中途で出国をする場合の確定損失申告》（これらの規定を同法第166条《非居住者に対する準用》において準用する場合を含む。）の規定による申告書を提出することができる者でその提出期限内に当該申告書を提出しなかったもの及びこれらの者の相続人その他これらの者の財産に属する権利義務を包括して承継した者…）は，その提出期限後においても，<u>第25条《決定》の規定による決定があるまでは，納税申告書を税務署長に提出することができる。</u>」と規定しており，かかる条文の文言だけにこだわれば，納税者は，何らの制限もなく決定があるまではいつまででも期限後申告書を提出することができるようにも解される。また，同条に規定されているように，確定損失申告についても期限後に行うことができるところ，確定損失申告書の提出もいつまででもできるのかという問題がある。

　この点について，課税当局と納税者との間で，しばしばコンフリクトが発生している。

　このように，国税通則法18条の「決定があるまでは」という概念につき，決定処分を受けるまではいつまででも期限後申告書を提出することができる意味と解するとすれば，未来永劫にわたって期限の制限なく期限後申告書を提出することができることとなってしまうが，そうすると法が国税の徴収権の時効期間を設けている意味を没却することになりはしないかという文理解釈に対する疑義が惹起され得る。

　そこで，本節では，この点について，申告納税制度の意義を確認した上で，期限後申告と修正申告の法的役割等の類似性について考え，期限後申告書の提

出期限がいかに画されるべきかについての論理的結論を導出することとしたい。ここでは、修正申告書をいつまで提出することができるかが争点とされた裁判例も参考にしつつ検討を加えることとする。

(1) 修正申告書の提出期限を巡る事例
ア 事案の概要

本件は、X（原告・控訴人）が、所轄税務署長に対し、平成9年分および平成10年分（以下「本件各年分」という。）の所得税の修正申告（以下「本件修正申告」という。）を行い、同修正申告に係る納税額と当初の確定申告に係る納税額との差額を納付したが、同修正申告は、除斥期間がすでに経過して更正を行うことができない本件各年分について、同税務署長および同署職員の違法な修正申告の慫慂に応じて行ったものであるなどと主張して、国Y（被告・被控訴人）に対し、①主位的に、本件修正申告の無効または撤回による不当利得返還請求権に基づき過誤納金として同修正申告により納付した上記差額の合計である1,144万7,600円およびこれに対する還付加算金（納付日ないしその後の日である平成14年12月20日から支払済みまで国税通則法58条《還付加算金》1項所定の年7.3％の割合による。）の返還を、②予備的に、国家賠償法1条1項に基づき、同額の損害賠償の支払を求めた事案である。

なお、前提となる事実として次の諸点が認定されている。

① Xは、S県西部地方に複数の共同住宅等を所有して、不動産賃貸業を営む者である。
② Xは、所轄税務署長に対し、平成7年分ないし平成13年分の所得税について、それぞれ確定申告をした。
③ 所轄税務署長は、所属職員をしてXの平成7年分ないし平成13年分の所得税に関する税務調査を行い、平成14年11月26日、XおよびXから税務代理等の委任を受けた乙税理士に対し、平成7年分ないし平成13年分の所得税について修正申告を慫慂した。
④ Xは、平成14年12月17日、別表（省略）の各「修正申告」の項中の「総所得金額」および「納付すべき金額」欄記載のとおりの内容を記入した平成7年分ないし平成13年分の修正申告書を提出し（以下「本年修正申告」という。）、これらの年分について、修正申告に係る納税額と確定申告に係る納税額と

の差額を納付した。

イ　争点

本件にはいくつかの争点があるが，ここでは，修正申告書の提出期限はいつまでかという点を取り上げる。

ウ　当事者の主張

(ｱ)　Xの主張

国税通則法には，修正申告をすることができる期間について規定がないものの，同法が更正，決定の期間制限（除斥期間）を規定した趣旨・目的は，賦課権の行使を制限して租税法律関係の早期安定を図ることにある。そして，上記除斥期間が経過した場合には課税庁による新たな課税処分が制限されるのであって，課税処分ができないものについて修正申告を認める必要はないから，修正申告についても更正，決定の除斥期間である3年または5年に準ずる期間制限に服すると解するのが相当である。これを本件についてみると，本件修正申告は，更正の除斥期間である3年を経過した後になされたものであるから，無効である。

(ｲ)　Yの主張

国税通則法には，修正申告をすることができる期間を直接制限した規定はないが，国税の徴収権の消滅時効の期間は法定納期限から5年間であり（通法72①），この消滅時効は絶対的効力を有するとされていて（所法72②），時効完成後は修正申告書を提出することができないため（税務官庁もこれを受理することはできない。），修正申告をすることができる期間は原則として法定納期限から5年間となる。ただし，国税の徴収権のうち，偽りその他不正の行為によりその全部もしくは一部の税額を免れ，またはその全部もしくは一部の税額の還付を受けた国税に係るものの時効は法定納期限から2年間は進行しないとされているため（所法73③），納税義務者に偽りその他不正の行為があれば，修正申告をすることができる期間は，法定納期限から7年間となる。これを本件についてみると，本件修正申告は，修正申告をすることができる期間すなわち法定納期限から5年以内になされたものであるから，無効ではない。

エ　判決の要旨

(ｱ)　第一審富山地裁平成19年3月14日判決（税資257号順号10655）

富山地裁は，次のように説示し，Xの主張を排斥した。

「国税通則法には，修正申告をすることができる期間を直接制限した規定はない。しかしながら，同法72条1項は，国税の徴収権は原則として法定納期限から5年間行使しないことによって，時効により消滅する旨を，同条2項は，国税の徴収権の時効についてはその援用を要せず，また，その利益を放棄することができない旨を規定しており，そうすると，国税の徴収権は時効期間の経過によって絶対的に消滅し，時効完成後においては，課税庁は，納税者が時効を援用するかどうかを問わず，徴収手続を取ることはできず，また，納税者は時効の利益を放棄することができないため，納税者が税金を納付しても過誤納金として還付されることになるから，このような場合に納税者は修正申告をすることはもはやできず，税務官庁もこれを受理することはできないというべきである。したがって，修正申告をすることができる期間は，原則として法定納期限から5年間であると解するのが相当である。

ただし，同法73条3項は，国税の徴収権で，偽りその他不正の行為によりその全部若しくは一部の税額を免れ，又はその全部若しくは一部の税額の還付を受けた国税に係るものの時効は，当該国税の法定納期限から2年間は進行しない旨規定するので，この場合には，修正申告をすることができる期間は，法定納期限から7年間であると解するのが相当である。」

「この点，Xは，賦課権の行使を法定申告期限から原則として3年間に制限するのが国税通則法の趣旨であるから，修正申告についても，更正・決定の除斥期間である3年又は5年に準ずる期間制限に服すると解するのが相当である旨主張する。

租税債権は，法律の定める課税要件の充足によって，抽象的には成立するものの，これを具体的な租税債権として行使するためには，租税債権の確定手続によって，納付すべき税額を確定しなければならないところ，この確定手続には，申告納税方式と賦課課税方式がある。申告納税方式においては，納税者が納付すべき税額は，納税者のする申告により確定することを原則とし，申告のない場合又は申告に係る税額の計算が国税に関する法律に従っていなかった場合，その他当該税額が税務署長等の調査したところと異なる場合に限り，税務署長等の更正又は決定により確定するものとされており（同法16条1項1号），一旦確定した税額の修正のうち増額修正については，納税者の申告（修正申告）によることができるとされる一方で，減額修正については，税務署長等の権限とし，納税者は減額修正を内容とする更正を請求することができるとされている（同法19条1項，23条1項，同条2項）。また，賦課課税方式においては，納付すべき税額は，税務署長等の賦課決定により確定するものとされている（同法16条1項2号）。このような租税債権の確定手続に係る制度の仕組みに鑑みれば，納税者のする申告（修正申告もこれに含まれる。）は，特に税務署長等において更正する場合を除き，これにより納付すべき税額が確定するものであるから，税務署長等が賦課権の行使として行う更正又は決定とは，性格を異にする租税債権の確定手続であるというべきである。そうすると，税務署長等が賦課権の行使として行う更正・決定に期間制限として除斥期間が設けられている（同法70条1項1号，同条3項）ことをもって，納税者が行う修正申告についても同一の期間制限が設けられたものと解することはできない。

したがって，この点に関するXの主張は採用できない。」

「以上によれば，本件修正申告は，法定納期限から5年以内になされたものである

> から，修正申告をすることのできる期間内になされたものと認められる。」

(イ) 控訴審名古屋高裁金沢支部平成19年9月12日判決（税資257号順号10773）

名古屋高裁金沢支部は，次のように説示し，Xの控訴を棄却した。

> 「Xが提出する鑑定意見書（……以下『本件意見書』という。）は，租税は，確定手続と徴収手続により構成され，両者は厳格に区別されているところ，修正申告は租税の確定手続に属するものであるから，その期間制限について，徴収手続の期間制限に関する規定を準用することはできない旨主張する。しかしながら，租税の確定手続は，既に成立した租税債権の額を確定するものであり，徴収手続の前提となるものである。確定手続を経ずして徴収手続を行うことはできないし，確定手続によって確定された税額が徴収手続によって実現されるものであるから，両者相まって租税債権が実現されるのであり，相互に密接な関連を有するものである。したがって，修正申告をなし得る期間について定めがない以上，国税の徴収権が時効によって消滅するまでは，修正申告をなし得ると解するのが相当であり，本件意見書の上記見解は採用できない。」

(2) 検 討

本件富山地裁判決が述べるように，修正申告書の提出期限を直接規定した条文は存在しない。そのため，本件のような問題が惹起されるのである。

ア 類似事例

類似事例として，名古屋地裁平成13年9月28日判決（税資251号順号8986）がある。同地裁は，次のように判示している。

> 「法〔筆者注：国税通則法〕19条は，納税申告書を提出した者はその申告について法24条の規定による更正があるまでは修正申告をすることができる旨定めるが，この規定は，修正申告の制度が自発的に税額を増額変更する意思のある者に対してその変更をするための納税申告書を提出する機会を与え，これを行うことなく更正処分を受けた者よりも有利な取扱いをする旨のものであることから，法24条の規定による更正がなされた場合は，その後に修正申告をすることは許されない旨を定めたにすぎず，修正申告をなし得る期間を更正の有無にかかわらず確定的に制限する趣旨で設けられたものではないと解すべきである。したがって，法24条の規定による更正が現実になされなかった場合についても，法19条及び法70条により，修正申告をなし得る期間が更正をなし得る期間と同じ期間に制限される旨の原告の主張は採用できない。」
> 「法24条の規定による更正がなされなければいつまでも修正申告が可能とすると，法が国税徴収権の消滅時効を定め，それについては援用を要せず，時効利益の放棄も許さないとしている（法72条1，2項）ことと相いれない」

この考え方は，本件富山地裁判決と同様のものであるといえよう。

この点につき，国税通則法の逐条解説書には，「法定納期限から5年…を経過すれば，納税者は納税申告書を提出することができず，また税務官庁もこれを受理すべきではないと解される」とした上で，その理由の第一に，「納付すべき税額を増加させる修正申告及び納付すべき税額を記載する期限後申告で法定納期限後5年経過日後にされたものについては…法定納期限…から5年を経過してしまうと，それについての徴収権が絶対的に消滅することになるので，納税申告書の提出はなんらの利益ももたないことになる」という理由が示されている（武田・コンメ〔通則法〕3849頁）。もっとも，「納付すべき税額を増加させる修正申告及び納付すべき税額を記載する期限後申告」のみが上記の取扱い（5年間という期間制限）に服するわけではない。そこで，第二の理由に，「還付請求申告書の提出についても，還付請求権の消滅時効は5年であり，かつ，それが絶対的効力を有することから，この事情は同様である」とし（武田・コンメ〔通則法〕3849頁），第三の理由に，「純損失等の金額を記載する納税申告書についても，…通常，所得税の場合は3年…を経過した後にこの種の納税申告書を提出することは実益がない」としている（武田・コンメ〔通則法〕3849頁）。このような考え方からも，国税の徴収権の消滅する日を基準とする考え方は支持され得る。

イ　国税の徴収権の消滅と申告書の提出

次に，時効（☞時効とは）期間の経過によって絶対的に消滅するとされる国税の徴収権について確認することとしよう。

> ☞　**時効**とは，一定の事実状態が長期間にわたって継続した場合に，それが真実の権利関係に合致しているかどうかを問わずに，その事実状態をそのまま権利関係として認める制度である（金子・租税法871頁）。

内容の確定した納税義務の履行を求め，その徴収を図る権利のことを徴収権というが（通法72, 73），国税通則法は国税の徴収権の時効期間を5年間と規定している。すなわち，国税通則法は，国税の徴収権は原則として法定納期限から5年間行使しないことによって，時効によって消滅する旨を定めているのである（通法72①）。

ここに，国税の徴収権は，租税債権と同義に理解してよいと解されている（金子・租税法871頁）。したがって，納税義務は，原則として法定納期限から5年

が経過すれば，時効によって消滅することになる[1]。ただし，偽りその他不正の行為によって免れもしくは還付を受けた国税または国外転出等特例の適用がある場合の所得税については，その時効は，原則として法定納期限から2年間は進行しないこととされている（通法73③）。したがって，この場合の時効期間は，実質的には7年間となる[2][3]。

　国税の徴収権が切れる5年を超えてしまえば，その段階で租税債権は時効を迎えることとなり，もはや納税者は，その援用さえする必要がないだけではなく，援用を放棄することもできなくなる。そうであるのにもかかわらず，仮に，国税通則法19条《修正申告》にいう「更正があるまでは」という概念を，更正を受けるまではいつまでも修正申告書を提出することができるものと解せば，未来永劫にわたって期限の制限なく修正申告書を提出することができることとなってしまうが，かかる解釈は法が国税の徴収権の時効期間を設けている趣旨を没却することを意味しよう。また，かような解釈がまかり通ることとなれば，租税法律関係の早期安定化を図る趣旨で法が国税の徴収権の時効期間を定めていることを空文化させるだけでなく，法的に極めて不安定な状況を放置することをも意味することになり，現実的な解釈であるとは到底思えないのである。

　上記名古屋地裁判決が示すとおり，「法〔筆者注：国税通則法〕24条の規定による更正がなされなければいつまでも修正申告が可能とすると，法が国税徴収権の消滅時効を定め，それについては援用を要せず，時効利益の放棄も許さないとしている（法72条1，2項）ことと相いれない」というべきであろう。

ウ　国税の徴収権の時効の起算日

　次に，国税の徴収権の時効の起算日について考える必要がある。

　民法166条《消滅時効の進行等》は，「消滅時効は，権利を行使することができる時から進行する。」と規定するが，抗弁権の付着している権利であっても，時効は進行すると解されている。更にいえば，権利に抗弁権が付着しているような状況にあっても，「権利を行使することができる時から」とされている以上，時効の起算日の認定には消長を来さないと解されている。権利者が，自己の行為によって，その付着する抗弁権を消滅せしめることができるか否かにかかわらず，かかる権利についての消滅時効は，権利行使の妨げとならない時から進行すると解されているが，ここにいう「権利を行使することができる時」については，「事実上の期待可能性説」[4]と「法的可能性説」[5]との対立がある。

「事実上の期待可能性説」は，法律上の障害のみならず，事実上の障害であっても消滅時効の進行を阻止すると考え，これが止んだ時から時効が進行すると解する立場であるが，法律上の障害が止んだ時から時効が進行すると考える「法的可能性説」が通説である。

債権者の個人的事情で権利行使ができないことをも斟酌して時効の起算点を考えようとする「事実上の期待可能性説」にも一理あると思われるが，個人的事情の斟酌に応じて権利（租税法律関係にあっては，国税の徴収権）の消滅が左右されるとするのではあまりにも客観性に乏しいとの批判が予想されよう。公法領域，とりわけ租税法律関係においては平等取扱原則の要請が強く働くことからも，行政執行上の基準として安定性に欠ける「事実上の期待可能性説」は妥当でないと解され，租税法領域においても民法の通説的見解である「法的可能性説」によるべきであると考えられる。

すると，権利行使のための法的な可能性が認められる時期を検討する必要があるが，租税法律関係における権利行使に類似する観念とは，税務官庁による行政権行使を指すのであるから，行政権行使がどの段階から可能であるかを考えればよいといえよう。さすれば，税務官庁が更正または決定を行い得るのは，法定納期限の翌日からであり，かかる日を境に，税務官庁は自ら行政権を発動することができるのであるから，その日をもって民法166条にいうところの「権利を行使することができる時」，すなわち国税の徴収権の時効の起算日と解するのが素直な解釈であると思われる。

租税法の通説もこの見地に立っている。

そもそも，租税債権の消滅時効の起算点は納税義務が確定した時とする見解もあり得るが，国税通則法等は，納税義務がすでに確定しているかどうかを問わず，一律に法定納期限をもって租税債権の消滅時効の起算日としているのである。これは，法定納期限を過ぎれば，国は，未確定の納税義務についても，その内容を確定する処分をした上，督促および滞納処分をすることができることを重視したためであると説明されているが（金子・租税法872頁），体系的な整合性をも考慮に入れると，国税の賦課権が未行使の場合の消滅時効の起算点についても，同様に解することが妥当であると考えられる。

ところで，期限後申告についても同様に考え得るのであろうか。以下では，修正申告と期限後申告の類似性に着目しつつこの点を検証することとしたい。

(3) 修正申告と期限後申告の類似性の検証
ア 申告納税制度の意義
(ア) 申告納税制度の沿革

我が国は，納税者自らが租税法規に従って課税標準と税額を計算して国に申告し，納付すべき税額を確定することを建前とする申告納税制度を採用している。この制度は，戦前の賦課課税制度と異なり，納税者によって第一義的に税額を確定し，必要に応じて，第二義的に税務当局による是正の機会を予定するものであり，国税通則法16条《国税についての納付すべき税額の確定の方式》によって創設されたものである。

申告納税制度の下，納税者は主体的に自己の納税義務を実現させるのであって，納税者はこの申告行為により具体的な租税債務を負担するに至る。換言すれば，申告行為とは，納税者と国との間の具体的な法律関係たる租税債権債務関係を発生させるための法律要件をなす前提事実であると理解されている（東京高裁昭和40年9月30日判決・行集16巻9号1477頁）[6]。

このように，申告納税制度においては，納税義務の実現のための前提事実として，納税者自らの手による申告行為が必要となるが，この制度の背後には，様々な事情の異なる納税者について適正・公平な課税が行われるためには，自己の所得金額等の内容を最もよく知る納税者本人により税額確定がなされるべきとする考え方がある。さらに，納税義務の履行を国民自らが進んで遂行すべき義務と観念させることによって，その確定の効果を付与することが現代国家における民主主義的思想にも合致しており，相応しいものとみることもできよう。シャウプ勧告も指摘するように，申告納税制度は，納税者をして，国家が直面している行政上の諸課題を自主的・民主的に分担させる機能を有するのである。かようにみてくると，申告納税制度は，賦課課税制度に比して，納税者により高い倫理性を要求するものということができる（田中・租税法86頁）。

(イ) 申告納税方式の趣旨目的

国税通則法16条1項1号は，「納付すべき税額が納税者のする申告により確定することを原則とし，その申告がない場合又はその申告に係る税額の計算が国税に関する法律の規定に従っていなかった場合その他当該税額が税務署長又は税関長の調査したところと異なる場合に限り，税務署長又は税関長の処分により確定する方式をいう。」と規定する。すなわち，申告納税方式とは，納付す

べき税額が納税者の申告によって確定することを原則とし，①「申告がない場合」または②「その申告に係る税額の計算が国税に関する法律の規定に従っていなかった場合」（申告が不相当と認められる場合）の2つの場合に限って，租税行政庁の決定（①の場合）または更正（②の場合）によって税額を確定する方式をいう（通法16①一）。

　この制度の意義ないし趣旨について，もう少し深く確認しておきたい。

　(a)　民主主義国家における納税者と申告納税制度　国家は国民に各種の公共サービスを提供することを任務として存在するが（金子・租税法1頁），政府が，土地，労働，資本という生産要素を所有しない無産国家である限り，政府は要素市場から労働の生み出す財・サービスを貨幣支出によって調達せざるを得ない。そこで，それに必要な貨幣を「租税」という形をもって国民から強制的かつ無償で調達することになる（神野直彦『財政学〔改訂版〕』151頁（有斐閣2007））。すなわち，納税者側からすると，租税納付（納税）は自発的取引であるとはいえない（貝塚啓明「租税の意義と種類」金子宏ほか編『租税法講座〔第1巻〕租税法基礎理論〔再版〕』2頁（ぎょうせい1976））。

　ところで，資本主義国家たる租税国家においては憲法の予定する国民の参政権の実質が租税の徴収面と使途面の在り方によって規定されるとの見解がある[7]。また，申告納税制度は，主権者である国民自らが自己の納税額を計算し申告し，納税することを通じて政治に参加するという理念を持つとの主張もある[8]。これらの見地からすれば，申告納税制度は憲法の要請する国民主権の租税法的表現であるということができるかもしれない[9]。

　他方，参政権のうち議員を選出する選挙権を人権の1つと位置付けた上で，選挙した代表者の立法制定には費用が伴うので，その費用を納税によって国民が分担すると理解することもできよう。この意味において，参政権と申告納税制度との間には，国政に間接的に参加するという面での共通性を見出す見解もある（松澤・手続法13頁）。例えば，松澤智教授は，「民主主義政治体制の国家のもとでは，自費は自弁すると考えるのが本質であり，従って，申告納税制度の確立の理念は，国民主権主義と深く結びついているのである。」と述べられる（松澤・基本原理24頁）。

　この点，長野地裁昭和26年1月25日判決（税資18号464頁）は，次のように説示する。

> 「納税義務は国家の成立と同時に発生した国民の義務であり，国民である以上何人も当然負担すべき義務である。そして国家は国民のこの経済的負担によって政治を行うのであるから，国家の課税権，国民の納税義務は公共の福祉の目的のためのものであり，申告納税制度は納税義務者たる国民に自主性を認めた民主的な最も新しい制度として，近代民主主義国家において採用されたものであるから，<u>民主々義を標榜する我が憲法の精神とは勿論合致するといわねばならぬ。</u>それなら申告納税制度を肯認する以上，公正な課税を為すには納税義務者の適正な申告を期待しなければなら〔ない。〕」

このような考えは，金子宏教授が述べられる「国家は主権者たる国民の自律的団体であるから，その維持および活動に必要な費用は国民が共同の費用として自ら負担すべきであるという考え方」(金子・租税法24頁)，すなわち，民主主義的租税観—租税の根拠を人の団体への帰属に求める見解—に反するものではないと思われる。

国民の選んだ代表者によって制定された法律こそが，国民が自己同意した規範であり，国民はかかる規範の定めに基づく納税義務のみを負う（憲30，84）。租税法律主義が近代憲法に共通の基本的前提であることはここで改めて述べるまでもないが，これを自己賦課（self-assessment）の考え方で説明する向きもあり[10]，納税の義務とは，自己が自己に賦課するものと解することも不可能ではない。納税義務は，税務当局の「意思」にかかわりなくその内容が定まっているものであるから，当然ながら，納税義務の適正な履行が税務当局側からの要請であるという観念は成り立つはずがないのである。したがって，ここでは，主体的納税観というべき観念を導き出すことができる。

(b) **申告納税制度の下での主体的納税者**　納税義務は，憲法30条において「国民は，法律の定めるところにより，納税の義務を負ふ。」と謳われているが，その主語は国民である。そのことに鑑みれば，やはり納税者側からの視点が重要であるということになろう。では，そこでの納税者とは，どのように捉えられるべきであろうか。租税法律関係を論じるに当たっては，「納税者」を「自立した納税者」と位置付け，弱者救済という視点からの納税者の権利保護を論ずるのではなく，自立した納税者として自身の権利と義務を確認する観点が重要であると考える。もっとも，納税者が弱者的立場にある点を否定するわけではない。いかに自立した納税者であったとしても，税務当局と比してみれば，情報量や情報処理能力等の点では明らかに弱者であろう。しかしながら，そのこ

とをもって，納税者を税務当局に依存した存在とみるべきではなかろう。すなわち，それは，情報という面における格差にすぎないのであるから，いわば単なる「情報弱者」にしかすぎないと考えるべきである。したがって，情報という点からみれば，確かに弱者となる場合があることを否定できないが，さりとて，常に納税者を弱者と位置付けるようなパターナリズム的視角（父権的視角）から捉えるべきではなく，情報提供の偏在の是正がなされさえすれば，納税者は十分に税務当局と対等な，自立した主体と位置付け得ると考えられよう。

金子宏教授は，「民主主義の下では，国民は主権者としてたえず政治を監視し，自らの責任で政府を支えるべきであるから，納税も自らのイニシアティブで行うべきである。申告納税制度は，民主的租税思想の最も重要な要素」であると論じられる（金子「民主的税制と申告納税制度」同『租税法理論の形成と展開〔下〕』588頁（有斐閣2010））。また，シャウプ勧告は「所得税および法人税の執行面の成功は全く納税者の自発的協力にかかっている。納税者は，自分の課税されるべき事情，また自分の所得額を最もよく知っている。納税者の所得を算定するに必要な資料が自発的に提出されることを申告納税という。源泉徴収の行われない分野においてはかかる申告納税は満足な税務行政にとって極めて大切である。営業者，農業者，高額給与所得者，法人―すなわち申告書を提出しなければならない全ての納税者は，この申告納税によって自分等の所得を政府に報告している。このように報告している各人は，国家が当面している行政上の事務の一端を負担しているのである。

もし税務行政が成功することを望むならば，このような納税者の大多数が自発的にその仕事の正当な分前を担当しなければならない。同時に，政府はその信頼を裏切り虚偽あるいは不正な申告をした納税者に対しては厳重に法律を適用することをこのような大多数のものに，保証しなければならない。」と論じていた（Report on Japanese Taxation by the SHOUP MISSION, 8.27.1949, VOl. 4, APPENDIX D.D節 第4款）。このような自発的納税協力（taxpayers' voluntary compliance）の見地からすれば，その推進のためには，納税者が帳簿を備え付け，自身の収入，支出を正確に記帳し，それに基づいて所得を計算し，自ら申告することが不可欠となる（金子・前掲書580頁）。

租税は国家のためにあるという原点からすれば，福祉国家としての基礎的な役割とこの共同体に対する国民の帰属意識とを再確認することが求められよう

（福田幸弘『税とデモクラシー』287頁（東洋経済新報社1985））。納税がその社会参画のための重要な契機であることに間違いはない。そして，この主体的社会参画こそが民主政治の重要な基礎をなすものと位置付けることができる。

　金子教授は，「申告納税制度は，国民主権主義に適合する制度であり，まさに民主主義的租税思想の制度的表現であると考えることができる。」とし，その意味で，「申告納税制度は，日本国憲法の下における制度の民主的改革の一環としてとらえることができる。」とされる（金子・前掲書578頁）。また，松澤智教授は，「主権者として国政に関与する面」が申告納税制度にあるとされる。すなわち，「行政事務という公務の面とともに，右の公務への参加を通じて国政に対する自らの決意の表明という個人の権利をも併せもつ地位を示すもの」として，申告納税制度を位置付けられるのである。これを同教授は，「申告権」あるいは「納税申告権」と称される（松澤・手続法16頁，30頁）。そして，「納税は『参政権』とともに，主権者としての国民が直接に国の行政に関与するという意味において，民主主義の原理と最も深く結びついたもの」と述べられるのである（松澤・手続法9頁，松澤・基本原理8頁）。

(ウ)　期限内までにすべき申告と期限後においてもすることのできる申告

　申告納税方式による国税は，その納付すべき税額が納税者の申告により主体的に確定することを原則としている。かかる申告には，法定申告期限までにすべきものとしての「期限内申告」と法定申告期限後あるいは申告書提出後であってもすることができるものとしての「期限後申告」および「修正申告」とがある。これら3種類の申告をもって申告納税制度が構築されている。

　なお，租税特別措置法等の規定においては，いわゆる「義務的期限後申告」ないし「義務的修正申告」も存在する。実際，「期限後」や「修正」に係る申告ではあるが，これらは任意提出のものではなく，所得計算の特別の前提条件が後発的な事情で成就しなかったことに伴って所定の提出期限内における提出が義務付けられているものである。したがって，かような意味では，「法定申告期限までにすべきもの」として捉えるべきであり，これらは「期限内申告」とみなされている。このような整理も上記の分類に倣うものといえよう。

　　　義務的期限後申告としては，相続税法30条《期限後申告の特則》，租税特別措置法41条の3《住宅借入金等を有する場合の所得税額の特別控除の適用を受けた者が居住用財産に係る課税の特例を受ける場合の修正申告等》1項，同法69条の3《在外財産等の価

額が算定可能となった場合の修正申告等》2項，同法70条《国等に対して相続財産を贈与した場合等の相続税の非課税等》7項がある。

⚖ 義務的修正申告としては，所得税法151条の2《国外転出をした者が帰国をした場合等の修正申告の特例》，相続税法31条《修正申告の特則》，地価税法27条《修正申告の特則》，租税特別措置法28条の3《転廃業助成金等に係る課税の特例》7項，同法30条の2《山林所得に係る森林計画特別控除》5項，同法31条の2《優良住宅地の造成等のために土地等を譲渡した場合の長期譲渡所得の課税の特例》7項，同法33条の5《収用交換等に伴い代替資産を取得した場合の更正の請求，修正申告等》1項，同法36条の3《特定の事業用資産の買換えの場合の更正の請求，修正申告等》1項および2項，同法37条の2《特定の事業用資産の買換えの場合の更正の請求，修正申告等》1項および2項，同法37条の5《既成市街地等内にある土地等の中高層耐火建築物等の建設のための買換え及び交換の場合の譲渡所得の課税の特例》2項，同法37条の8《大規模な住宅地等造成事業に係る土地等の交換等の場合の更正の請求，修正申告等》1項，同法41条の3《住宅借入金等を有する場合の所得税額の特別控除の適用を受けた者が居住用財産の譲渡所得の課税の特例を受ける場合の修正申告等》1項，同法41条の5《居住用財産の買換え等の場合の譲渡損失の損益通算及び繰越控除》13項，同法41条の19の4《認定住宅の新築等をした場合の所得税額の特別控除》14項，同法69条の3《在外財産等の価額が算定可能となった場合の修正申告等》1項，同法70条の2《直系尊属から住宅取得等資金の贈与を受けた場合の贈与税の非課税》4項，同法70条の3《特定の贈与者から住宅取得等資金の贈与を受けた場合の相続時精算課税の特例》4項などがある。

このように，申告納税制度を支える申告方式は，大別して，期限内に提出されるべきものと期限後に提出することができるものに分けることができる（図表1参照）。

図表1　申告納税制度を支える申告方式

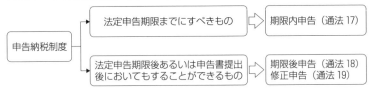

(エ) 期限後に提出することができる申告

国税通則法18条によれば，期限後申告書には，①同条本文の「期限内申告書を提出すべきであった者が提出する納税申告書」と，②同条括弧書きの「申告書を提出することができる者でその提出期限内に当該申告書を提出しなかったもの」が提出する納税申告書の2種類があるといえよう。なお，②には，所得税法123条《確定損失申告》1項が定める確定損失申告書が含まれる（図表2参照）[11]。

図表2　二つの期限後申告書

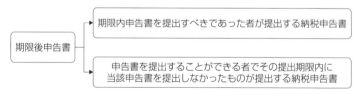

(オ)　小　括

　申告納税制度は主体的納税者による税額の確定を予定したものである。この制度の下においては，期限内に申告することが原則ではあるものの，期限後あるいは申告書提出後においても，申告の機会や申告誤りに関する是正の機会が設けられている。すなわち，申告納税制度にいう申告には，期限までにすべき申告（期限内申告）と，期限後においても行い得る申告（期限後申告・修正申告）があるわけであるが，後者のカテゴリーにおける期限後申告と修正申告は類似の法的役割を有していると解されるのではなかろうか。そこで，次にこの点について考察を加えることとしよう。

イ　期限後申告と修正申告
(ア)　期限後申告と修正申告の類似性

(a) **行政処分性に関する類似性**　期限後申告や修正申告は納税申告行為であるが，これらを含め納税申告行為には行政処分性が認められていないと解されている。

　国税通則法74条の11《調査の終了の際の手続》3項は，「前項の規定による説明をする場合において，当該職員は，当該納税義務者に対し修正申告又は期限後申告を勧奨することができる。この場合において，当該調査の結果に関し当該納税義務者が納税申告書を提出した場合には不服申立てをすることはできないが更正の請求をすることはできる旨を説明するとともに，その旨を記載した書面を交付しなければならない。」と規定している。

　ここでは，期限後申告書や修正申告書について，当該職員はこれらを提出することを「勧奨することができる」としており，これらの提出がなされた場合には不服申立てができないことを明らかにしている。すでに述べたとおり，期限後申告や修正申告は，申告納税制度の下において納税者が主体的に行うものであり，あくまでも当該職員がそれらの申告を「勧奨することができる」にと

どまるということは，これらの納税申告行為について行政処分性が認められていないことの実定法上の根拠といえよう。

この点，修正申告に対して，前述の東京高裁昭和40年9月30日判決は，「申告行為は，公法関係における行為ではあるが，それは一私人のものであるから，行政事件訴訟法第3条にいう処分（行政庁の処分その他公権力の行使に当る行為）といえないことは勿論であ〔る〕」と説示しており，その行政処分性が否定されている[12]。

(b) 任意性・自主性・主体性に関する類似性　中川一郎教授は，「申告納税方式は，納税義務の確定について納税義務者に主たる第一次的責任を課し，納税義務者がこの第一次的責任を履行しない場合に，初めて税務官庁が納税義務の確定について補充的な役割を果たすのである。従って，申告納税方式のもとでは，納税義務者はその納税義務の内容を定める税法について十分な知識を有することが要請され，税務官庁は納税義務者が適正に申告し，納税義務を履行することについて補助すべき職責を有しているといわなければならない。」と論じられる（中川『租税法体系〔全訂版〕』149頁（三晃社1976））。納税者が申告を通じて自己の租税負担を認識することは，納税者自身がその内容を分析する契機となり，ひいては租税の使われ方や歳入・歳出の決定機構の在り方等にまで関心を高めていくことに繋がるものである。こうした申告納税制度こそ，国民主権の下における税額確定方式として最も望ましいものであるといえよう（畠山武道＝渡辺充『新版租税法』295頁（青林書院2000））。

このように，申告納税制度の下，納税者は自己の申告書に，自ら計算した課税標準や税額を記載して確定申告を行うのであるが，その際，租税法は，申告を失念した者に対する申告期限後における申告書提出のルートや，申告の誤りに気づいた納税者に是正のルートを用意している。上述のとおり，期限後申告書の提出や修正申告書の提出がそれに該当するが，このような期限後申告や申告是正のルートも，当初申告同様，第一義的には納税者の主体的な立場においてなされるものと位置付けられている。すなわち，期限後申告および修正申告は，任意性・自主性・主体性といった観点においてもその類似性が認められると指摘し得るのである。

(c) 加算税体系の類似性　**(i) 過少申告加算税と無申告加算税**　そもそも，納税申告は，法定申告期限内にすべきものであり，その申告内容は適正なもの

であることが要請されるところ，期限後に申告内容を是正したり，あるいは期限を徒過して申告した場合には，ペナルティとしての延滞税および加算税が課されることとなる。

すなわち，修正申告には原則として過少申告加算税が課され（通法65），期限後申告には原則として無申告加算税が課されることとされている（通法66）[13]。なお，加算税には，申告に係る加算税と納付に係る加算税があるが，過少申告加算税および無申告加算税は申告に係る加算税に区分される（納付に係る加算税としては不納付加算税が存在する（通法67)。)[14]。

もっとも，申告納税制度の下では，自ら進んで適正な申告を行うことが前提とされていることから，納税者が確定申告の内容に誤りを発見したり，無申告であることに納税者が気づいたときに税務職員が更正または決定するであろうことを予知してされる前になされた修正申告または期限後申告には，本来課されるはずの過少申告加算税が免除され，または無申告加算税が軽減されることとなっている。また，修正申告または期限後申告によって納付すべき税額の計算の基礎となった事実のうちにその修正申告の税額の計算の基礎とされていなかったことについて「正当な理由」がある場合や，無申告であることについて「正当な理由」がある場合には，その「正当な理由」があると認められる事実に基づく税額については過少申告加算税または無申告加算税が免除される（通法65④一，66①）。

このように，期限後申告と修正申告は，加算税の取扱いにおいても近似している。

(ⅱ) **政府に手数をかけさせない申告と加算税**　申告納税制度とは「申告をさせられるもの」ではなく，また，課税標準等または税額等を税務当局が決めるものでもない。納税者自らが租税法の定めに従ってこれを主体的に行うことが，申告納税制度の本来の姿である。

前述のとおり，この作業が民主政治への参画という点で重要な意味を有しているといえよう。申告納税制度の下では，やはり，無申告であった場合には納税者が自ら期限後であっても申告を行うことが求められるべきであり，また，自らが行った申告内容についての是正も本来的には納税者自らが行うことが筋である。すなわち，そもそも，我が国が申告納税制度を採用し，第一義的に納税者自らが主体的に課税標準等および税額等を確定させ申告を行うという法制

度を設けている趣旨や，民主主義思想に基づく主体的な納税という見地からすれば，本来的には，納税者自らによる期限後申告や修正申告が前提にあってしかるべきである。このことを改めて確認しておきたい。

「納税申告書」とは，申告納税方式による国税に関し国税に関する法律の規定により，課税標準等および税額等の事項その他当該事項に関し必要な事項を記載した申告書をいうところ（通法２六），期限後申告書（通法18②）や修正申告書（通法19③）も「納税申告書」に該当することは文理上明らかである。改めていうまでもないが，期限後申告も修正申告も，納税義務を負う税額を確定させる行為なのである（東京地裁平成16年１月30日判決・訟月51巻８号2183頁）[15]。

平成28年度改正後の国税通則法は，修正申告書の提出が調査の事前通知前になされたものであるときには，過少申告加算税を免除することとし（通法65⑤），その段階で提出された期限後申告書の場合も無申告加算税を軽減することとしている（通法66⑥）。すなわち，加算税制度は，自ら進んで行った期限後申告や修正申告について行政上の制裁措置を行わないないしは軽減することとしているのであり，かかる取扱いは，政府に手数をかけることなくして自ら申告の是正を行った者に対してペナルティをかけない趣旨と解され，申告納税制度の普及を図るために自発的な修正申告を奨励することにあると説明し得る。

📖 例えば，東京地裁平成７年３月28日判決（訟月47巻５号1207頁）は，「同項〔筆者注：国税通則法65条５項〕は，自発的に修正申告を決意し，修正申告書を提出した者に対しては，例外的に過少申告加算税を賦課しないこととすることにより，納税者の自発的な修正申告を奨励することを目的とするものであると解することができる。」と判示している。

平成28年度改正前は，更正があるべきことを予知してされていない修正申告には過少申告加算税を賦課しないこととされ，決定があるべきことを予知してされていない期限後申告に係る無申告加算税を軽減していたが，これらの点については，申告納税制度の普及を図るべく納税者の自発性を奨励することが目的であると一般的に説明されてきた。例えば，東京地裁昭和56年７月16日判決（行集32巻７号1056頁）[16]は，次のように判示する。

> 「『申告に係る国税についての調査があったことにより当該国税について更正があるべきことを予知』することなく自発的に修正申告を決意し，修正申告書を提出した者に対しては例外的に加算税を賦課しないこととし，もって納税者の自発的な修正申告を歓迎し，これを奨励することを目的とするものというべきである。」

かかる説示から明らかなとおり，裁判例は「自発的な修正申告」を歓迎することに国税通則法の加算税免除ないしは軽減規定の目的があるとするのである。

こうした加算税制度そのものの趣旨は，改正を経た今日においてもなお，依然として変わりないものと解すべきであろう。

加えて，現行国税通則法以前の古い判決ではあるが，大阪地裁昭和29年12月24日判決（行集5巻12号2992頁）にもこのような姿勢を見て取れる。すなわち，同地裁は，次のように説示する。

> 「法人税法が基本的に申告納税主義を採っており，なお脱税の報告者に対する報償金の制度を採用しているところなどから考え，当該法人に対する政府の調査により更正又は決定のあるべきことを予知したものでなく，その調査の前に，即ち政府に手数をかけることなくして自ら修正又は申告をした者に対しては，過少申告加算税額，無申告加算税額，重加算税額の如きもこれを徴収せず，政府の調査前における自発的申告又は修正を歓迎し，これを勧奨せんとして右の如き規定となったものと解するのが相当であるから，右被告の主張はこれを採用することはできない。」

かように，更正や決定を予知してされたものでない修正申告や期限後申告の場合に加算税を免除・軽減する趣旨については，政府に手数をかけることなくして自ら申告の是正を行った者に対してペナルティをかけないようにすることと読み取ることも可能であろう。この点，和歌山地裁昭和50年6月23日判決（税資82号70頁）[17]が，「税務当局の徴税事務を能率的かつ合理的に運用し，申告の適正を維持するため，税務当局において先になされた申告が不適法であることを認識する以前に，納税義務者が自発的に先の申告が不適法であることを認め，あらたに適法な修正申告書を提出したときには，これに対し右加算税を賦課しないこととされている」と判示している点も同じ文脈であると考えられる。

(d) **決定と期限後申告・更正と修正申告** 決定（通法25）と更正（通法24）は国税通則法上も並んで配置されている行政権限規定として類似性を有する規定であると解されるが，同様に，期限後申告（通法18）と修正申告（通法19）も同法上並んで配置されている類似の申告制度として位置付けられているものであり，また，これらに付随する附帯税である無申告加算税（通法66）と過少申告加算税（通法65）も同法上並んで配置されている類似のペナルティ制度である（図表3参照）。

図表3　修正申告と期限後申告の類似性

申告前の状況	行政処分 （税務調査を要件）	自主的・主体的確定	加算税
過少申告	更正処分（通法24）	修正申告 （通法19）	過少申告加算税 （通法65）
無申告	決定処分（通法25）	期限後申告 （通法18）	無申告加算税 （通法66）

　「期限内申告」と「期限後申告並びに修正申告」という2種類の申告体系が申告納税制度を支えている重要な柱であることを，国税通則法の体系の中において意識しておく必要があると思われる。そして，「期限後申告並びに修正申告」は，ともに納税者の主体性ないし自主性を前提とする申告納税制度を維持するための重要な装置であるといってもよいであろう。そして，それを担保するために，一定のペナルティを付随させているのである。

　このような整理によれば，期限後申告書について，修正申告書の提出期限の考え方と異なるものと解する積極的理由はなく，むしろこれまで述べてきたとおり，両申告は申告納税制度下において同様の役割を持ち，法的性質も似ているのであるから，期限後申告書についても，時効期間の徒過によって国税の徴収権が消滅する日以後には提出することができないと解するべきと考えることも可能かもしれない。

　逐条解説書には，「法定納期限から5年…を経過すれば，納税者は納税申告書を提出することができず，また税務官庁もこれを受理すべきではないと解される」とした上で，その理由の第一に，「納付すべき税額を増加させる修正申告及び納付すべき税額を記載する期限後申告で法定納期限後5年経過日後にされたものについては…法定納期限…から5年を経過してしまうと，それについての徴収権が絶対的に消滅することになるので，納税申告書の提出はなんらの利益ももたないことになる」と示されている（武田・コンメ〔通則法〕3849頁）。もっとも，「納付すべき税額を増加させる修正申告及び納付すべき税額を記載する期限後申告」のみが上記の取扱い（5年間という期間制限）に服するわけではない。そこで，第二の理由に，「還付請求申告書の提出についても，還付請求権の消滅時効は5年であり，かつ，それが絶対的効力を有することから，この事情は同様である」とし（武田・コンメ〔通則法〕3849頁），第三の理由に，「純損失等

の金額を記載する納税申告書についても，…通常，所得税の場合は3年…を経過した後にこの種の納税申告書を提出することは実益がない」としている（武田・コンメ〔通則法〕3849頁）。このような考え方からも，国税の徴収権の消滅する日を基準とする考え方は支持され得る。

ウ 小 括

期限後申告と修正申告は，法的役割のみならず，様々な面で法的性質が近似している。決定や更正があるまでの間に主体的あるいは自主的に行う申告としての性質を共有している。修正申告書をいつまで提出することができるかが争点とされた事例において，本件富山地裁判決および類似事例である名古屋地裁判決は，国税の徴収権の消滅の時まで同申告書の提出が可能である旨判示しているところ，これが修正申告の事例であるとして期限後申告書との取扱いに径庭を認める考えは，期限後申告と修正申告との同質性に鑑みれば妥当ではない。つまり，国税の徴収権が消滅した段階では，仮に主体的ないし自主的に期限後申告書や修正申告書が提出されたとしても，もはや国の側でこれに係る租税債権を観念することができないという意味において，期限後申告と修正申告との取扱いには平仄が求められるのである。したがって，国税通則法18条の「決定があるまで」という規定振りについては，同法19条にいう「更正があるまで」を「国税の徴収権の消滅時効経過後においても更正があるまで」と解釈できないのと同じように，国税の徴収権の消滅時効経過後においては期限後申告書をもはや提出できないと解するのが相当である。

なお，国税の徴収権の消滅時効の起算日については，法定納期限を経過した日と解するのが民法166条の解釈論とも整合性がとれるし，租税法体系の理解からも妥当であると考える。

かくして，国税通則法18条または19条にいう「決定があるまで」または「更正があるまで」については，国税の徴収権の消滅の日を基準に期限後申告書や修正申告書の提出可能時期によって決するべきであると解される。もっとも，除斥期間の観点からも論じることができるように思われるため，¶レベルアップ！において考えてみたい。

¶ レベルアップ！　除斥期間と期限後申告書の提出期限
ア　除斥期間の定め

　租税法は，租税法律関係をいつまでも不確定の状態にしておくことは好ましくないため，更正，決定，賦課決定等をなし得る期間に制限を設けている（金子・租税法967頁）。これを除斥期間という。

　次に掲げる更正または決定については，それぞれにつき定める期限または日を経過した日から5年を経過する日以後は，することができないこととされている（通法70①）[18][19]。

① 更正または決定については，更正または決定に係る国税の法定申告期限。ただし，還付請求申告書に係る更正については，当該申告書を提出した日。還付請求申告書の提出がない場合にする決定またはその決定後にする更正については，その申告に係る還付金がなく，納付すべき税額があるとした場合におけるその租税の法定申告期限（通令29）

② 課税標準申告書の提出を要する国税に係る賦課決定については，当該申告書の提出期限[20]

③ 課税標準申告書の提出を要しない賦課課税方式による国税に係る賦課決定については，その納税義務の成立する日

　なお，次に掲げる更正または決定等は，上記期間または日から7年を経過する日までに行うことができる。

① 偽りその他不正の行為によりその全部または一部を免れ，もしくはその全部もしくは一部の税額の還付を受けた国税（当該国税に係る加算税および過怠税を含む。）についての更正決定等

② 偽りその他不正の行為により当該課税期間において生じた純損失等の金額が過大にあるものとする納税申告書を提出していた場合における当該申告書に記載された純損失等の金額についての更正

③ 国外転出をする場合の未実現キャピタルゲインに対する所得税（所法60の2）あるいは贈与等により非居住者に資産が移転した場合の未実現キャピタルゲインに対する所得税（所法60の3）についての更正または決定等

　このように，原則として，更正または決定については，更正または決定に係る国税の法定申告期限を経過した日から5年を経過する日以後はすることができないとされているのである。この除斥期間満了の日以後においては，修正申

告も期限後申告もできないと解することは妥当であろうか。

イ 修正申告書・期限後申告書の提出と除斥期間

⑺ 更正後に提出が許されない「修正申告書」

修正申告の制度が設けられた趣旨は，申告納税制度の本旨に照らしてなるべく納税者が自らその納付すべき税額等を確定する仕組みとすることが妥当であるし，また，自発的に申告または更正決定に係る税額等を増額変更する意思のある者に対しては，その変更をするための納税申告書の提出を認めて，これを提出することなく税務官庁の更正の処分を受ける者よりも有利な取扱いをすることが合理的であると考えられたからであると説明されている（荒井勇ほか『国税通則法精解〔第16版〕』321頁（大蔵財務協会2019））。

すなわち，同制度には「更正」を待たずに自ら進んで申告の是正を行えばペナルティが軽減されるなどの利点がある。むしろ，その利点を自主的あるいは主体的な申告是正へのインセンティブとしているといっても過言ではなかろう。

このように考えると，修正申告とは，更正がなされる前に有利な取扱いを納税者に提示することにより，その自主的ないし主体的な申告の是正をなさしめようとする点にこそ意義があるといえよう。そうすると，あくまでも納税者が自主的ないし主体的に修正申告書を提出することができる期間とは，更正がなされるまでの間に限られるという考え方が導出されることになる。したがって，修正申告とは，もはや更正がなされない期間を超えては行うことができないことはいうまでもない。

国税通則法19条にいう「更正があるまでは」とは，当然に，更正をなし得る期間においてのみ意味を有する概念であるから，更正をなし得ない期間が念頭にあるはずはないというべきであろう。換言すれば，更正がなされ得る期間内にあってこそ，「更正があるまでは」という概念に意味があるはずである。そのことは，「更正があり得ない期間においてでも，依然として更正がない限りはいつまでも」修正申告書の提出をなし得ると解釈することが，条文を正解していないものであるという結論に結び付くであろう。つまり，更正がなされた場合には，すでに，有利な取扱いというインセンティブを与える制度的誘因はないのであるから，国税通則法19条は，「更正があるまでは」という表現を用いることによって，更正の後には，もはや修正申告をすることは許されないことを明らかにしたものであると理解すべきと考える。このように，「更正があ

るまでは」期限の如何を問わずいつまででも修正申告書を提出することができることを意味するものではないのである（図表4参照）。

図表4　修正申告書の提出可能期間と除斥期間

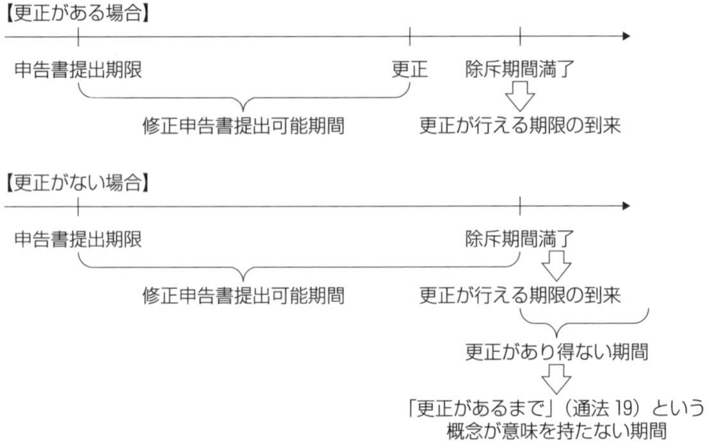

【更正がある場合】

申告書提出期限　　　　　　　　　更正　　除斥期間満了
　　　　　修正申告書提出可能期間　　　　⇩
　　　　　　　　　　　　　　　　　　　更正が行える期限の到来

【更正がない場合】

申告書提出期限　　　　　　　　　　　　除斥期間満了
　　　　　修正申告書提出可能期間　　　　⇩
　　　　　　　　　　　　　　　　　　　更正が行える期限の到来
　　　　　　　　　　　　　　　　　　　⇩
　　　　　　　　　　　　　　　　　更正があり得ない期間
　　　　　　　　　　　　　　　　　　　⇩
　　　　　　　　　　　　　　　　「更正があるまで」（通法19）という
　　　　　　　　　　　　　　　　　概念が意味を持たない期間

(イ)　決定後に提出が許されない「期限後申告書」

　期限後申告の制度が設けられた趣旨も，申告納税制度の本旨に照らしてなるべく納税者が自らその納税義務の内容を確定することが望ましいという見地に立って，期限内に納税申告書の提出がない場合においてもなお，納税者に申告の機会を与えるのが適当であるし，また，期限後とはいえ，自発的に納税申告書を提出する意思のある者に対しては，その提出を認めて，これを提出することなく税務官庁の決定の処分を受ける者よりも有利な取扱いをすることが合理的であると考えられたからであると説明されている（荒井ほか・前掲書313頁）。

　すなわち，同制度には「決定」を待たずに自ら進んで申告を行えばペナルティが軽減されるなどの利点がある。むしろ，その利点を自主的あるいは主体的申告へのインセンティブとしているといっても過言ではない。

　このように考えると，期限後申告とは，決定がなされる前に有利な取扱いを納税者に提示することにより，その自主的ないし主体的な申告を促す点にこそ意味を有するのである。そのことから，あくまでも納税者が自主的ないし主体的に期限後申告することができる期間とは，決定がなされるまでの間であるという考え方が導出されることになる。したがって，期限後申告とはもはや更正

がなされない期間を超えては行うことができないことはいうまでもない。

国税通則法18条にいう「決定があるまでは」とは，当然に決定をなし得る期間においてのみ意味を有する概念であるから，決定をなし得ない期間が念頭にあるはずはないというべきであろう。換言すれば，決定がなされ得る期間内にあってこそ，「決定があるまでは」という概念に意味があるはずである。そのことは，「決定があり得ない期間においてでも，依然として決定がない限りはいつまでも」期限後申告をなし得ると解釈することが，条文を正解していないものであるという結論に結び付くであろう。

このような考え方は，上述の修正申告書の提出期限の考え方と同様である。修正申告と期限後申告とは同じ期限後に行われる申告として，申告納税制度を支える類似の申告制度であり，両者の法的性質が近似しているということはすでに述べたとおりである。このように考えれば，国税通則法19条と18条という条項の違いはあれども，同様の規定振りによって規律されている両申告の期限の考え方に径庭を認めることは妥当ではないというべきであろう（図表5参照）。

図表5　期限後申告書の提出可能期間と除斥期間

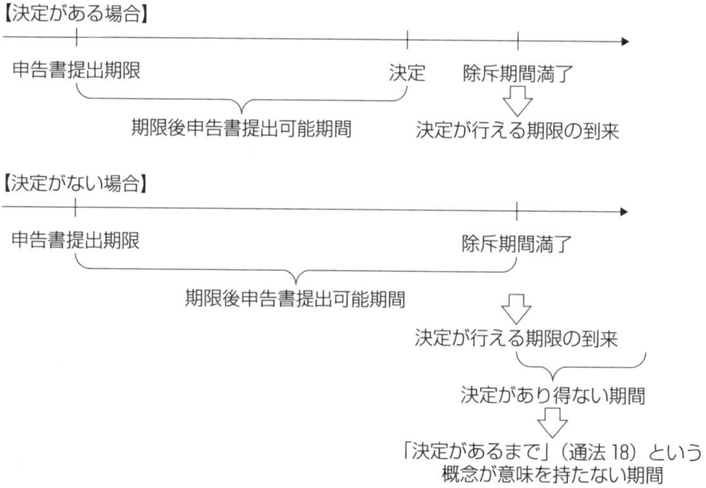

【決定がある場合】

申告書提出期限　　　　　　　　決定　　除斥期間満了
　　　　　期限後申告書提出可能期間　　決定が行える期限の到来

【決定がない場合】

申告書提出期限　　　　　　　　　　除斥期間満了
　　　　　期限後申告書提出可能期間
　　　　　　　　　　　　　　　　　決定が行える期限の到来
　　　　　　　　　　　　　　　　　決定があり得ない期間
　　　　　　　　　　　　　　　　　「決定があるまで」（通法18）という
　　　　　　　　　　　　　　　　　概念が意味を持たない期間

ウ　小　括

前述のとおり，国税の徴収権の消滅の日を基準に期限後申告書や修正申告書の提出可能時期を検討することに合理性があるとは思われるものの，除斥期間

を基準にこれらの申告書の提出の可否を考えることもできると思われる。加算税との関係において有利な取扱いをインセンティブに，決定や更正がなされる前までに自ら進んで期限後の申告や申告内容の是正を行うことを促すような制度としてこれら期限後申告と修正申告が設けられていることを考えれば，すでに決定や更正があり得ない期間においては，期限後申告や修正申告の制度を設ける必要はないはずである。国税通則法18条または19条にいう「決定があるまで」または「更正があるまで」については，国税の徴収権の消滅の日を基準に期限後申告書や修正申告書の提出可能時期によって決するべきとの考え方を否定はしないが，そうではなかったとしても，「決定があるまで」または「更正があるまで」という概念が決定や更正がなされ得る期間においてのみ意味をなすものであることからすれば，期限後申告書や修正申告書は，決定や更正を行うことができる除斥期間を過ぎた後にはもはや提出できないと解することが素直な解釈であると思われる。

(4) 小 括

　国税の徴収権の時効期間までは期限後申告または修正申告を行い得るとする見解が第一義的には説得的であると思われる。これは，富山地裁平成19年3月14日判決や名古屋地裁平成13年9月28日判決の考え方にも合致している。仮に，このような考え方によらないとすると，他方で，上記の検討のとおり，期限後申告や修正申告を行い得る期間として，申告書提出期限の翌日から除斥期間満了の日までの期間とする見解もあり得る。この文脈では，国税通則法18条の「決定があるまで」および19条の「更正があるまで」とは，決定や更正がなされ得る余地のある期間においてこそ，はじめて意味を有する概念であると考えるべきであるから，決定や更正をもはや行い得ない除斥期間の満了の日の翌日以後は，期限後申告書や修正申告書の提出をなし得るものでないとの結論が導出される。

　国税通則法が，18条または19条において，「決定があるまでは」または「更正があるまでは」と表現しているのは，政府が乗り出すことなく納税者が自ら進んで申告を行う期間を意味していると解すべきであって，更正権限の発動を待たずに（更正前に）任意に修正申告を行い得るとか，決定権限の発動を待たずに（決定前に）任意に期限後申告を行い得るということを意味するとした上で，「更

正があるまで」に修正申告はなされなければならないし、「決定があるまで」に期限後申告はなされなければならないと解することもできる。そのことからすれば、更正権限の発動の機会が失われる除斥期間後に修正申告書を提出することは許容されていないというべきであるし、同様に、決定権限の除斥期間後に期限後申告書を提出することも許容されていないというべきであろう。

期限後申告書および修正申告書提出に係る任意性とは、そのような制限の下における任意性であり、政府の決定・更正権限の除斥期間内における自主的ないし主体的な申告であるということを理解しておく必要がある。

もっとも、これに対しては、決定や更正を行い得る期間とはあくまでも行政当局における行政権限の発動の可否を前提とした観念であるという反論も考え得る。すなわち、期限後申告書や修正申告書のような納税申告書の提出行為は納税者側のアクションであって、更正や決定のような賦課権（確定権）の規定の適用を受けるものでないにもかかわらず、その期間概念を持ち込むことには疑問があるとする反論も予想されるところである。あくまでも、行政権限の発動に係る期間制限の問題と本件のような納税者の申告に係る期間制限の問題とは性質を異にする問題であるとの主張もあり得よう。したがって、かような反論を考慮すれば、国税の徴収権の時効期間までは期限後申告または修正申告を行い得るとする見解も説得的ではあろう。

いずれにせよ、国税通則法18条が「その提出期限後においても、第25条（決定）の規定による決定があるまでは、納税申告書を税務署長に提出することができる。」と規定しているからといって、「決定があるまで」はいつまででも期限後申告書の提出をなし得るとするような解釈を行うことは妥当ではない。

〔注〕
(1) もっとも、贈与税については、平成15年度改正で除斥期間が6年間に延長されたことと平仄を合わせるため、贈与税の申告書の提出期限から1年間は時効は進行しないこととされている（相法36④）。
(2) ただし、法定納期限の翌日から2年を経過する日までの期間内に納税申告書の提出、更正決定等があった場合には、これらの行為または処分に係る部分の国税ごとに申告書の提出の日、更正通知書・決定通知書の発せられた日等の翌日から進行するとされている（通法73③）。
(3) この場合の徴収権の時効は、延納・納税の猶予または徴収もしくは滞納処分に関する猶予に係る部分の国税（それに併せて納付すべき延滞税および利子税を含む。）につき、

その延納または猶予がされている期間内は進行しないこととされている（通法73④）。
(4) 最高裁昭和45年7月15日大法廷判決（民集24巻7号771頁），最高裁平成8年3月5日第三小法廷判決（民集50巻3号383頁）など参照。
(5) 鳩山秀夫『法律行為乃至時効』693頁（厳松堂1912），幾代通『消滅時効の起算点〔総合判例研究叢書 民法(8)〕』（有斐閣1958）など参照。
(6) 判例評釈として，村井正・シュト56号7頁（1966）参照。
(7) 北野弘久「政治献金の課税と国民の参政権」同『憲法と税財政』263頁（三省堂1983），同「現代租税国家体制における集権と分権」同『納税者基本権論の展開』116頁（三省堂1993），同「行政権の司法権に対する侵害─租税訴訟の現状分析を中心として」同書255頁。
(8) 北野弘久「租税国家と参政権」同『納税者基本権論の展開』91頁（三省堂1993）。
(9) 北野・前掲注(8)91頁，小池幸造「商法『改正』と税理士の課題」板倉宏＝吉田善明編『納税者の権利』〔北野弘久教授還暦記念論文集〕465頁（勁草書房1991）。
(10) 福田幸弘『税とデモクラシー』8頁（東洋経済新報社1985），金子宏「民主的税制と申告納税制度」同『租税法理論の形成と展開〔下〕』577頁（有斐閣2010），松澤・手続法16頁。なお，租税自費自弁説については，槇原博『現代行政法の諸問題』215頁（有斐閣1980）も参照。
(11) 租税特別措置法41条の15《先物取引の差金等決済に係る損失の繰越控除》1項は，「確定申告書」を提出する居住者が，その年の前年以前3年内の各年において生じた先物取引の差金等決済に係る損失の金額を有する場合には，当該先物取引の差金等決済に係る損失の金額に相当する金額は，当該確定申告書に係る年分の同項に規定する先物取引に係る雑所得等の金額を限度として，当該年分の当該先物取引に係る雑所得等の金額の計算上控除する旨規定している。ここにいう「確定申告書」には，次に示す同条5項において準用する所得税法123条1項の規定による確定損失申告書を含む（措法41の15①括弧書き）。そして，同条5項は，所得税法123条1項の読替え規定を用意している。読替え後の所得税法123条1項によれば，租税特別措置法41条の15第5項により，所得税法123条1項が準用されることになるのであるが，租税特別措置法41条の15第1項括弧書きが「第5項において準用する」所得税法123条1項の確定損失申告とは，準用されているとはいっても，「確定損失申告」であることには変わりがない。準用とは，必要な変更を加えた上で規定を働かせようとする法令用語であるが（田島信威『最新法令用語の基礎知識〔3訂版〕』88頁（ぎょうせい2005)），「必要な変更」とは読替え規定の内容そのもののことを指しているのであるから，読替え規定以上に変更が加わっているわけでは決してないのである。
　すなわち，先物取引に係る損失の繰越控除の制度を受けるための「申告書」には，①所得税法上の確定申告書（確定所得申告書，還付申告書，確定損失申告書およびこれらの期限後申告書）のほか，②その年の翌年以後においてこの特例の適用を受けようとする場合で，所得税法上の確定申告書を提出すべき場合および還付申告書または確定損失申告書を提出することができる場合のいずれにも該当しない場合に提出できる確定損失申告書，すなわち所得税法123条1項の規定を準用した確定損失申告書（措法41の15⑤）が含まれることになるのである。このことから，先物取引に係る損失の繰越控除の制度を受けるための確定損失申告書の提出が所得税法120条《確定所得申告》1項柱書きに規定する「第三期」を徒過した場合の当該申告書は，期限後申告書と整理されると理解

してよかろう。
⑿　なお，この判決は上告されたが，最高裁昭和42年5月26日第二小法廷判決（訟月13巻8号990頁）は，「『修正申告による課税』処分無効確認の訴えは，法律上存し得ない処分の取消しを求めるものであって，不適法といわざるを得ない。」と論じている。判例評釈として，伊藤義一・税通33巻14号216頁（1978）参照。
⒀　無申告加算税は，申告納税方式により納付の確定することとなる国税について，法定申告期限を徒過してから納税申告書を提出した場合もしくは決定があった場合または期限後申告書の提出または決定があった後に修正申告書の提出もしくは更正があった場合において，これらにより納付すべき税額があるときは，原則として，その税額の15％相当額が無申告加算税として賦課決定される（通法66①）。

　東京高裁平成11年3月25日判決（税資241号402頁）は，「無申告加算税は，申告納税制度を維持するためには，納税者により期限内に適正な申告が自主的にされることが不可欠であることに鑑みて，申告書の提出期限内にされなかった場合の行政上の制裁として課されるものである」とし，国税不服審判所平成20年6月12日裁決（裁決事例集75号61頁）は，無申告加算税について，「無申告による納税義務違反の事実があれば原則としてその違反者に対し課されるものであり，これによって，当初から適法に申告，納税した納税者との間の客観的不公平の実質的な是正を図るとともに，無申告による納税義務違反の発生を防止し，適正な申告納税の実現を図り，もって納税の実を挙げようとする行政上の措置」であると論じている。

　このように，無申告加算税は，申告納税制度を維持するための「行政上の制裁」あるいは「行政上の措置」とされている。また，国税不服審判所平成18年10月27日裁決（裁決事例集72号33頁）は，「無申告加算税は，申告納税方式を採用する国税において，納税者が自己の判断と責任においてすべき確定申告の納税義務を確定させる重要な意義を有することから，期限内申告書が提出されなかった場合に，適法にこれを提出した者とこれを怠った者との間に生じる不公平を是正することにより，申告納税制度の信用を維持し，もって適正な期限内申告の実現を図ることを目的とするものと解される」とする。

　さらに，国税不服審判所平成元年6月8日裁決（裁決事例集37号1頁）は，「無申告加算税は，納税者自らその責任と計算において，課税標準及び納付すべき税額を算出し，これを申告して第一次的に納付すべき税額を確定させるという申告納税制度の下で，適正な申告をその法定申告期限内に行わない者に対し，無申告加算税の賦課という制裁を加えて，申告秩序の維持向上を図るべく措置されているものと解される。」と論じている。

　このように，無申告加算税は納税申告義務違反に対して課される行政制裁の措置であり，その機能としては，適正な申告を行った者と不誠実な者との間の衡平を図ることをも期待されているといえよう。すなわち，適正な期限内申告の実現を図ることを目的とするものが無申告加算税であるということができる。
⒁　この点については，酒井克彦「申告に係る加算税・納付に係る加算税―附帯税制度における加算税の役割」中央ロー・ジャーナル11巻4号21頁（2015）参照。
⒂　判例評釈として，品川芳宣・TKC税研情報13巻7号64頁（2004），同・税研118号85頁（2004）など参照。
⒃　判例評釈として，一杉直・税通38巻15号296頁（1983），石川隆・税通33巻14号242頁（1978），野崎悦宏・租税判例百選〔第2版〕136頁（1983）など参照。

(17) 判例評釈として，扇沢義弘・税務事例8巻3号22頁（1976）参照。
(18) ただし，法人税に係る純損失等の金額で当該課税期間において生じたものを増加させ，もしくは減少させる更正または当該金額があるものとする更正は，①の期限から9年（平成30年4月1日以後に開始する事業年度については，10年）を経過する日までにすることができる（通法70②）。なお，更正をすることができないこととなる日前6か月以内にされた更正の請求に係る更正，または当該更正に伴って行われる加算税についてする賦課決定は，当該更正の請求があった日から6か月を経過する日までにすることができる（通法70③）。
(19) 前述のとおり，平成15年度の改正によって，贈与税についての更正決定の除斥期間が，申告書の提出期限から6年を経過する日まで延長されている（相法36①一，二）。これは，贈与税について，従来からの贈与税と相続時精算課税制度に係る贈与税とが併存することになり，従来の除斥期間では賄いきれない事態の発生が予測されたためであると説明されている（金子・租税法969頁）。また，贈与税の過少申告または無申告に係る加算税の賦課決定は，納税義務の成立の日から6年を経過する日までに行うことができる（相法36①三）。なお，偽りその他不正の行為によりその全部または一部の税額を免れ，もしくはその全部もしくは一部の税額の還付を受けた贈与税についての更正または決定およびそれに伴う加算税の賦課決定は，申告書の提出期限から7年を経過する日まで行うことができることとされた（相法36③一，二）。
(20) この場合における課税標準申告書の提出を要する国税で当該申告書の提出があったものに係る賦課決定（減額の賦課決定を除く。）については，3年に短縮されている（通法70①）。

Tax Lounge　ペット投棄事件

埼玉県飯能市の山林などに犬など約100匹の死体が遺棄されていた事件が発生した。報道によると，ペット葬祭業者が「死体を火葬して骨に返す」と飼い主に約束しながら，預かった死体を繰り返し不法投棄し，偽って別の骨を渡していたという（平成22年4月8日付け読売新聞）。元町会議員であったこのペット葬祭業者には詐欺罪の適用も視野に入れた捜査が実施された。

被害者の1人である女性は飼い犬パグの「グー」を「自分の子と同じように育ててきたのに。あの子たちがかわいそうで，いたたまれない」と心境を新聞記者に語っているが，法律的にみれば，これは廃棄物処理法違反ということになる。被害者としては，このコメントにもあるように，人間と同じように接してきたようであるが，法律的には，犬の死体は「廃棄物」である。

宗教法人が行っているペット葬祭業が収益事業に当たるかどうかが争点とされた租税訴訟がある。裁判所は，ペットの死体を焼却することを約する事業は，死体の焼却についての「請負業」に該当し，ペットの遺骨を利用者の依頼に応じて，設置している納骨堂内の納骨箱において保管することは「倉庫寄託業」に該当すると判断した。また，塔婆，プレート，骨壺，袋，位牌，石版，墓石の交付は「物品販売業」に該当するというのである（名古屋高裁平成18年3月7日判決・税資256号順号10338）。人間と同じように扱われてはいないのである。

第3章
発展的議論

9 パブリック・ポリシー理論

はじめに

　所得税は，担税力の増加という経済的結果に着目して課されるものであり，とりわけ解釈論においては中立的な立場であるべきと思われる。この点，金子宏教授も，「課税はモーラルな観点からは全くニュートラル」として中立性の考え方が所得税法に内在する点を示される（金子「租税法における所得概念の構成」同『所得概念の研究』103頁（有斐閣1995））[1]。例えば，違法な原因による不法利得が課税の対象とされている点からも中立的な態度を看取することができよう（**6**—108頁参照）[2]。

　しかしながら，一方で，いわゆる脱税協力金については，これまで多くの裁判において，必要経費性や損金性が否定されてきたし，加算税や罰則の必要経費性や損金性を否定する根拠といわれているパブリック・ポリシー（public policy）という考え方も示されている。これらのことを考えると，中立性の意味するところを理解することは必ずしも簡単ではないように思われる。

　このことは，違法支出に対する経費性議論と大きく関連を有する問題であり，このあたりを検討することは，経費性議論の1つの重要な切り口であるとも思われる。

　そこで，ここでは，いくつかの裁判例などの検証を通じて，違法支出に対する経費性議論について若干の考察を加えることとし，パブリック・ポリシー理論の検討まで議論の裾野を広げてみたい。

(1) 脱税協力金と経費
ア 公正処理基準と脱税協力金の損金性

　脱税のために支払った脱税協力金の法人税法上の損金性に関しては，問題解決にたどり着いたといえるかについては疑問があるものの，すでに最高裁の判断が示されるなどして，少なくとも議論の素材は提供されている。架空の土地造成工事に関する見積書等を作成した脱税協力者に対する脱税協力金の損金性が争点となったエス・ブイ・シー事件の上告審決定がそれである。

> 　最高裁平成6年9月16日第三小法廷決定（刑集48巻6号357頁）[3]は、「架空の経費を計上して所得を秘匿することは、事実に反する会計処理であり、公正処理基準に照らして否定されるべきものであるところ、右手数料は、架空の経費を計上するという会計処理に協力したことに対する対価として支出されたものであって、公正処理基準に反する処理により法人税を免れるための費用というべきであるから、このような支出を費用又は損失として損金の額に算入する会計処理もまた、公正処理基準に従ったものであるということはできないと解するのが相当である。」として法人税法上の損金算入を否定した。

　そこでは、法人税法22条4項に規定する「一般に公正妥当と認められる会計処理の基準」（公正処理基準）に反するとして損金性が否定されている[4]。

　✍　最高裁は、脱税協力金の損金性を否定するために、「公正処理基準に反する処理を行うための費用＝公正処理基準に反する費用」という規範を定立しているようである。この点、「架空の経費を計上して所得を秘匿することは、事実に反する会計処理」ではあるものの、「脱税協力金の支払を計上することは、事実に合致する会計処理」ともいい得ると考えると疑問も浮かび得る（なお、企業会計上の真実性の原則との関係からの考察として酒井・プログレッシブⅠ80頁以下参照）。

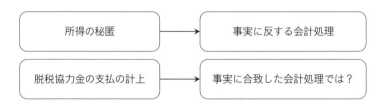

　上記の問題点について、法人税法22条4項の「公正妥当な会計基準」には、法人税法1条（趣旨）の目的とする適正性を包摂した基準があるとみていると最高裁決定を善解することも不可能ではないかもしれない。
　この点、大竹貿易事件最高裁平成5年11月25日第一小法廷判決（民集47巻9号5278頁）は、「法人税法22条4項は、現に法人のした利益計算が法人税法の企図する公平な所得計算という要請に反するものでない限り、課税所得の計算上もこれを是認するのが相当であるとの見地から、収益を一般に公正妥当と認められる会計処理の基準に従って計上すべきものと定めたものと解される」と判示している。このような考え方がエス・ブイ・シー事件最高裁決定にあったとみることも不可能ではなかろうが、決定内容からは判然としないところである。

　このような構成には議論があるものの、公正処理基準が脱税協力金の損金算

入を認めない直接の根拠たり得るとするならば，同基準を有しない所得税法においては，脱税協力金に必要経費性が認められる余地があるということになるのであろうか。

もっとも，脱税協力金の経費性については，(1)上記最高裁決定が採用する公正処理基準による判断枠組み以外にも，多くの立論が考えられる。例えば，(2)そもそも個別税法の基本理念に合致しないという考え方や，(3)脱税協力金にはそもそも経費性（事業関連性）がないという考え方もあり得る。また，(4)脱税協力金がパブリック・ポリシー理論や，(5)クリーンハンド（clean hands）の原則の適用といった英米法に淵源をもつ基本的思想に反するという見解もあり得よう。

次にこれらの考え方を概観してみたい（なお，クリーンハンドの原則については，🔍**4**―70頁参照）。

イ 個別税法の基本理念と脱税協力金

脱税協力金の経費性を否定する立論の1つとして，そもそも個別税法の基本理念に鑑みて認める余地がないとする見解があり得る。

> 上記エス・ブイ・シー事件の控訴審東京高裁昭和63年11月28日判決（判時1309号148頁）[5]は，「法人税法は，納税義務者が同法の定めに従い，正規に算出された税額を確実に納入することを期待し，これを実現すべく，偽りその他不正な行為により，これを免れようとする者に対し，刑罰をもって臨み，納税者相互間における税の均衡を図っているのであるから，本件手数料のような違法支出を法人の所得計算上，損金の額に算入することを許すと，脱税を助長させるとともに，その納税者に対し，それだけ税の負担を軽減させることになる反面，その軽減させた部分の負担を国に帰せしめることになるのであって，国においてこれを甘受しなければならない合理的な理由は全く認められない上，刑罰を設けて脱税行為を禁遏している法人税法の立法趣旨にも悖るので，実質的には同法違反の共犯者間における利益分配に相当する本件違法支出につき，その損金計上を禁止した明文の規定がないという一事から，その算入を肯認することは法人税法の自己否定であって，同法がこれを容認しているものとは到底解されない。もし，違法支出に係る本件手数料を損金に算入するという会計慣行が存するとすれば，それは公正妥当な会計慣行とはいえないというべきである。」と判示する。

このように個別税法の基本理念を基礎とする考え方もあり得よう[6]。

法人税法1条《趣旨》
　この法律は，法人税について，納税義務者，課税所得等の範囲，税額の計算の方

> 法，申告，納付及び還付の手続並びにその納税義務の適正な履行を確保するため必要な事項を定めるものとする。

　この規定からすれば，「納税義務の適正な履行を確保する」ことが法人税法の趣旨であると理解することができそうである。
　しかしながら，個別否認規定が存しないところで，個別税法の基本理念や趣旨から必要経費性を否定することがそもそも可能なのであろうか。租税法律主義の観点からの問題が惹起されるようにも思われるのである[7]。
　そこで考えられるアプローチとしては 2 つのものが考えられる。

㋐　第 1 のアプローチ

　前述の大竹貿易事件最高裁判決の判示するように，法人税法22条 4 項の理解に「法人税法の企図する公平な所得計算」というスクリーンを持ち込むという構成が考えられる。同条項の「一般に公正妥当」という「一般」性の中に，例えば，法人税法 1 条の考え方を持ち込もうとする立場である。この立場は，同条項が「公正妥当な」「基準」であるという点を強調することでより確たる主張につなげようとすることもできる（会社法や商法が「公正妥当な」「慣行」としているのとは異なる。）。すなわち，基準性というスクリーンは法人税法内にあると考えることを可能とする。

㋑　第 2 のアプローチ

　他方，法人税法22条 4 項はあくまでも商法や会社法がいう一般に公正妥当な会計慣行に従うことを示した計算ルールであると考えることも可能である。すなわち，同条項は，「計算されるものとする」としているのであって，どのような費用が損金に算入されるべきかについては述べておらず，その点は，商法や会社法上の「公正妥当な」「慣行」に委ねているとする見地である。すると，法人税法上にスクリーンがあるのではなく，むしろ，公正性や妥当性というスクリーンは「法的」な慣行の中に委ねていると考えることになる。もっとも，商法や会社法は結果的には企業会計原則等の会計処理基準に準拠する姿勢を示しているので，例えば，「継続性の原則」というスクリーンのようなもので公正性や妥当性が担保されることになる。すると，法人税法22条 4 項の基準性はいわば緩いものと解されることになるから，ここには自ずと一定程度の限界が認められる。そこで，脱税経費の損金性の問題は，法人税法22条 4 項によるので

はなく，同条3項によるべきと考える構成が考えられる。これはエス・ブイ・シー最高裁判決が採らなかった立場であるが，同条3項は，「損金の額に算入すべき金額」を規定しているから，スクリーンとしての規範性は「すべき」という文理上の根拠があると考えることができよう。

したがって，この立場からは，法人税法22条3項の「すべき」の判断を，同法1条の適正性基準によって行うことを可能とする。どのように，あるいはいかなる基準によって「すべき」なのかは法人税法1条を根拠に判断するというわけである。また，「算入すべき」という判断を，経費性があるかどうかという観点から論理立てることもこのアプローチは可能にする。費用といえるためには，何らかの収益獲得活動に寄与し得るものというような議論を持ち込むためには，この第2のアプローチが寄与すると考える。

ウ　脱税協力金の事業関連性

また，脱税協力金が所得を得るための支出ではないという点から損金性を否定した判決も散見される[8]。一義的には，かような立論は十分にあり得るように思われる。けだし，そもそも，脱税のための支出は，租税負担を減少させるという意味はあっても収入を得るための支出とはいえないようにも思えるからである[9]。

> 津地裁平成3年9月26日判決（シュト366号26頁）[10]は，「脱税に協力させるために贈与した金銭は，本来の事業の遂行とは何の関係もない単に所得を隠すためのものでしかない」と断ずる。
> また，横浜地裁平成5年8月12日判決（税資204号3484頁）は，納税者が損金と主張する礼金は，「いずれも法人税を免れるため架空の事業経費を算出するために実体のない領収書を作成してもらい，その謝礼金として支払ったものであることが認められ，右は所得を得るためにまたは事業遂行上合理的必要性があるものと認められない」とする。

しかしながら，ここにはいくつかの疑問があり得る。例えば，このような考え方を敷衍すると，同じ租税負担の減少を目的とする特例適用など節税のために必要とされる公文書の取得費用や税理士に対する報酬であっても，それらの支出が収入を得るための支出とはいえないということになるのであろうか。脱税の場合には事業関連性がないが，節税の場合には事業関連性があるというの

であれば，その根拠は判然としない[11]。

　また，そもそも，脱税協力金は本当に事業の遂行とは何の関連性もないのか，あるいは所得を得るために必要な支出でないといい切れるのかという点にも議論の余地はある。脱税協力金の支払が脱税のためあるいは脱税発覚を阻止するためであるとしても，事業遂行との関連性を完全に否定できるかについては難しい場合もあるように思われるからである。脱税協力金の損金性を否定した上記横浜地裁判決の控訴審東京高裁平成6年12月14日判決（税資204号3474頁）は，脱税の動機を「会社が経営不振になった場合に備えて資金を蓄積するとともに，自社ビル新築のための資金を捻出するため」と認定している。そこでは，脱税の動機について，会社が経営不振になった場合の備蓄資金の確保という事業関連性を有するともいえる理由が挙げられているのである。このように事業資産維持や事業用資金の備蓄を目的とする脱税を実施するための脱税協力金の支出について，事業遂行との関連性がないといえるのであろうか[12]。あるいは，単なる事業関連性ではなく，支出された脱税協力金と「適正申告を行う健全な事業経営」との関連性が希薄であるという新たな判断基準が知らず知らずのうちに持ち込まれて，そのメルクマールが事業の遂行との関連性判断の要素とされているというのであれば，その根拠は判然としない。

　この議論は所得税法上の必要経費論にも合致する。所得税法においては，同法37条《必要経費》が「必要経費に算入すべき金額は，別段の定めがあるものを除き，これらの所得の総収入金額に係る売上原価その他当該総収入金額を得るため直接要した費用の額及びその年における販売費，一般管理費その他これらの所得を生ずべき業務について生じた費用」としており，販売費や一般管理費などの間接的経費を認めている。後述するとおり，罰金や科料であっても，所得税法45条《家事関連費等の必要経費不算入等》1項6号なかりせば必要経費性が認められる余地がある。このように考えれば，同法37条の射程範囲は事業関連性の認められる広い範囲に及ぶという理解にもつながり得る。

　このことは，事案の内容に大きく依存するところではあるが，事業関連性のみを根拠として脱税協力金を必要経費から除外する考え方が常に妥当するという理解には無理があるのではなかろうか。

　　エ　違法支出の多様性

　次に，脱税協力金以外の違法な支出の必要経費性についてはどのように考え

るべきであろうか。その中には，暴力団に支払う上納金やマネーロンダリングに関する資金移転の意味を有する支払などから，利息制限法などの経済法違反における違法支出，無免許，無許可の事業者との取引における支払や建築基準法違反など業法に反する支払，契約当事者における契約内容，規約や約款などに違反する支払，税理士が行った税務職員に対する接待費など多くの違法支出が考えられる[13]。そもそも，これら多様な場面における違法支出の取扱いを同時平面的に考察し得るかについては疑問なしとはしない（なお，公序良俗，強行法規に反する行為に係る支出の取扱いについて，岸田貞夫「公序良俗と強行法規の違反」木村＝酒井・租税正義203頁も参照）。本書では，これらの違法支出のうちの一部についてのみ取り上げることとしよう。

✎ 東光商事事件最高裁判決への疑問

株主相互金融方式による株主優待金が損金として扱われるか否かが議論された東光商事事件の上告審最高裁昭和43年11月13日大法廷判決（民集22巻12号2449頁）[14]は，「仮りに経済的・実質的には事業経費であるとしても，そのような事業経費の支出自体が法律上禁止されているような場合には，少なくとも法人税法上の取扱いのうえでは，損金に

Tax Lounge　過払金回収支援をする市町村税務課職員

利息制限法の上限金利（年15〜20％）を超えて借手が支払った金利を過払金という。刑事罰のない出資法の上限金利（29.2％）まではグレーゾーン金利として，消費者金融が貸出金利としてきたところ，最高裁平成18年1月13日第二小法廷判決（民集60巻1号1頁）は，債務者が自己の自由な意思によって制限超過部分を支払ったものということはできないとした。

この最高裁判決は，グレーゾーン金利についての過払金回収の可能性を大きく飛躍させたといえよう。

さて，グレーゾーン金利についての過払金回収問題は，税務執行の場面でも新たなる局面をみせている。

平成21年8月28日付けの朝日新聞によると，市の税務課が滞納者に連絡をして，過払金回収を行う弁護士事務所を紹介した上で，消費者金融から回収した金銭を滞納していた住民税などの納付に回させるというのである。静岡市では平成20年度，滞納者約900人のうち200人あまりが多重債務を抱えていると判明し，過払金を回収した26人から市税など約2,800万円を徴収できたという。税務課の仕事も幅広になっているようである。

なお，地方税回収機構が，この過払金を滞納税に充当することを目的に不当利得返還請求権の差押えを行い，支払に応じない消費者金融業者に対して，取立訴訟を提起した事例において，機構側の主張が認められている（津地裁平成21年10月22日判決・判時2063号95頁）。

算入することは許されない」と判示する。

　この点については，奥野健一裁判官が，「本来，或る支出が資本充実，維持の原則に違反して法律上無効であるかどうかということと，無効な行為によるとはいえ，現実に支出された経費が法人所得の計算上損金に該当するかどうかということとは，次元を異にする別個の問題であるから，かようなことは，本件株主優待金の損金性を否定する理由とはなり得ない」とするのと，松田二郎裁判官が「事業経費の支出自体が法律上禁止されている場合でも，税法上これを損金と認め得る場合があり得ると思う」とする反論が示されている。

　この点，金子宏教授は，我が国の所得税法ではアメリカ内国歳入法典162条にいうような通常必要性の要件（ordinary and necessary）が付されていないことから[15]，「必要な経費であれば控除が認められると解さざるをえない。」とされ[16]，「したがって，違法ないし不法な支出も，別段の定めがない限り，控除を認められることになる」と論じられる（金子・租税法314頁）。

(2) パブリック・ポリシー理論と必要経費論

ア　罰金等の経費性とパブリック・ポリシー理論

　延滞税・各種加算税・罰金・科料・過料等の法人税法上の損金性について，金子宏教授は，「これらの租税公課は，違法行為に対する制裁ないしは一定の行為を抑止するための経済的負担であるから，もし損金算入を認めれば，税負担の減少によってその効果が減殺されるおそれがある。」と説明される。そして，所得税法45条1項3号，5号，6号，8〜12号についても同様の考え方が採られているとする（金子・租税法412頁）。

　この考え方は，パブリック・ポリシーの観点である。すなわち，金子教授は，アメリカには，その控除を認めると公序に反する結果を生ずるような支出の控除は認められないという法理（公序理論）が存在するとし，「法人税法および所得税法が，罰金・科料等の損金算入を認めないのも，同じ考え方によるものであろう。」とされるのである[17]。

イ　パブリック・ポリシー理論を採用する裁判例

　過去の裁判例をみると，パブリック・ポリシー理論の採用は，必ずしも罰金等の経費性の問題にとどまらない。例えば，東京地裁平成元年5月30日判決（税資170号490頁）は，個室付浴場業を営む会社が暴力団に対して支払った顧問料および紹介料の損金性について，「公序良俗に反する支出」であるとして損金性を否定している[18]。また，横浜地裁平成元年6月28日判決（訟月35巻11号2157頁）[19]においても，個室付浴場業を営む会社が，売春防止法違反に基づく摘発を

免れるために捜査当局またはその関係者に対して交付した機密交際費名目の金員について,「犯罪行為摘発を阻止する工作費用を必要経費と認めることは,課税上の問題であるとしても法の理念からして到底許容できるものではな〔い〕」と判示しているのである。

この判決では,機密交際費のほか,九州にある店舗が暴力団の嫌がらせを受けたことから,別の暴力団組織である全国U連盟総会に依頼して嫌がらせ行為を止めさせてもらい,その後毎月または盆,暮に数百万円を支払っていたが,これらの支出については,「原告らの営業維持のための正当かつ相当な支払いであると認めることもできない。」としている。営業用の費用か否かについて,ここにいう相当性がどのような意味をもつのかという点は,更に検討を要する事項のように思われるが,ここで注目したいのは,正当性がないということも指摘されている点である。かような正当性の根拠はやはりパブリック・ポリシー理論に求めるほかないのではなかろうか。

> 東京高裁平成2年1月17日判決（税資177号96頁）[20]は,「A及びBが暴力団員らに支払ったとする所論の右金員は,金銭による無償の供与に当たるので,一見同条の寄付金に該当するかのように見えないでもない。しかしながら,これを同条に規定する寄付金に当たるとして,その支出を右各法人の損金に認容すると,その支出が暴力団の活動を助長する資金となるだけでなく,その分だけ国が法人税を徴収することが出来なくなり,結局,国が企業を介し暴力団に経済的な助成をすることと同じ結果になるので,正規に算出された税額が確実に納入されることを期待し,その実現に罰則をもって臨んでいる法人税法の立法趣旨に悖るばかりか,そのこと自体自己矛盾であって,その不当なことは明らかであるから,所論の支出を法人の損金に算入することにつき,法人税法がこれを是認しているものとは到底解されない。」と判示している。

これはパブリック・ポリシー理論と個別税法の基本理念に反するという考え方をあわせて考慮された判断といえよう。

また,特異な例として,東京地裁昭和61年11月10日判決（税資154号458頁）[21]は,「原告が同社に対し課税免脱の協力金として贈与したものであるとすれば,右契約は民法90条の規定する公序良俗違反として無効というべきであるから,いずれにせよ,損金に該当しないものといわなければならない。」として,公序良俗違反として無効な支払であると認定した上で損金性を否定している。これは,パブリック・ポリシー理論とは異なるが,公序良俗違反を根拠にした否認の判断の1つである[22]。もっとも,公序良俗違反として絶対的無効な契約によ

って得た利得については課税対象とされること（🔍**6**参照）との整合性に関して疑問を挟む余地もあろう。

(3) パブリック・ポリシー理論の解釈論への採用に対する疑問

このように多くの裁判例においてパブリック・ポリシー理論による判断が示されているが，先にみたとおり，エス・ブイ・シー事件あるいは東光商事事件の最高裁の判断は，具体的にかかる理論を明示しておらず，我が国においては，いまだ判例形成された理論とはいいがたい[23]。解釈論にパブリック・ポリシー理論を持ち込むことには，慎重な検討がなされなければならないように思う[24]。担税力に対する純粋な課税を考慮に入れた解釈があるべきであるという立場からも[25]，解釈における中立性の重要性を考える立場からも，同理論の解釈論への導入には慎重さが要請されるのではないかと思われるのである。

さらに，パブリック・ポリシーに反するか否かの判断の根拠自体が明確ではないという点も大きな問題点として指摘しておきたい。先に述べたとおり，一概に違法支出といっても，その違法性の程度や重要性は相対的である[26][27]。

前掲東京地裁平成元年5月30日判決は，「顧問料等の支出先の団体はいわゆる暴力団の組織であって，その支出の主たる趣旨は，右団体に関係する暴力団が原告の営業を違法に妨害しないことの対価であったというのであるから，仮に右支出の事実が存在したとしても，右支出は，不法な行為をしないことの対価であり，公序良俗に反する支出というべきであるから，法人税法上損金として認める余地はない」と判示している。資金が暴力団に行くという意味では経費性を否定すべきということになるのかもしれないが，見方を変えれば，この支払は暴力団に不法なことをさせないための支出でもある[28]。パブリック・ポリシー理論がこれまで必ずしも十分に議論されてきていない段階にあって，何が公序に合致し，何が反するのかという理解が我が国において十分に醸成されているとは思えない[29]。

また，かかる違法性を公序の観点から判断する仕組みを採用した場合に，いかにして判断の正当性を担保するのかという問題もある。いわゆる自己防衛のためにやむなく支出している暴力団への支払がどの程度であれば社会的に糾弾されるものなのであろうか。暴力団が営業する業者との取引はマネーロンダリングの観点からすれば，大きな問題があるとも思われる[30]が，そのような判断

をいかなる基準で行い、必要経費性判断を税務当局がどのような法的基準に従って検討するのか[31]。実際問題としてこのことを眺めると、パブリック・ポリシー理論の解釈論への導入には未解決の問題が少なくないのではないかと思えてならない。

　もっともそのことは、立法論におけるパブリック・ポリシー理論の採用を否定するものでは決してない。

(4)　パブリック・ポリシー理論による立法的解決の重要性

　罰金や科料の必要経費性が、パブリック・ポリシー理論の採用によって、所得税法45条1項6号の明文規定をもって否定されていると理解するということは、そもそもこれらの支出は必要経費に算入される余地があるということを前提とした理解である。平成9年までの旧所得税法45条1項6号は、「罰金及び科料（通告処分による罰金又は科料に相当するものを含む。）並びに過料」と規定していたが、平成10年改正によって、括弧書きが、「通告処分による罰金又は科料に相当するもの及び外国又はこれに準ずる者として政令で定めるものが課する罰金又は科料に相当するものを含む」とされた。それまでは、外国で科された罰金等を支払った場合にも必要経費性を認めてきた事例があったが、外国での罰金を必要経費にすることに国際的なパブリック・ポリシー上の問題が検討された結果の改正であると思われる。このような方向性は是認されるべきである。

　これまで述べてきたとおり、所得税法については、エス・ブイ・シー事件最高裁決定が脱税協力金の損金性否認の根拠とした公正処理基準（法法22④）が規定されているわけではないし、さらに、そもそも必要経費に該当しないという観点から必要経費性を否定することには解決されなければならない問題があると思われる。パブリック・ポリシー理論の解釈論における適用に消極的な立場を採る限り、個別税法の基本理念に反するという点が最も説得的な考え方ではないかと思われるが、それにしても租税法律主義からは問題が突きつけられるところであろう。これらのことを考えると、平成18年度税制改正において法人税法55条1項が規定されたのは正しい方向性であったと思われる[32]。

> **法人税法55条《不正行為等に係る費用等の損金不算入》**
> 　内国法人が、その所得の金額若しくは欠損金額又は法人税の額の計算の基礎とな

> るべき事実の全部又は一部を隠蔽し，又は仮装すること（以下この項及び次項において「隠蔽仮装行為」という。）によりその法人税の負担を減少させ，又は減少させようとする場合には，当該隠蔽仮装行為に要する費用の額又は当該隠蔽仮装行為により生ずる損失の額は，その内国法人の各事業年度の所得の金額の計算上，損金の額に算入しない。
> 2　前項の規定は，内国法人が隠蔽仮装行為によりその納付すべき法人税以外の租税の負担を減少させ，又は減少させようとする場合について準用する。

　これに対して，所得税法は同様の規定を設けておらず，もっぱら解釈に委ねていることには問題があるようにも思われる。

　この点，所得税法37条の規定が法人税法22条3項に比して，「必要性」要件が明確であることから，解釈論上疑義の余地はなく，さらなる明文化の必要はないとする見解も想定し得る[33]が，本当にそうであろうか。

　国連総会において採択された国連腐敗防止条約の実効性を高めるためとの理由があったとはいえ，平成18年度税制改正において，パブリック・ポリシー理論を採用し，公務員に対する賄賂に係る費用の必要経費性が明文をもって否定されたことは是認できる[34]。もっとも，この所得税法45条2項をみる限り射程範囲ははなはだ狭いようにも思われる。違法支出の損金性の議論は古くて新しい問題である。さらなるパブリック・ポリシー理論の立法への導入により，違法支出に関する必要経費の外延が明確化されることを期待したい。

> **所得税法45条《家事関連費等の必要経費不算入等》**
> 2　居住者が供与をする刑法（明治40年法律第45号）第198条（贈賄）に規定する賄賂又は不正競争防止法（平成5年法律第47号）第18条第1項（外国公務員等に対する不正の利益の供与等の禁止）に規定する金銭その他の利益に当たるべき金銭の額及び金銭以外の物又は権利その他経済的な利益の価額（その供与に要する費用の額がある場合には，その費用の額を加算した金額）は，その者の不動産所得の金額，事業所得の金額，山林所得の金額又は雑所得の金額の計算上，必要経費に算入しない。

〔注〕
(1)　ドイツ租税通則法40条は，租税法の法律要件を全部または一部充足する行為が，法律上の命令または禁止に反しもしくは公序良俗に反する場合においても，課税はこれによって妨げられない旨規定している。
(2)　米国の代表的文献として，cf. Frank M. Keesling, Illegal Transactions and the Income Tax, 5 UCLA L. Rev. 26 (1958).
(3)　膨大な判例評釈があるが，差し当たり，武田昌輔・判時1564号224頁（1996），水野忠

恒・ジュリ1081号129頁（1995），佐藤英明・税研106号27頁（2002），青柳勤・曹時48巻5号171頁（1996），佐藤孝一・税通50巻5号201頁（1995）など参照。
(4) また，控訴審東京高裁昭和63年11月28日判決（後掲）においても後述するように公正処理基準による判断がなされている。このように，公正処理基準による判断は，個別税法の基本理念の観点と重なる部分も多い。
(5) 判例評釈として，一杉直・租税判例百選〔第3版〕78頁（1992）参照。
(6) 第一審東京地裁昭和62年12月15日判決（刑集48巻6号396頁）においても，「かりに，本件の如き脱税協力者への支払も広義において事業との関連性を有するもので，事業遂行上必要な費用であるとの会計慣行が存するとすれば，それは法人税法が課税所得の計算に関し容認する公正妥当な会計処理の基準とはとうていなり得ないものといわなければならない。」として，公正処理基準の観点から判断を下しているが，そこでは，次の観点が大きく意味を有しているように思われる。すなわち，「そもそも法人税法は，わが国法人税に関する基本法であって，法人税に関するすべての納税義務者が，同法の定めるところに従って誠実に納税義務を履行するよう期待し，不正行為によって法人税を免れる行為を刑罰をもって禁遏しているのであるから，法人税法は，右不正行為を行うこと及びこれにからむ費用を支出すること自体を禁止しているものと解すべく，したがって，法人が右のような費用を支出しても，法人の費用としては容認しない態度を明らかにしているものと解すべきである。」としているのである。
(7) この点について，奥野健一裁判官は，東光商事事件上告審最高裁昭和43年11月13日大法廷判決（後掲）において「租税法律主義といえども，課税技術や徴税政策上の必要から，性質上は合理的な事業経費と目すべきものであってもそれを損金に算入しないことにしたり，性質上は益金の処分に属すべきものであってもそれを損金に算入したりすることを全然否定するわけではない。しかし，それは，法の明文により，しかも，かかる措置が窮極的には租税公平負担の原則に副うことになるという限度においてのみ認められるに過ぎないものであって，もとより，一片の行政通達や解釈によって法の不備，欠缺を補うがごときことは，許されないといわなければならない。」と指摘される。
(8) 東京地裁平成2年3月29日判決（税資185号1421頁。控訴審東京高裁平成3年10月28日判決・税資185号1387頁）など参照。なお，前述のエス・ブイ・シー事件の控訴審東京高裁昭和63年11月28日判決は，「損金とは，一般的には，法人の純資産の減少を来すべき損失を指すものと解されており，そして，同法〔筆者注：法人税法〕22条3項各号に規定されている原価，費用及び損失がこれに当たることは明らかであるが，純資産の減少を来す損失の総てが当然に法人の所得金額の計算上，その損金の額に算入されるものと解すべきではない。しかも，一般に，同法22条3項1号の原価とは，その事業年度の益金の額に算入された収益に対応する原価をいい，同項2号の費用とは，収益と個別的に対応させることの困難ないわば期間費用であって，事業活動と直接関連性を有し，事業遂行上必要な費用をいい，同項3号の損失とは，火災，風水害，盗難など，企業の通常の活動と無関係に発生する臨時的ないし予測困難な外的要因から生ずる純資産の減少を来す損失をいうものと解されているところ，本件手数料の支払いが被告会社Aの純資産の減少を来すことは昭らかである上，その支払いにつき，被告会社Aは，土地の造成費として棚卸資産（販売目的の土地）の仕入原価を構成するかのような会計処理をしているので，一見同項1号所定の原価に含まれるようにも見られないではないが，当該事業年度の益金の額に算入された収益に対応するものではないから，その性質上，同項

1号の原価に当たらないことは勿論，同項2，3号の費用や損失にも該当せず，他にこれを損金に算入すべき合理的理由を見出し難いので，結局，本件手数料は，同法22条1項の損金に当たらないものというべきである。」と判示している。

(9) 金子・租税法314頁は，「架空の経費を計上するために行う支出のようなものは，そもそも必要な経費には当たらないと解すべきであろう」とされる。

(10) 判例評釈として，田島都美子・税研48号30頁（1993）参照。

(11) 後述する東光商事事件において奥野健一裁判官が，「いわゆる株主相互金融なるものは貸金業法等による取締を免れるために案出された方式であるから，かかる方式による金融業を営む上告会社の法人税の負担が軽減される結果となるのを見逃すことは正義に反するというようなことから，解釈により，多数意見のごとき結論を導き出すことも許されないと，いわなければならない。」として，違法経費の損金性を否定した多数意見に反論を示している点は興味深い。

(12) なお，米国でも，租税専門家によるタックス・シェルターに関する助言を受けるために支払った支出の必要経費性が議論された事件があるが，そこにおいて，高い税負担を受ける今日において，租税専門家に対する支払に，所得獲得に供される資産管理の機能を認めないということは，滑稽にさえみえるという裁判官の補足意見が付されている点は興味深いところである。See, Merians v. commissioner of Internal Revenue, 60 T. C. 187. FAY. J., concurring; 'In this day of high taxes, when efforts are being made to encourage voluntary compliance with out system of taxation, it seems ludicrous to contend that tax advice of any type is not a proper management function of property held for the production of income.'

(13) 名古屋地裁昭和51年10月27日判決（税資90号289頁）は，税務職員接待のための支出について，違法支出という理由から必要経費性を否定している。

(14) 判例評釈として，差し当たり，清永敬次・民商61巻1号56頁（1969），北野弘久・シュト84号5頁（1969），山田二郎・税通38巻15号22頁（1983），可部恒雄・曹時21巻9号125頁（1969），同・ジュリ418号76頁（1969）など参照。

(15) 違法所得について課税がなされるのであれば，違法支出についても控除されるべきとの立論が米国においてないわけではない。cf., supra note2. "If receipts are to be included in gross income irrespective of the Legality or illegality of their source, consistency requires that expenses, losses and other items should be deductible irrespective of the legality or illegality of the transactions in which incurred. If illegal income is to be taxed, illegal expenses should be deducted. In apparent recognition of this basic principle, the various income tax acts have contained no provisions which either expressly or impliedly suggest that the legality or illegality of expenses and other items are relevant in determining their deductibility. Nevertheless, over the years, the courts and the Treasury Department have, in literally hundreds of case and rulings, drawn such a distinction." "As a consequence, deductions have been disallowed for the following items, among others: fines and penalties incurred in the operation of illegal businesses; attorney's fees and other expenses incurred in the unsuccessful defense of criminal charges arising out of the operation of such businesses; rent, salaries and similar expenses of operating bookmaking and other gambling establishments; bribery and protection payments; expenses of abortionists,

including payments for referral of business and the cost of medicines and drugs; losses incurred in the operation of a usurious loan business: obsolescence of property resulting from outlawing of a business formerly legal; and salary payments in excess of ceiling prices."

⒃　通常必要性を論じる判決もある。例えば，青森地裁昭和60年11月5日判決（税資147号326頁）は，所得税法37条にいう必要経費とは，客観的にみてそれが事業の業務と直接関係をもち，かつ，業務の遂行上通常必要な支出をいうと判示する。なお，控訴審仙台高裁昭和61年10月31日判決（税資154号413頁）および上告審最高裁昭和62年7月7日第三小法廷判決（税資159号31頁）においても第一審の判断は維持されているが，通常必要性については論じられていない。また，法人税法違反事件として，大阪地裁昭和50年1月17日判決（税資85号152頁）も参照。

⒄　なるほど，米国においては，租税負担の軽減を図ることだけを目的としてなされた租税専門家の助言に対する支出については，控除できないと判断されているようである。cf., James A Dooley v. Commissioner, 332 F2d 463.

⒅　もっとも，東京地裁は，後に3で示すようにパブリック・ポリシー理論のみで解決を図ろうとしているわけではない。

⒆　判例評釈として，碓井光明・ジュリ970号111頁（1990），中尾巧・民事研修397号40頁（1990），末原雅人・訟月35巻11号121頁（1989）など参照。

⒇　原審東京地裁昭和62年12月24日判決（判時1272号159頁）は，「同法37条1項所定の必要経費とは，客観的にみて事業の遂行上必要な費用に限られるべきところ，…各金員の性質は，特定の給付又は役務の提供に対する対価としての意味を持たないものであるから，所論のように警備費ないし環境保全対策費たる性質を持つものではなく右の対価関係を持たない寄付金類似のいわゆる上納金であると認められ，したがって同法所定の必要経費にあたらない」とし，また，「暴力団への上納金を損金として認容すれば，国が企業を介して暴力団に補助金を出す結果を是認するもので，到底認容しがたい。」と判示する。この点について，三木義一教授は，「上納金の損金性が否定され，申告してもメリットがないのでその支出の事実が秘匿されることになると，受け取る暴力団への課税がますます困難になり，支出した者の負担で利得した者の負担が軽減されるということにもなりかねないようにも思われる。」とコメントされる（三木「不法利得課税論」金子宏編『所得税の理論と課題〔2訂版〕』118頁（税務経理協会2001））。

(21)　控訴審は東京高裁昭和62年4月30日判決（税資158号499頁），上告審は最高裁昭和63年3月31日第一小法廷判決（税資667号92頁。判例評釈として，佐藤英明・ジュリ938号84頁（1989）参照。

(22)　事件は，土地の売買契約破棄による違約金名目として課税を免れることを目的とした取引において，その一部を返還した場合の金員の取扱いが争われたものである。公序良俗違反を無視した課税を行う反面で，公序良俗違反を根拠とした損金の否認が是認されることについては，慎重な議論が要請されよう。

(23)　むしろ，最高裁はパブリック・ポリシー理論による判断を避けたのではないかとも推察できる。

(24)　反対説として山田二郎教授は，「わが国にも，税法解釈上，パブリック・ポリシーの理論が導入されるべきである。それは，税法上に実定法規がなくても，他の実定法規が禁止していることについては，実定制度のうえに立って統一的に解釈を下すべきといえ

るのであり，租税法律主義に違反するものではないと考える。…違法な経費の控除を認めることは，租税の負担をそれだけ軽くし当該部分の負担を国に帰せしめることになるのであって，違法な経費を国の負担とすることは合理的な法解釈とはいえない。」と論じられる（山田「交際費課税をめぐる問題」田中二郎先生古希記念『公法の理論（下）Ⅱ』1927頁以下（有斐閣1977））。また，木村弘之亮教授は，「強行規定違反または公序良俗違反の場合にも経済的『現実』を直視して，租税法上担税力を斟酌して法律関係を構成し直すことによって，違法なまたは恥ずべき行動が合法なまたは公序良俗に適った行動にくらべ有利にならない要請が，達成されるべきである。違法にまたは公序良俗違反で取得された所得や財産が課税されないままであるとするならば，租税法は，不法や良俗違反を優遇したり，勇気づけたりすることになるであろう」とされる（木村「節税と租税回避の区別の基準」小川英明＝松澤智＝今村隆編『新・裁判実務大系 租税争訟』337頁（青林書院2005））。木村・総則181頁も参照。

一方，中村利雄氏は，「わが国の法人税法の解釈としては，費用及び損失の損金性の有無は，まず，公正処理基準に照らし，企業会計上費用又は損失から除外されない限り，課税所得計算上損金の額に算入されるということである。したがって，簿外寄付金，談合金，賄賂，麻薬の購入代，制限超過の利息等の違法な支出であっても，企業会計上費用性を有するものは，別段の定めのない限り，その損金性を『公序の理論（＝パブリック・ポリシー）』により否定することはできないものといわざるを得ないことになる」とされる（中村『法人税の課税所得計算〔改訂版〕』137頁（ぎょうせい1990））。

(25) 清永敬次教授は，「税法は他の法律による禁止に対して中立であることが一般に承認されており，他の法律による禁止の有無にかかわりなくもっぱら担税力に応じた課税という見地から損益ないし所得が判断されるべき」と述べられる（清永・前掲注(14)68頁）。

(26) 山田二郎教授は，「違法支出といっても，宅建業法や利息制限法に違反する支払いは，契約の効力を認めないという弱い違法であるので，現実に支払っているときは必要経費と認めてもよいが，賄賂のように犯罪行為に当たるような強い違法支出は，パブリック・ポリシーから考えて経費性を認めることはできないと考えるべきである。」とされる（山田「必要経費論」金子宏編『所得税の理論と課題〔2訂版〕』100頁（税務経理協会2001）。

(27) 宅建業法の制限超過の仲介手数料の支払について，制限超過額でも現実に支払った以上必要経費性があるとした判決として，高松地裁昭和48年6月28日判決（行集24巻6＝7号511頁）がある。

(28) 三木義一教授は，「『暴力団に不法なことをさせない』ことが事業上必要な場合もあり得る」とされる（三木・前掲注(20)118頁）。

(29) パブリック・ポリシー理論の射程範囲も明確ではない。例えば，違法な方法で入手した臓器を治療の用に供した場合や違法な医療行為に対する支払の医療費控除該当性や違法建築についての住宅借入金等特別控除の適用問題などをも考察の対象とすると，その射程とするところは相当に広いのではないかとも思われるのである。この点について，碓井光明「米国連邦所得税における必要経費控除の研究（四）―控除可能な経費と控除不可能な支出との区別」法協93巻8号1243頁（1974）参照。

(30) 税制に期待されるマネーロンダリング規制の問題については，本庄資『米国マネーロンダリング―米国財務省・IRS-CI 捜査 基礎研究』298頁以下（税務経理協会2006），岡崎正江「マネーロンダリング規制と税務行政」税大論叢47号229頁以下。

(31) 浅井要「所得税関係のその他の改正」『改正税法のすべて〔平成18年版〕』225頁（大蔵財務協会2006）は，所得税法45条改正について，「本条文においては，一定の利益の定義として刑法の賄賂等といった概念を引用しているに過ぎないことから，税務執行当局において贈賄罪等の犯罪の成否自体を認定することを求めるものではありません。」と付言している。
(32) 武田・前掲注(3)226頁も立法論的対応を主張される。
(33) 例えば，渡辺淑夫『法人税法〔平成30年度版〕』637頁（中央経済社2018）参照。
(34) 浅井・前掲注(31)225頁は，所得税法37条1項の規定から公務員等に供与する賄賂は必要経費に該当しないことと取り扱われているところ，明確化を図るために規定を設けた旨説明されている。

Tax Lounge　「生活に通常必要な動産」にいう「通常」とは？

　所得税法関係領域では「生活に通常必要でない資産」（所法62）や「生活に通常必要な動産」（所令25）という概念が使われるが，この「生活に通常必要」とはどのような意味を有するのであろうか。自家用車が「生活に通常必要な動産」に該当するかあるいは「生活に通常必要でない資産」に該当するかが争点となったサラリーマンマイカー訴訟（最高裁平成2年3月23日第二小法廷判決・判時1354号59頁）では，これらの概念の意味が大きな問題となったのは有名である。
　さて，所得税法上「生活に通常必要な動産」に係る損害は雑損控除の対象となるのに対して，「生活に通常必要でない資産」に係る損害は同控除の対象とはならない。そこで，これらの概念を理解するに当たって問題となるのが，「生活」のもつ意味である。上記判決では，自家用車が第一審原告（納税者）の仕事にどれほど必要であったかが中心的論点であったが，なぜ「生活」から「余暇」を除かなければならないのかについては疑問が惹起されるところであり，余暇こそが「生活」だという反論も聞こえてきそうである。法は，「生活に最低限必要」といっているのではなく「通常」必要であるかどうかを問うているということを忘れてはならない。そこで「通常」のもつ意味が重要性を有するのである。
　もう1つの問題は「通常」が何にかかっているかという論点である。つまり，例えば，ある自家用車が，多くの国民の「通常生活」に必要かどうかが問題とされるのか，あるいは，その人の「生活」に「通常」必要かどうかが問題とされるのかという点である。
　リフト付自動車が「生活に通常必要な動産」に該当するかどうかは，障害者にとっては必要でもそうでない人にとっては必要ではないということにもなる。
　実際に租税法上には「通常生活」と規定するものもあり（例えば，消費税法18条の「通常生活の用に供する物品」），この規定との違いなどにも関心が寄せられるべきであろう。大多数の人にとっての必要性が求められているとの解釈もあるが，疑問である。

10　私法上の法律構成による否認論

(1)　私法上の法律構成による否認論

　私法上の法律構成による否認論の基礎には，内心的効果意思の合致するところに法律構成をする考え方が介在する。

　　中里実教授は，「課税は，第一義的に私法の適用を受ける経済取引の存在を前提として行われる」ことから，課税を考えるに際しては，当該取引に関する私法上の法律構成のあり方が重要となると説かれる。そして，「課税の前提となる私法上の当事者の意思を，私法上，当事者間の合意の単なる表面的・形式的な意味によってではなく，経済的実体を考慮した実質的なかたちにしたがって認定し，その真に意図している私法上の事実関係を前提として法律構成をし，課税要件へのあてはめを行えば，結果として，狭義の租税回避否認と同様の効果をもたらすことが可能となろう。」と主張される（中里「課税逃れ商品に対する租税法の対応（上）」ジュリ1169号117頁（1999））。

　　また，今村隆教授は，「課税要件事実の認定は，外観や形式に従ってでなく，真実の法律関係に即して認定がなされなければならない」とし，「その結果，当事者が用いた法形式が否定されることがある」とされる。そして，「①そもそも当事者の選択した法形式での契約が民法上成立していると認定できるのか，②あるいは，契約が成立したとしても，その真実の法的性質は，当事者の選択した法形式と一致するか否かが問題とされるべきである」として，契約の法的性質決定による否認の可能性を論じられる（今村「租税回避行為の否認と契約解釈(1)」税理42巻14号209頁（1999））。

> 　映画フィルムリース訴訟パラツィーナ事件大阪高裁平成12年1月18日判決（訟月47巻12号3767頁）[1]は，「課税は，私法上の行為によって現実に発生している経済効果に則してされるものであるから，第一義的には私法の適用を受ける経済取引の存在を前提として行われるが，課税の前提となる私法上の当事者の意思を，当事者の合意の単なる表面的・形式的な意味によってではなく，経済実体を考慮した実質的な合意内容に従って認定し，その真に意図している私法上の事実関係を前提として法律構成をして課税要件への当てはめを行うべきである。したがって，課税庁が租税回避の否認を行うためには，原則的には，法文中に租税回避の否認に関する明文の規定が存する必要があるが，仮に法文中に明文の規定が存しない場合であっても，租税回避を目的としてされた行為に対しては，当事者が真に意図した私法上の法律構成による合意内容に基づいて課税が行われるべきである。」と説示する。そして，「各事業年度に負担すべき租税を後の事業年度に繰り延べる課税繰延も，租税負担の回避に当たることは明らかであるから，課税繰延も租税回避と同様，法文中に明文規定がない場合でも，事実認定・私法上の法律構成による否認という方法により真実の法律関係に基づき課税が行われることには変りはない。」として，私法上の法律構成による否認論を支持する判断を行った。

(2) 私法上の法律構成による否認論と真実の法律関係

このように私法上の法律構成による否認論では，民法における契約の法的性質決定の手法を用いて，両当事者の意思がどこまで合致していたかを探求することにより，真実の法律関係を構成しそれを基礎に課税を行おうとする考え方であるといえよう（🔍後述の**11**複合契約論も参照）。

ところで，一般に，契約の無効または不存在の場合には，その表示された「無効な契約を無視して」課税することが相当であると考えられているが，私法上の法律構成による否認論は，これらの理論とは異なる解釈論を示したものなのであろうか。筆者は，私法上の法律構成による否認論が当事者の内心的効果意思を反映した法律関係に基礎を置く理論と理解される限りにおいては，通謀虚偽表示や仮装行為の場合の課税ルールと必ずしも異ならないのではないかと考える。

> 例えば，私法上の法律構成による否認を肯定したといわれているりそな銀行事件大阪地裁平成13年12月14日判決（民集59巻10号2993頁）[2]は，「所得に対する課税は，私法上の行為によって現実に発生している経済効果に則して行われるものであるから，第一義的には私法の適用を受ける経済取引の存在を前提として行われる。しかしながら，その経済取引の意義内容を当事者の合意の単なる表面的，形式的な意味によって判断するのは相当ではなく，裁判所は，私法上の真実の法律関係に立ち入って判断すべきであって，このような裁判所による事実認定の結果として，納税者側の主張と異なる課税要件該当事実を認定し，課税が行われることは私法上の真実の法律関係に即した課税であり，当然のことであるといえる。」と判示する。そして，「当事者間の契約等において，当事者の選択した法形式と当事者間における合意の実質が異なる場合には，取引の経済実体を考慮した実質的な合意内容に従って解釈し，その真に意図している私法上の事実関係を前提として法律構成をして課税要件への当てはめを行うべきである。」とするのである。

これまでの整理を前提とすれば，通謀虚偽表示や仮装行為の課税ルール（🔍**6**参照）と私法上の法律構成による否認論は，いずれも経済的成果である所得を経済的実質に基礎を置くのではなく，何らかの法的関係に基礎付けて課税を行うという二層的構造認識論（🔍**3**参照）を採用する立場にあることを確認することができる。また，そのことは私法上の有効な契約関係を前提とした課税をするという意味ではなく，契約成立論と親和性を有する当事者の内心的効果意思の合致した法的関係に基づいて課税を行うという点にあることを確認し得るのではなかろうか。

(3) 私法上の法律構成による否認論が解決すべき問題点

もっとも，私法上の法律構成による否認論については，次の3点において留保すべき点が残る(3)。

1つは，当事者の内心的効果意思の合致を探るのは，先にみたとおり通謀虚偽表示や仮装行為の場合であり，これらに当たらない場合にまで，表示主義を無視して意思を探った課税を行い得るのかという問題がある。また，当事者の内心的効果意思の合致に基づく法的関係に基礎付けられる課税ルールが租税法律主義の要請に反するおそれはないかという問題もあろう。さらには，租税回避目的を重要な間接事実とする私法上の法律構成による否認論特有の問題として，そもそも租税回避が重要な間接事実たり得るのかという点である。

まず，1つ目の問題については，すでに岡村忠生教授が，私法上の法律構成による否認論を仮装行為による否認の適用領域の拡大を目指す手段であると指摘され否定的な見解を示されている（岡村「租税負担の回避の意図と二分肢テスト」税法543号7頁（2000））。上記の検討は，租税回避の否認の手法とされている私法上の法律構成による否認論の判断枠組みの基礎と考えられる当事者の内心的効果意思を模索する手法自体が，そもそも通謀虚偽表示や仮装行為の場合における課税の基礎となる事実の模索手法と同根であることからすれば，当然の批判論であるように思われる。

2つ目の問題については，上記りそな事件大阪地裁判決が，「上記の解釈は，要件事実の認定に必要な法律関係については，表面的に存在するように見える法律関係に則してではなく，真実に存在する法律関係に則して要件事実の認定がなされるべきことを意味するに止まり，真実に存在する法律関係から離れて，その経済的成果や目的に則して法律要件の存否を判断することを許容するものではない。この限度で，かかる解釈も，租税法律主義が要請する法的安定性，予測可能性を充足するものである。」と説示している。当事者の真の内心的効果意思に基づいて真実の法律関係に基づく課税が行われる限りは，法的安定性や予測可能性に反することにはならないとする説示が示されているが，もっとも，真実に存在する法律関係から離れているかどうかが判然としないという点が問題なのであって，租税法律主義が要請する法的安定性や予測可能性を充足するかどうかについては，さらに深慮ある検討が要請されよう。

また，3つ目の問題について考えると，私法上の法律構成による否認論を租

税回避目的を重要な間接事実とする裁判官推認ルールと理解すれば，通謀虚偽表示や仮装行為の課税ルールとは異なるという見方もできよう。私法上の法律構成による否認論をそのように捉えるとすれば，問題は，真の内心的効果意思の合致したところを基礎とする課税の是非ではなく，むしろ当事者の内心的意思の合致についての認定作業を，租税回避目的に結び付けて行うことの是非にあるというべきなのかもしれない。

(4) 私法上の法律構成による否認論の限界
ア 租税回避目的の考慮をすることの是非

谷口勢津夫教授は，私法上の法律構成による否認論について，租税回避を当事者が真に意図した私法上の法律構成ではないという経験則を前提として，裁判官の推論ルールを措定する理論的な試みであると位置付けられる。

> 谷口教授は，私法上の法律構成による否認とは，当事者の租税回避目的が「当事者が選択した法形式が真実の法律関係に合致しないことを推認させる『重要な間接事実』であり，当該法形式とは異なる真実の（合理的・自然な）法律関係が別に存在することを強く推認させる」という見解と結び付いた解釈理論であると論じられる（谷口「司法過程における租税回避否認の判断構造—外国税額控除余裕枠利用事件を主たる素材として—」租税32号53頁（2004））。

私法上の法律構成による否認論は，次のような判断枠組みを提示する。すなわち，租税回避目的という経済的に不合理・不自然な目的をもって当事者が選択した法形式は，経験則によれば，取引通念上特段の事情のない限り選択したであろう法形式とは異なる。したがって，取引通念に照らし通常の法形式を想定して定められた課税要件への該当性の判断においては，反証のない限り，真実の法律関係に合致しないものとの経験則が認められるのであれば，通常の法形式に引き直すべきであると考えるのである。

> もっとも，この点について，松原圭吾「租税回避行為の否認に関する一考察—『私法上の法律構成による否認』論の功罪—」税法553号138頁（2005）は，「『私法上の法律構成による否認』論は租税収入極大化を目指す課税庁が主張しているため，予定調査的にまず真実の意思を虚構し，その後それに対応した法形式に引き直すという可能性がある」とし，そのことから，「真実の意思を探求した後，納税者の選択した法形式を引き直すのではなく，その法形式を検討した上で，意思を探求すべきである。」と主張される。

この考え方を前提にすれば，当事者が租税回避目的をもってある法形式を選択した場合，その法形式が真実の法律関係と異なることが強く推認されるので，反証のない限り，その法形式とは異なる，課税要件法上想定されている通常の法形式を規準にして課税の適否を判断すべきであるというような推論ルールが成立する。

なるほど映画フィルムリース訴訟パラツィーナ事件大阪高裁判決では，契約書上，単に原告ら組合員の租税負担を回避する目的のもとに，映画投資事業組合が映画の所有権を取得するという形式，文言が用いられたにすぎないとの認定が裁判における結論を大きく左右したのではないかと思われる。

かように，私法上の法律構成による否認論は，租税回避目的を重要な間接事実として捉えた上での裁判規範としての一般的否認規定を措定しようとする試みであるという指摘もできそうである（谷口勢津夫「私法上の法形式の選択と課税—売買か交換か」『租税判例百選〔第4版〕』41頁（2005））。

しかしながら，このように租税回避目的という取引の意図や目的を持ち込んで契約を解釈することには批判があり得る（谷口・前掲稿「百選」41頁参照）。例えば，岡村忠生教授は私法上の法律構成による否認論を仮装行為による否認の適用領域の拡大を目指す手段と位置付けられ，かかる理論に対して批判的な見解を示される。そして，当事者の真実の意思を否認における構成要件にはないと断じた上で，「なぜ仮装行為の説明では，当事者の意思や意図という語が繰り返され，それこそが課税の基礎を決めてしまうとさえ読めるのか，釈然としない思いが残る」とされる（岡村・前掲稿7頁）。

動機が私法上の意図ではなく，その前提たる意思にすぎないという指摘はあり得るし[4]，そのあたりは，例えばいわゆる航空機リース事件控訴審名古屋高裁平成17年10月27日判決[5]（税資255号順号10180）が「課税額の減少それ自体を取引の手段として本件各事業の当事者の利益を図るものであるとの点は，…契約締結の動機，意図などの主観的要素と効果意思とを混同するものであり，このことを言葉を変えて述べているにすぎ〔ない〕」とするところである。

> さらに同判決は，「控訴人らは，本件各事業は，我が国の租税歳入それ自体を取引対象とし，本件各事業の当事者の利益を図る事業であり，本件各組合契約は，契約当事者の認識や実体と法形式とが大きく乖離する異常な法形式であるかのように主張する。しかし，上記主張も，…動機等の主観的要素と効果意思とを混同し，本件各組合契約は，課税減少効果を目的とする契約であるとして，当事者の認識等をその動機等や経済的側

面のみに着目してこれを理解し，動機等とは別の効果意思の検討を放棄するものである。」と判示している。

　しかしながら，動機たる事項の内容や法律行為と動機との間の牽連性の強さを問題とした上で，その相関関係を基礎として内心的効果意思の模索がなされるということは十分にあり得ると考える[6]。例えば，倒産隔離の議論においても，倒産法の適用を免れるという目的のために売買等の契約形式をとって資産を移転した場合に，真実は売買ではなく，担保権の設定にすぎず，倒産法の適用を受けるとする議論が展開されているようにである（山本和彦「証券化と倒産法」ジュリ1240号17頁（2003）など参照）。

　また，このような考え方は，映画フィルムリース訴訟のほか，他の近時の租税訴訟においても採用されているといえよう。例えば，納税者の主張を認めた三井不動産販売事件東京高裁平成14年3月20日判決（訟月49巻6号1808頁）[7]においても，「当事者によって用いられた契約文言や契約類型が不当に課税を回避すること等を目的としてされた，当事者の真の意図を隠蔽する仮装のものである場合には，当事者の真の意図による取引が存在するものとして扱われるべきことは，意思表示の合理的解釈の見地からも，また実質課税の原則からも，当然のことである。」とするのである[8][9]。

　このように当事者の主観的意図が重要な間接事実たり得ないという点についての批判が必ずしも妥当するとはいえないとしても，問題は，むしろ「租税回避目的＝真実の法律関係でない」という経験則が成り立ち得るのかという点にこそあるのではないかと思われる。

　イ　自由心証主義に対する拘束と経験則の相克

　そこには「租税回避目的」という経済的に合理的な目的をもって当事者が選択した法形式は，経験則によれば，当然に選択した法形式であろうという反論が待ち構えているといえよう。そのことは最近の判決が意識してこれを判示しているところである。

　例えば，岩瀬事件東京高裁平成11年6月21日判決（訟月47巻1号184頁）は，次のように判示する。

> 「むしろ税負担の軽減を図るという観点からして，本件譲渡資産及び本件取得資産の各別の売買契約とその各売買代金の相殺という法形式を採用することの方が望ましいと考えられたことが認められるのであるから，両者において，本件取引に際して，真実の合意としては右の補足金付交換契約の法形式を採用した上で，契約書の書面上はこの真の法形式を隠ぺいするという行動を取るべき動機に乏しく，したがって，本件取引において採用された右売買契約の法形式が仮装のものであるとすることは困難なものというべきである。」

 また，オランダ法人である原告が，原告を含む企業グループが設立した日本法人である訴外Ａ社から受領した金員は，匿名組合契約に基づく利益分配金であり，所得に対する租税に関する二重課税の回避のための日本国政府とオランダ王国政府との間の条約23条に規定する「一方の居住者の所得で前諸条に明文の規定がないもの」に当たるから，我が国には課税権がないなどとして，係争各年度分の各法人税賦課決定等の取消しを求めた事案で，東京地裁平成17年9月30日判決（判時1985号40頁）は，原告がＡ社から匿名組合分配金という名目で受領した金員は，前記条約23条に該当する所得に該当するから，我が国には課税権がないとして，請求を認容した。

> 同地裁は，「Ａ社は，…課税を免れる目的で，Ｂ社とＡ社の間に匿名組合契約を成立させ，また，日本の課税当局から本件契約が匿名組合契約であることを万が一にも否定されないようにするための措置として，Ｂ社の匿名組合員の地位をＡ社の親会社ではない会社に承継させるために，原告を設立し，修正後の本件契約書を作成したということができる。」と認定した上で，「当事者間に匿名組合契約を締結するという真の合意がある場合には，税負担を回避するという目的が併存することから，直ちに当該匿名組合契約の成立を否定することはできない。」と判示する。

 これらの判決においては，むしろ「租税回避目的」は，経済的に合理的な目的であると位置付けられている。すなわち，租税回避目的が真の内心的効果意思であり，それが表示されているということであれば，内心的効果意思に基づく課税自体を否定することが困難にもなろう。この点については，品川芳宣教授も，「契約自由の世界の中で，経済人であれば当然税金のコストが少なくて済む契約を締結するのは，ある意味では合理的な話」とされるところに通じよう（品川「租税回避否認の法理と問題点─最近の学説，裁判例─」『第56回租税研究大会記録』4頁（日本租税研究協会2004））。

かように近時の判決をみると,「租税回避目的」による取引が経済的に非合理的であるとの経験則が本当に成立し得るかについては,慎重な検討が要請されるように思われる[10]。

租税回避目的を合理的取引と位置付けることが妥当かどうかについては,結論を留保せざるを得ないが,ここでは,合理的な取引に反する目的とまではいい切れないとの一応の結論は導出できよう。

(5) 小 括

租税回避事案において裁判所が私法上の法律構成による否認論を採用するかについては注目を集めているが,外国税額控除余裕枠利用事件においても,映画フィルムリース事件においても,最高裁は同理論を採用しておらず,いまだ判例形成には至っていない。

これまでみたように,私法上の法律構成による否認論は,当事者の内心的効果意思の合致するところを探るに当たって,租税回避の経済的不合理性や異常性を基点として裁判官の推論ルールの成立に則る構成を採る理論であると思われる。自由心証主義とはいっても,裁判官は論理則と経験則に縛られる。経験則的には,租税回避目的に基づく取引が経済的合理性を有しない取引とされるのか,あるいはその反対に経済的合理性を有する取引とされるのかという経験則の相克がある。そのような中においては,租税回避目的が重要な間接事実となり得るとしても,租税回避目的を強調することが,場合によっては,きわめて微妙な結論を導き出してしまうという反作用さえあり得る。そのことは最近の下級審裁判例が示しているとおりであり,決してこのことを等閑視することはできないように思われるのである。

〔注〕

(1) 判例評釈として,差し当たり,藤谷武史・租税29号165頁(2001)参照。原審大阪地裁平成10年10月16日判決(訟月45巻6号1153頁)においても,映画フィルムの所有権の取得等を内容とする契約に基づく取引は,その実質において,原告が映画製作会社による映画興行に対する融資を行ったものであって,原告は,映画フィルムの所有権を真実取得したものでなく,租税負担を回避する目的のために,契約書上,映画フィルムの所有権を取得するという形式,文言が用いられたにすぎないことから,映画フィルムの減価償却費を損金の額に算入したことは相当でないとされている。判例評釈として,品川芳宣ほか・TKC税研情報8巻4号1頁(1999),渕圭吾・ジュリ1165号130頁(1999)など参照。本件は上告されたが,最高裁平成18年1月24日第三小法廷判決(民集60巻1号

252頁)において,本件映画は,本件組合の事業において収益を生む源泉であるとみることはできず,本件組合の事業の用に供しているものということはできないから,平成13年改正前の法人税法31条1項にいう減価償却資産に当たるとは認められないとされた。
(2) 判例評釈として,近藤雅人・税通59巻15号246頁(2004)。控訴審大阪高裁平成15年5月14日判決(民集59巻10号3165頁)の判例評釈として,占部裕典・金法1730号32頁(2005),同1731号36頁(2005)参照。上告審最高裁平成17年12月19日第二小法廷判決(民集59巻10号2964頁)の判例評釈として,杉原則彦・曹時58巻6号177頁(2006)参照。
(3) さらにいえば,筆者の見解が意思主義に基礎付けられているという批判が起こり得よう。この点については,表示主義から出発したとしても見解に差異はないと理解している。表示主義に立てば,表示行為から推断される効果意思と真の内心的効果意思に不一致があることを前提に真の法律関係の模索に向かうことになるが,かかる立場に立ったとしても何ら結論を左右するものではない。
(4) 藤谷武史教授は,租税回避目的を,私法上の意図ではなく,その前提たる意思であると論じられる(藤谷・前掲注(1)166頁)。
(5) 主な判例評釈として,差し当たり,増田晋・税理51巻8号63頁(2008),椛島文子・税法559号207頁(2008),中江博行・税研148号38頁(2009),中野修・法研論集〔関東学院大学大学院〕12号63頁(2014)など参照。なお,原審名古屋地裁平成16年10月28日判決(判タ1204号224頁)を扱ったものとして,宰田高志・税研119号96頁(2005),品川芳宣・税研120号86頁(2005),大淵博義・税務事例37巻7号1頁(2005),同8号10頁(2005),川田剛・税通60巻3号35頁(2005),酒井・税務事例37巻5号1頁(2005),同6号8頁(2005)など参照。
(6) 民法の公序良俗論における有力説として,動機たる事項の不法性の強さと,当該法律行為と不法動機との間の牽連性の強さを問題として,その相関関係を民法90条に照らして判断すべきと説く「動機の不法」論がある(幾代説)。また,虚偽表示論においても無目的な外形作出の場合には民法94条の適用が想定されておらず,表意者の追求する目的との関係が議論されている(川島武宜＝平井宜雄『新版注釈民法(3)総則(3)』〔稲本洋之助〕315頁(有斐閣2003))。
(7) 原審東京地裁平成13年3月28日判決(訟月49巻6号1820頁)においては,所得税法が自由に選択可能な売買と交換という法形式間において譲渡所得の計算上の差異を設けている以上,納税者が選択した法形式に従った課税をするのが法の趣旨であるとみるのが相当であり,納税者が選択した法形式を否認して他の法形式を前提として譲渡価額を算定して課税をすることは明文の根拠がない限り許されないと判断されている。判例評釈として,品川芳宣・TKC税研情報10号6号1頁(2001),谷口豊・平成13年度主要民事判例解説〔判タ臨増〕236頁(2001)など参照。
(8) ここにいう「実質課税の原則」とは法的実質課税のことであると思われる。
(9) なお,岡村忠生教授は,選択された法形式こそが納税者の真実の意思そのものであるとされ,意思表示の合理的解釈の余地を与えない(岡村「租税負担の回避の意図と二分肢テスト」税法543号7頁(2000))。
(10) 経験則上,経済合理的な取引であるということになるとその前提は,「あるべき法律行為」の押付けに近いものと評価されることにもなるのではなかろうか。同様の危惧を示す論稿として,末崎衛「『私法上の法律構成による否認』についての一考察」税法550号25頁(2003)参照。

11 複合契約論

(1) 複合契約論的アプローチ

ア 中心的関心事項

　ここでの中心的関心事項は，商品型タックス・シェルターにおける各種の取引を一体のものとみて，金融商品への投資が行われたと認定し得るかという点にある。

　課税が第一義的には，私法の適用を受ける経済取引の存在を前提として行われることから，課税を考えるに際しては，当該取引に関する私法上の法律構成のあり方が重要になると指摘されている[1]。したがって，課税が前提とする私法上の法律関係を理解するに当たり，民事法上の契約論を参考とすることは──当然そこにはある種の慎重さが要請されるであろうが──十分にあり得る。そこで，ここでは，複数の契約から成るスキームをセット商品として認定し得るか否かの検討に当たって，複数の契約を1つの束として捉える民事法上の複合契約論を1つの素材としてみたい。

> 🖉　セット商品としての認定については，複合契約論のほか組織過失論や消極的説明義務論など民事法上の試論はいくつか示されている。セット商品（融資一体型商品）との認定をした節税商品過誤訴訟における消極的説明義務については，酒井克彦「節税商品の特殊性と説明義務（上）・（下）─節税商品取引における勧誘の在り方を求めて─」税通58巻15号193頁（2003），同59巻1号209頁（2004），同「税理士に課される消極的説明義務と業際問題─節税商品取引における租税専門家の役割─」税通59巻10号165頁（2004）参照。

　複合契約論はとりわけ抗弁の接続の議論において発展を遂げている。かかる議論においては厖大な先行業績があり，それを簡潔に観照することは筆者の能力を遥かに超えるが，以下では，抗弁の接続における裁判例を概観し，商品型タックス・シェルターにおける事実認定上の示唆を得ることとする。

イ 抗弁の接続と複合契約論

(ｱ) 裁判例の検討

　第三者与信型消費者信用取引は購入者が商品の購入や役務の供給を受けるに

当たって，信販会社等の与信者から信用を付与されるというように，与信される契約と与信する契約とから成る[2]。かかる取引においては，商品の購入や役務の供給に関する契約に障害が生じた場合に与信者が信用契約と役務提供契約あるいは売買契約とが別個独立した存在であることを主張して融資の返済を迫るといった紛争が多発している。そこで，売主等に対して有する抗弁を与信者に対して主張しその返済を拒むことができるかという，いわゆる抗弁の接続が我が国民法において判例学説上大きく議論されてきた。

　これまでの裁判例において示された抗弁の接続論の代表的な判決を概観しよう。

　例えば，高松高裁昭和57年9月13日判決（判時1059号81頁）は，当事者双方とも本件売買契約の目的物である機械に欠陥がないことが重要であることを表示してその意思表示をしたことを推認でき，購入者Yは欠陥を知らずに売買契約を締結したのであり，この欠陥のため取引の目的を達成することが事実上不能であるので，各契約はYの錯誤により無効になるとした。そして抗弁の切断条項については，販売者Aと信販会社Xが経済的に密接な関係にあることを認定した上で，両契約は法律上は別個でも取引上密接不可分の関係にあり，機械の安全性を信用して立替払契約を成立させたYが同条項によりこの欠陥をXに主張できないことまで考えて同条項に合意したとは考えられないことから，本件に抗弁の切断を認めるのは取引上の信義則に反し，また同条項による抗弁の切断を認めることは公序良俗に反するとした。

　また，松江簡裁昭和58年9月21日判決（判時1119号131頁）は，販売業者Aと信販会社Xとの間では加盟店契約が締結され，Aが一括して売買契約と立替払契約の締結手続を行っていたこと，両契約は一方が成立しなければ他方も成立しない関係にあったことから，AとXと購入者Yとの間には両契約を不可欠の構成部分とする1個のクレジット販売契約が締結され，両契約は成立上，効力上，履行上，完全な牽連関係に立つとして，Aの履行不能による売買契約の解除に伴い立替金支払債務が消滅するとし，また両契約は1個のクレジット販売契約の不可欠の構成部分であることやXがAによる引渡しを何ら調査しなかったことから，Xによる抗弁切断の主張は信義則に反するとした。

　このように考えると，抗弁の接続論においては，販売業者と信販会社との密接不可分性や牽連性などが重視されているように思われる。

さらに進んで京都地裁昭和59年3月30日判決（判時1126号84頁）は，販売業者と信販会社がともに一体の関係にあると認定している。

売買契約と立替払契約は一方のみでは存在し得ないきわめて強い存続上の牽連関係に立っていること，Xが商品の所有権を留保していること，XとAは取引を通じて経済上の利益を共有し，立替払契約の締結手続をAが代行していること，以上から，形式上はともかく取引の実態としては両契約は一体のものであり，Yからみれば，XとAはいわば売主側の者と観念すべきである等として，XはYとのクレジット契約における信義誠実の原則により，Aの債務不履行に関わるYの抗弁につきAと同一の負担を甘受すべきであるとしている。

図表1

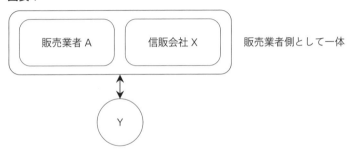

✎ このような理解はそのほかの裁判例においても看取し得る。
　例えば，福島地裁昭和59年6月27日判決（判時1137号119頁）においても，XとAは取引を通じて利益を享受しあう関係にあり，両者は経済的に一体として売主側に立つことや，立替払契約は売買契約を前提として締結されるものであり，立替払契約のみが独立して締結されることはあり得ないことから，販売業者の履行がなされていないのに売主側である信販会社が立替金の支払を求めることは信義則に反し許されないとしている。

第三者与信型消費者信用取引における抗弁の接続論は，昭和59年の割賦販売法改正によって抗弁の接続が明文化されたため紛争は減った。

しかし，その後，通常の売買契約などを前提とした事例が散見されるようになった。最高裁平成8年11月12日第三小法廷判決（民集50巻10号2673頁）（以下「最高裁平成8年判決」という。）を中心とする判例は，売買契約と会員契約の取引全体を達成しようという当事者の意思に由来する相互依存関係のみに注目して契約間の影響関係を認めるようになってきている。

> 最高裁は，「同一当事者間の債権債務関係がその形式は甲契約及び乙契約といった２個以上の契約から成る場合であっても，それらの目的とするところが相互に密接に関連付けられていて，社会通念上，甲契約又は乙契約のいずれかが履行されるだけでは契約を締結した目的が全体としては達成されないと認められる場合には，甲契約上の債務の不履行を理由に，その債務者が法定解除権の行使として甲契約とあわせて乙契約をも解除することができるものと解するのが相当である」と説示した。

✍ XはYとの間でいわゆるリゾートマンションの区分所有権の売買契約とスポーツクラブの会員契約を締結し，その代金を支払った。本件クラブの会則等によれば，本件マンションの区分所有権を購入するときは必ず本件クラブに入会しなければならず，これを他に譲渡したときはその会員たる地位を失うとされており，マンションの区分所有権の得喪とクラブの会員たる地位の得喪とは密接に関連付けられていた。事件は，その後，本件スポーツクラブの施設とされていた屋内プールが完成予定日を過ぎても着工すらされなかったことを理由としてXが，本件売買契約および会員契約の解除の意思表示をし，売買代金等の返還を求めて提訴したというものである。

ウ　商品型タックス・シェルターへの当てはめ

これらの判決の考え方を商品型タックス・シェルター事案にそのまま当てはめ，1個の金融商品として認定することに結び付けることが可能であろうか。このことを検討するに当たっては，抗弁の接続論がどのような取引において議論されてきたかを捨象することはできないであろう。

上記の裁判例のうち，昭和59年までの事案では，販売業者と与信者との一体的関係およびこれを中心とした取引に特有の構造を有していることを指摘することができる。通常与信者と販売業者とは加盟店契約関係にあり，この一体的な関係の下で販売業者は与信者からの代金の即時払いという代金即時払契約を締結したのと同様の利益を受け，与信者は手数料名の下に利益を受けるという仕組みになっている。かような仕組みにあって，購入者は構造上劣位に置かれていたと整理し得る。

✍ すなわち，第一に，与信に関する契約を売主が代行することは購入者に両者が契約相手方として一体であるとの誤解を生じさせる。第二に，与信者と販売業者がこの取引により利益を享受しているのに対し，契約が与信と売買に分化されることで購入者は割賦販売に比して特に売買契約上生じた抗弁を切断されるという不利益を受ける。第三に，与信者が販売業者との関係からこの者の信用状態について十分調査可能であるのに対し，購入者は通常この者の信用状態について不知である。結局購入者は与信者と販売業者が両者の一体的関係を中心に作り上げたこの取引の構造の中に取り込まれ，購入者という立場上構造的な劣位に置かれていたといえる。

また，このような事例において問題となっているのはそのほとんどが消費者と事業者との取引であることを指摘し得る。そもそも消費者という属性が有する事業者との関係での固有の劣位に加え，購入者一般の構造上の劣位は購入者が消費者である場合には特に妥当するといえよう。

このように，抗弁の接続を肯定する裁判例を検討すると，購入者が情報劣後にあることや構造上劣位に立たされている状況を斟酌した上での判断である可能性が高い。このことを等閑視するのは妥当ではない。そこでは，裁判所によるパターナリズム的な考慮が働いていたとみることもできるように思われるからである。すると，パターナリズム的な考慮を必要としない租税訴訟に，上記のような複合契約論をそのまま持ち込むことは必ずしも適当ではないといえそうである。

例えば，東京地裁昭和57年2月5日判決（判時1053号138頁）も，信販会社Xが販売業者Aの商品引渡しを保証することは格別負担とはならないとして，抗弁切断条項を無視して抗弁の接続を肯定している。販売業者が倒産した事例である名古屋地裁昭和58年4月20日判決（判時1083号117頁）では，信販会社Xは販売業者Aを十分調査する機会があったのに対し，購入者Yにはその機会がなかったとか，信販会社は商品の所有権を留保している上に商品の瑕疵については無関係に債権行使をなし得るなどその立場が十分保護されていると認定されている。東京地裁昭和59年2月28日判決（判時1143号97頁）は，販売業者の倒産による損失は一購入者にすぎないYよりも販売会社Xに負担させるのが当事者間の公平に適うと判断が下されているのである。また，東京高裁昭和59年6月13日判決（判タ537号137頁）では，購入者Yが商品の引渡しを受けられない危険は販売業者Aが立替払いを受けられない危険より大きかったはずであることなどが考慮されている。

これに対して，最高裁平成8年判決はこれまでの抗弁の接続論が有していた購入者・消費者の保護という性格を有しないことが確認できる。つまり，パターナリズム的な判断はそこには認められないのではないかと思われるのである。

同判決は，契約の個数についてこれを会員契約と売買契約の2つであるとし，その上で両契約の目的が密接に関連付けられ，一方の契約が履行されるだけでは契約を締結した目的が全体として達成されない場合に，民法541条（履行遅滞等による解除権）に基づく一方の契約の不履行による他方の契約の解除を認める。

すなわち同判決は，同一当事者間で結ばれた独立の複数の契約が単一の取引を構成し，各契約がこの取引を達成するために相互依存関係にある場合に，この取引全体を達成しようという意思，つまり各契約を結んだ目的から契約の解除の可否を判断したものといえよう（都築満雄「抗弁の接続と複合契約論2」早法80巻1号160頁（1997））。

エ 複合契約論からの示唆

民法の複合契約論からは，差し当たり，次のような示唆を得ることができるのではないかと思われる。

すなわち，第一に販売者側が一体である必要があるかという点である。セット商品であるとすれば，購入者はさまざまな当事者との契約を締結してはいるものの，事実上は，商品販売者との契約関係があるにすぎないという認定が必要であるようにも思われる。そのためには，少なくとも販売者側に資本提携関係や人的つながりを検出できるかという点が大きな意味をもつのではないかと思われる。

例えば，抗弁の接続が認められた事例を分析すると，松江簡裁昭和58年判決では，販売者と信販会社が加盟店契約の関係にあるとされているし，京都地裁昭和59年判決では与信の契約手続を販売業者が代行しており，また福島地裁昭和59年判決でも販売業者と信販会社が取引を通じて利益を享受しあう関係にあるとして経済的一体性が認定されているのである。また，東京地裁昭和57年判決でも信販会社と販売会社との間には特約店契約による信頼関係が認定されるなど，昭和59年に割賦販売法改正により抗弁の接続規定が新設されるまでの事

図表2

航空機リース事例においてリース契約を締結した航空会社と銀行を販売業者側一体と認定することが可能であろうか。あるいは業務執行者（組合員）も含めて販売業者側一体と認定可能か。

例における裁判所の判断の多くは，販売業者と信販会社との間の緊密性や一体性を認定している。

　より重要な観点として，第二に，各契約が相互牽連性を有するかという点が考慮されなければならないと思われる。例えば，航空機売買契約の締結は，銀行からの融資の実行を条件とするなどといった双務契約の関係にあることが必要であるかもしれない。換言すれば，ある契約が存在しないと他の契約自体が無意味になってしまうという相互牽連関係があるかどうかが検討されなければなるまい。そして，その相互牽連関係については，最高裁平成8年判決では，取引全体を達成しようという当初の締結目的から観察されるべきであると説示されていることに留意すべきであろう。

　すなわち，最高裁平成8年判決は，単一の取引を実現するために複数の契約が結ばれた場合において，うち1つの契約が履行されなかったことにより取引が実現されず，その結果残りの契約が取引全体を達成しようという意思，つまりその締結目的よりみて存在意義を失うに至った場合に，解除という法律構成によってその消滅を導いた判決であるといえる[3]。

　また，前述の東京高裁昭和59年判決では，立替払契約には商品の引渡しが同契約成立直後に行われるとの条項があることや同契約と売買契約とは同一機会に一体的になされていることが認定されており，立替払いと商品の引渡しとが裏腹をなすともいえるなどとして，立替払契約において立替金支払請求権は商品の引渡しを条件として生ずると解するのが相当であるとの判断が下されている。このような判断は，映画フィルムリース訴訟（⚓参照）においてみられた事実関係に類似しているといえないこともない。

　⚓　渕圭吾教授は，パラツィーナ事件控訴審大阪高裁平成12年1月18日判決（訟月47巻12号3767頁）の認定を，「当然に4つの契約（書）をひとつの取引を構成するものと考えている」とし，「ただ，少なくとも契約の成立は認めている以上，いかなる条件でこれらの契約を一体としてみることができるのか示すべきであったようにも思われる。」と指摘される（渕「フィルムリースを用いた仮装行為と事実認定」ジュリ1165号134頁（1999））。
　⚓　このような判断は，Ramsay 事件（W. T. Ramsay Ltd. v. I. R. S.（S. T. C. 174; 1 All E. R. 865, H. L.）.）において採用された circular transaction あるいは linear transaction などの複合契約法理（Ramsay rule）と親和性を有しているのではないかと思われる[4]。中里実教授は，Ramsay rule を，取引の経済的実質を法的形式に優先させるというものではなく，課税上の有無を判断すべき対象である取引の私法上の性格を確定させるに際して，裁判所が，取引全体を一体として観察するものと位置付けられ，「課税逃れ商品の供給者は，当該商品のスキームの全体を一体として仕組んでいるのであり，また，納

税者もそのスキームの効果としての税額減少サービスを購入しているのであるから、これは、裁判所における契約解釈・事実認定の問題として、いわば当然のことにすぎないといえよう。」とされる（中里・タックス262頁）[5]。

　もっとも、複数契約間に密接な関連があるか否かの判断には困難性が付きまとう。例えば、インパクトローン事件松山地裁平成7年2月24日判決（訟月42巻10号2533頁）では、ヘッジ取引と原取引とを別個の取引と認定している。そこでは最高裁平成8年判決が示すような「いずれかが履行されるだけでは締結した目的が全体としては達成されない」という程度の牽連性が認められない事案であったともいえそうである。

> 中里教授は、「一般的な選択可能性と当事者の意思により、ヘッジ取引と原取引を私法上一体とみるべきか否かを判断しようとする立場に立つものである。この考え方を採用すると、原契約にヘッジ契約を付するか否かを選択できない場合は現実にほとんど存在しないであろうから、原契約とヘッジ契約とは、多くの場合に別個独立の契約ということになろう。」と指摘される（中里・タックス258頁）。

　　　松山地裁は、「インパクトローンには、借入時と返済時における為替レートの変動によるリスクを回避するため、先物為替予約が利用される場合がある。このように、先物為替予約は、為替リスクの回避を目的とするものであるが、先物為替予約を付するか否かは、インパクトローンにより外貨を借り入れる者が自由に選択することができ、また、インパクトローンを同時に先物為替予約をしたからといって、先物為替予約によって買い入れた外貨を必ずインパクトローンに係る債務の弁済に充てなければならない訳でもない。」と認定している。

　では、交換か売買かが争われた岩瀬事件東京高裁平成11年6月21日判決（訟月47巻1号184頁）ではどうであろうか。

　　　東京高裁は、「Ｘらにとってもヤマハ企画にとっても、本件取引においては、本件譲渡資産の譲渡あるいは本件取得資産の取得のための各売買契約は、それぞれの契約が個別に締結され履行されただけでは、両者が本件取引によって実現しようとした経済的目的を実現、達成できるものではなく、実質的には、本件譲渡資産と本件取得資産とがＸらの側とヤマハ企画の側で交換されるとともに、Ｘらの側で代替建物を建築する費用、税金の支払に当てる費用等として本件差金がヤマハ企画側からＸらの側に支払われることによって、すなわち右の各売買契約と本件差金の支払とが時を同じくしていわば不可分一体的に履行されることによって初めて、両者の本件取引による経済的目的が実現されるという関係にあり、その意味では、本件譲渡資産の譲渡と本件

> 取得資産及び本件差金の取得との間には，一方の合意が履行されることが他方の合意の履行の条件となるという関係が存在していたものと考えられるところである。」とする。
>
> 　そして，「しかしながら，本件取引に際して，Xらとヤマハ企画の間でどのような法形式，どのような契約類型を採用するかは，両当事者間の自由な選択に任されていることはいうまでもないところである。確かに，本件取引の経済的な実体からすれば，本件譲渡資産と本件取得資産との補足金付交換契約という契約類型を採用した方が，その実体により適合しており直截であるという感は否めない面があるが，だからといって，譲渡所得に対する税負担の軽減を図るという考慮から，より迂遠な面のある方式である本件譲渡資産及び本件取得資産の各別の売買契約とその各売買代金の相殺という法形式を採用することが許されないとすべき根拠はないものといわざるを得ない。」と判示する。

　岩瀬事件東京高裁判決では，このように2つの契約は不可分一体に履行されることによって初めて本件取引による経済的目的が実現されるという認定がなされている。このような認定は密接な取引か否かを取引目的から判断すべきとする最高裁平成8年判決の考え方からすれば，相互牽連性を有していたとみることもできそうである。そうであるにもかかわらず，「どのような契約類型を採用するかは，両当事者間の自由な選択に任されているのはいうまでもない」と判示されており，かかる表示行為を採用することが譲渡所得に係る租税負担の軽減を図るという考慮から根拠があるとして，2つの売買契約を1つの交換契約であるという認定まではたどり着いていないのである。

　これらの租税事件における判断を前提とすれば，租税法領域においては，契約間に相互牽連性が認められたとしても，当事者の選択可能性や自由設計性を前提とした場合の複合契約論の適用は相当に狭いものと理解せざるを得ないのかもしれない。なるほど選択可能性や自由設計性は相互牽連性とは相反する概念であり，選択可能性や自由設計性が高いとすれば相互牽連性は低くなるということがいえよう。かような意味では，これらの認定するところは理解できよう。タックス・シェルターのスキームの多くは自由設計によるのであるから，これら判決の考え方を前提とすると複合契約論の適用には相当な困難が立ちはだかっているということになろうか。もっとも，スキームとして既製され，パンフレットなどによってすでにある程度の契約内容や契約当事者が設計されている商品型タックス・シェルターのような場合には，選択可能性や自由設計性が低いことから，相互牽連性は認められやすいのではないかとも思われるので

ある。

オ 小 括

これまでみてきた昭和59年割賦販売法改正以前の第三者与信型複合契約論や最高裁平成8年判決にみた売買契約型複合契約論は，別の角度からみると前者を三面型複合契約論，後者を二面型複合契約論とみることもできよう[6]。これらのうち，三面型複合契約論は消費者保護の要請に基づくパターナリスティックな判断が基礎にあると看取し得ることから，課税の基礎たる私法上の契約解釈論に直截に接合することには慎重にならざるを得ないように思われる。もっとも，三面型複合契約論においても販売者側を一体として捉えることができるかどうかという二面型複合契約論への落とし込みをしていることを確認したところである。かような意味では，三面型複合契約論も二面型複合契約論の議論に集約することが不可能なわけではない。そこで，差し当たり，二面型複合契約論を基礎として，二当事者間で複合契約を1個の契約として認定し得るか否か，あるいは密接に関連する複数の契約と捉えた上で，その法的効果の面で一体のものとして扱うべきか否かという点に議論をシフトしていくべきであろう。

(2) 契約解釈と事実認定

ア 問題の所在

例えば，匿名組合契約が存在していると，匿名組合員は商法上共同事業者として位置付けられることになるが，匿名組合契約の内容を分析した上で，共同事業者というよりもむしろ利益配当契約における単なる投資家であるという認定があり得るかという疑問が惹起される（以下，本稿においては「契約内在的法律関係論」と呼ぶこととする。）。

さらに，契約内在的法律関係論の検討には，ある1つの契約を解きほぐして契約内容を細分化するという手法を採るが，かかる法律行為の解釈論の是非が議論されよう。

イ りんご生産事業組合事件

りんご生産事業組合事件控訴審仙台高裁平成11年10月27日判決（訟月46巻9号3700頁）は，おおむね次のような判決を下した。

🔺 この事件は，りんご生産事業を行う任意組合の組合員が，当該組合の事業活動に労務を提供し，その対価として支払われた「給与」を当該年分の給与所得として所得税の計

算をしたところ,税務署長がこの「給与」を労務出資に対して支払われた「利益の分配」であり,事業所得に該当するとして更正処分を行ったことに端を発する。

> 仙台高裁は,「Xに支給された右給与は名目上は給与の形式をとっており,その労務内容も管理者Aの指揮命令に服するものであり,格別高度の技術的労務であるとは認められないが,Xが組合員である以上は,その労務の提供も組合の事業活動と無関係なものではありえず,組合の事業活動に参画するという面を捨象することはできないものというべきであり,Xが労務提供の対価として受け取った給与なるものも,その実質は本件組合に発生した事業所得を,組合員であるXに分配するものであると解するのが相当である。」とし,「本件組合は民法上の組合であり法人格を有しないのであるから,組合員たるXが組合との間に雇用契約を締結しようとすれば,Xは一方で雇用契約の被用者としての立場で,他方では総組合員の一人として雇用者の立場で雇用契約を締結するということになり,このような矛盾した法律関係の成立を認めることには疑問がある」と説示した。

佐藤英明教授は,この判断に対して,「もしも,当事者の意思によりそのような『別個の法律関係』を形成しうると考える立場に立つならば,『事業』という目的を持つある種の『事業体』と観念しうる(それだけ『組合』としてのまとまりが強い)民法上の組合は,他の場面に比しても,より強く,そのような個人と個人の集合体との間の法律関係を認めうる事例であるように思われる。この点で判旨…のように断定することには大きな疑問がある」とされる(佐藤「民法上の組合の組合員が受ける『給与』の所得区分」ジュリ1189号123頁(2000))。傾聴に値する主張であると思われる。

その後,この事件は上告された。最高裁平成13年7月13日第二小法廷判決(訟月48巻7号1831頁)において原審は破棄され,組合員Xが組合から受けた分配は給与所得と判断された。

> 最高裁は,「民法上の組合の組合員が組合の事業に従事したことにつき組合から金員の支払を受けた場合,当該支払が組合の事業から生じた利益の分配に該当するのか,所得税法28条1項の給与所得に係る給与等の支払に該当するのかは,当該支払の原因となった法律関係についての組合及び組合員の意思ないし認識,当該労務の提供や支払の具体的態様等を考察して客観的,実質的に判断すべきものであって,組合員に対する金員の支払であるからといって当該支払が当然に利益の分配に該当することになるものではない。また,当該支払に係る組合員の収入が給与等に該当するとすることが直ちに組合と組合員との間に矛盾した法律関係の成立を認めることになるものでもない。」と判断を下した。

導管理論に基づく所得区分の考え方によるのであれば、組合から組合員が受ける利益は組合の行っている事業内容に応じた所得区分となるはずである。しかしながら、最高裁は、当事者の組合契約を否認しないとしても、組合から組合員が受けた利益の所得区分を給与所得と判示したのである。最高裁が、佐藤教授の示す「当事者の意思による『別個の法律関係』を形成しうると考える立場」を採用したのかについては判然としないが、渕圭吾教授は、同判決について「組合員と組合との間に存在する法律関係（おそらくは雇用契約）の存在を認定した」と述べられる（渕「組合員が組合から受ける給与―りんご生産組合事件」『租税判例百選〔第4版〕』65頁（2005））。なお、第一審盛岡地裁平成11年4月16日判決（訟月46巻9号3713頁）[7]では、「本件組合が民法上の組合であって原告がその組合員であるからといって、組合との間に雇用契約等を認める余地がないと解することができないのはいうまでもな〔い〕」としており、任意組合契約を否定せずに雇用契約等を認定し得ることを示唆している。

このように考えると、任意組合契約を否定せずに原告と組合との間に雇用関係的な法律関係の存在を認定することが可能であるということになろうか。

図表3

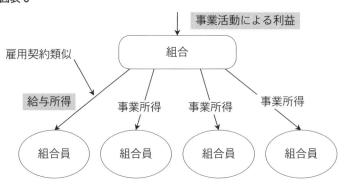

ウ　契約内在的法律関係論

植松守雄氏は、「典型的な匿名組合では匿名組合員は共同事業者というより単なる出資者・投資家と見るのが妥当でありそうである限りその所得区分も、匿名組合営業の内容とは遮断して、出資・投資の対価という側面から判断する方が合理的と考えられる」と論じられる（注解所得税法研究会編『注解所得税法〔6訂版〕』82頁（大蔵財務協会2018））。

この見解は，匿名組合契約の内容の解釈から課税ルールを決するべきとの立場であり，契約の解釈を当然の前提とした見解であるといえよう。すなわち，匿名組合契約には利益配当契約が内在しているのであるが，かかる利益配当契約を前提に匿名組合契約に基づく利益配当を出資者の立場からのそれとみた上で所得区分を決するべきとの主張である。

また，渕圭吾教授も，「匿名組合契約に基づく匿名組合員は，営業者が行う事業の共同事業者でなく，単なる出資者である。それゆえ，営業者段階での事業の種類に基づく所得分類を匿名組合員に引き継ぐべきでない。」と述べられている（渕「匿名組合契約と所得課税」ジュリ1251号182頁（2003））[8]。

これらの見解は換言すれば，取引の法的性質に基づく課税を行うという意味であり，決して法的実質主義から乖離する考え方ではない。取引当事者は取引の有する法的性質が自己が欲する権利を確保する法的効果を有し，かつ自己が欲する権利の実現を阻害しないことの検証をした上でかかる取引に参加するのであるから[9]，取引の法的性質を十分に吟味した上で課税を行うことこそが当事者の内心的意思の合致したところに基づく課税を実現することになろう。かような意味での法律行為の解釈は納税者の予測可能性を侵害することにはならないはずである。

この議論はひとり匿名組合契約に限ったものではない。したがって，仮に任意組合であっても，同様に考えることができるとするならば，任意組合契約を否定せずとも契約内容によっては別の契約としての意味を付することがあり得

図表 4

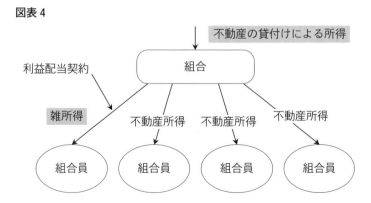

るということになろうか。前述のりんご生産事業組合事件をどのように捉えるかという点に大きく左右されることになりそうである。

エ　小　括

上記において，複数の契約を1つの束として捉え，かかる法律関係を基礎とする課税の可能性を探る構成と，1つの契約に内在する契約内容に従った法律関係を基礎とする課税の可能性を探る構成を示した。

いずれにしても，その法律解釈は少なからず困難性を伴う。法律行為の解釈論的アプローチの限界といってもいいかもしれない。課税が実体に即して行われるということは，表示行為そのものの存在や，さらには表示行為が当該の社会的状況の下で事実として有していた意味を明確に確定するという法律行為の解釈が的確に行われていることを当然の所与としていると思われる。

法律の枠を外れていたずらに経済的な側面のみから課税を行うことは妥当ではない。しかしそのことは，必ずしも表面的な法形式に基づいて課税が行われなければならないということを含意するものではなく，民事法がそうであるように，表示行為の事実として有する意味を確定する法律行為の解釈がさまざまな角度から行われてもよいように思われる。

ここに示した抗弁の接続論など，民事法における法律行為の解釈論には目覚しい発展がある。租税法律関係における事実認定論が民事法上の所産に則って展開されることはあり得るし，それ自体問題視すべき事柄ではないが，一方で租税法律関係における法律行為の解釈論においては租税法律主義の要請を常に意識しなければならないことはいうまでもない。

〔注〕

(1) 中里実「課税逃れ商品に対する租税法の対応（上）」ジュリ1169号117頁（1999）。谷口勢津夫教授は，この点をかなり強調して，法的実質主義の下での私法関係準拠主義を前提に議論を展開される。同教授によれば，課税要件事実のうち，少なくとも私法上の法律関係は，いわば「借用事実」とされる（谷口「司法過程における租税回避の判断構造〜外国税額控除余裕枠利用事件を主たる素材として〜」租税32巻60頁（2004））。金丸和弘「フィルムリース事件と『事実認定による否認』」中里実＝神田秀樹『ビジネス・タックス』406頁（有斐閣2005）も参照。

(2) この契約は商品・役務の供給主体からみれば潜在需要を有効需要に転化することができること，与信者からみれば高い収益を上げられること，購入者からみれば手持ちの現金だけでは手に入れられない商品・役務を手に入れることを可能とするなど，多くの有用性が認められることから広く普及している（都築満雄「抗弁の接続と複合契約論(1)—

我が国における抗弁の接続の再定位と複合契約法理の構築に関する一考察─」早法79巻4号114頁（2004））。
(3)　これまでの判決が消費者という情報劣後者を前提としてパターナリスティックに示された判断であるのに比べて，最高裁平成8年判決が純粋な契約間の関係であることからすれば，「複数契約間一般の関係での普遍性を持ちうる」と評価されているところである（都築・前掲注(2)113頁）。
(4)　Furniss (Inspector of taxes) v. Dawson [1984] 1 A. C. 474において，ブライトマン卿は，Ramsay rule の適用要件として①前もって仕組まれた一連の取引（または複合取引）の存在，②その取引の中に租税を減少させること以外の事業目的をもたない中間ステップが挿入されていることという要件を挙げており，Craven (Inspector of taxes) v. White [1988] 3 All E. R. 495において，オリバー卿は①の要件につき限定を加えている。なお，渡辺徹也「イギリスにおける最近の租税回避事件と Ramsay 原則の動向」税法553号219頁（2005）も参照。
(5)　Ramsay rule の我が国への持込みに懐疑的な立場として，占部裕典「最近の裁判例にみる『租税回避行為の否認』の課題─実体法的・証拠法的視点から─」税法553号316頁（2005）。
(6)　今村隆「租税回避行為の否認と契約解釈(2)」税理42巻15号268頁（1999）は，三面型複合契約論も参考にされるようであるが，一義的にはパターナリスティックな側面から一定の留保を要するのではないかと思われる。
(7)　第一審判決の判例評釈として，森冨義明・平成12年度主要民事判例解説〔判タ臨増〕320頁（2001）参照。
(8)　匿名組合の導管理論に対する疑問を呈する見解として，酒井克彦「匿名組合契約に基づく分配金に係る所得区分─いわゆる航空機リース事件の検討を契機として─」税大ジャーナル2号96頁（2005）も参照。
(9)　宮崎裕子「いわゆるレポ取引の進化と課税」中里実＝神田秀樹『ビジネス・タックス』303頁（有斐閣2005）。

12 租税回避論と私法準拠論

はじめに

　民法学をはじめ多くの法律学では，対象法律に対する回避についての対応が検討されている。

　租税法領域においても同様に租税回避について長らく議論されてきたところであるが，近年，租税回避論はますます活況を呈している。その理由としては，BEPS（Base Erosion and Profit Shifting；税源浸食と利益移転）をはじめとする世界的な租税回避への対応論の潮流もあるし，注目すべき租税回避事例が頻出していることにもあると思われる。

　いまこそ租税回避を正面から議論すべきであろう。租税回避とは，一般に租税法における課税要件の充足を免れることと理解されてきた。また，租税回避が，租税負担の回避を目指す行為であることに鑑みれば，それは正確にいえば，「租税回避の試み」であるといえよう。かかる租税回避の試みを租税法がいかに規律するかという点が今日問われているといっても過言ではないと思われる。

　　📖 谷口勢津夫教授は，すでにこのような視角から議論を展開されている（谷口『租税回避論─税法の解釈適用と租税回避の試み─』16頁（清文社2014））。

　本節においては，租税回避が生じる遠因を我が国の租税法における解釈適用論に求め，それを前提とした場合に，仮に，広範囲の租税回避をターゲットとし得る租税回避否認規定を導入するとしたとき，考え得る租税回避否認規定のうち，一般的租税回避否認規定あるいは包括的租税回避否認規定がいかなる租税回避事例に機能し得るのかを考えることとしたい。なお，本節は租税回避否認規定を創設すべきとの価値判断以前の問題として，租税回避否認規定の有する性質とその効果を検討しようとするものであり，同様の規定の創設議論において克服すべき種々のハードルを無視しようとする趣旨に出たものではないことをあらかじめ付言しておきたい。

(1) 租税回避否認と濫用論
ア 私法制度の解釈適用と租税回避

租税法律主義の下、租税法の事実認定論においては、私法を基礎とした法律関係の認定が一般に広く認識されており（以下、このことを便宜的に「事実認定における私法準拠」という。）、また、法令の解釈適用論においては、文理解釈が何よりも優先されるべきであると考えられている（以下、このことを便宜的に「文理解釈優先主義」という。）。

このことを前提とした上で、租税回避が生じる遠因をあえてこれら租税法の事実認定論ないし解釈論の中に見出すことができるかについて考えてみたい。

(ア) 事実認定における私法準拠の考え方

金子宏教授は、従前、租税回避について、「私法上の選択可能性を利用し、私的経済取引プロパーの見地からは合理的理由がないのに、通常用いられない法形式を選択することによって、結果的には意図した経済的目的ないし経済的成果を実現しながら、通常用いられる法形式に対応する課税要件の充足を免れ、もって税負担を減少させあるいは排除すること」と定義されてきており（金子・租税法〔第21版〕125頁）[1]、この定義は多くの学者が研究の基礎として引用してきた通説的理解である。

> この租税回避の定義は、ドイツ租税法の扱う議論に非常に親和性を有するものであるといえよう（清永敬次『租税回避の研究』76頁（ミネルヴァ書房1994））。木村弘之亮教授は、租税回避を課税要件規定の充足を免れるものとした上で、節税を課税減免規定の要件を充足するものと整理される（木村「節税と租税回避の区別の基準」小川英明＝松澤智＝今村隆編『新・裁判実務大系 租税争訟〔改訂版〕』（青林書院2005）346頁）。

この考え方は、租税法は私法上の法律関係を基礎とするという前提に立っている。すなわち、租税法の基礎とする法律関係を認定するに当たっての規範が私法であることから、選択可能な私法上の法律関係を、課税要件が充足しないように選択することによって、本来の課税要件が充足したとした場合の租税負担を軽減ないし排除することが租税回避である。例えば、後述する岩瀬事件にみるように、資産1（譲渡資産）と資産2（取得資産）の交換という法形式によるよりも、資産1の売却と資産2の購入といった2本の売買という法形式による方が租税負担を軽減することができることから、交換という要件を充足しないように私法上売買という形式を選択したことによる、いわば、私法の選択可能性を利用した私法制度の濫用によってもたらされる租税負担の軽減行為が従来

の租税回避の理解である。

租税法の事実認定を私法規律に依拠するものと考えると，私的自治による契約自由の原則下では，交換を選択するも売買を選択するも当事者の自由に決し得るところであるから，いわば私法制度の濫用により租税回避の試みが行われやすいという問題を指摘し得る。

(イ) **文理解釈優先主義の考え方**

ところで，租税法の解釈論においては文理解釈が重視される。そこでは，租税法律主義という文脈で，適用条文の解釈はできるだけ文理によるべきであって，安易な目的論的解釈は排除されるべきと解する傾向にある。

文理解釈が優先されるべきと解する理由としては，①租税法が財産権の侵害規範であることから，財産権保障を原則，租税負担による財産の拠出を例外と考え，租税法律主義の下，国民が自己同意した法律の解釈には厳格性が求められるべきとの考え方による。この点は，例えば，大阪地裁昭和37年2月16日判決（民集26巻10号2030頁)[2]が，次のように説示するとおりである。

> 「税法の解釈は，税法が課税を目的とするだけでなく，憲法の保障する財産権を課税の領域で保障することを目的とするものであるから，いわゆる租税法律主義の当然の帰結として認識の対象たる法規の文言を離れ，無視し，または文言を置換し，附加することは許されないのであって，課税の目的のため恣意的にその負担の限度を拡大して解釈し，または納税義務者の利益のために縮少して解釈することは許されない。」

また，②租税法律主義は，納税者の予測可能性を担保することを要請しているところ，文理解釈こそがその要請に適うものと解される。この点は，名古屋地裁平成17年6月29日判決（訟月53巻9号2665頁)[3]が，「国民に義務を賦課する租税法の分野においては，国民に不測の不利益を与えぬよう，特に厳格な解釈態度が求められるというべきである。」と説示するとおりである。さらに，③行政裁量の余地を否定し，恣意的な課税を防止するためにも，④納税者が自己に都合のよい解釈をすることを許容せず公平な課税を実現するためにも，文理に従った厳格な解釈が要請されているといえよう[4]。

このように，文理解釈が第一義的な解釈手法であると理解される傾向にあるが，文理解釈のみを至当とすると，租税法制度の濫用という別の問題が惹起され得る。金子宏教授は，前述の租税回避の定義に加え，「租税減免規定の趣

旨・目的に反するにもかかわらず，私法上の形成可能性を利用して，自己の取引をそれを充足するように仕組み，もって税負担の軽減または排除を図る行為」についても，新たにこれを租税回避の定義に加えられている（金子・租税法135頁）。前述のとおり，従来は，木村弘之亮教授が指摘されるように，課税要件の充足を免れて租税負担の軽減を図ることを租税回避といい，課税要件の充足をさせて租税負担の軽減を図る節税とは明確に区分してきたところであるが，ここではその枠組みとは異なる整理が展開されている。

後述する，いわゆるりそな銀行事件は，外国において本来自己が負担する必要のない外国法人税を取引関係者の利益のために自ら納付することで，法人税法69条《外国税額の控除》の規定する外国税額控除の適用を受けようとする事例であった。文理解釈のみを優先すると，本来，自己が負担する必要のない外国法人税の納付であったとしても「納付」することに変わりはないから，同条の適用要件である「納付することとなる場合」を充足することになる。しかしながら，かような租税法制度の濫用が許容されるべきかどうかについては議論があろう。「納付することとなる場合」の意義につき目的論的解釈によって法の趣旨に限定した縮小解釈を展開することが不可能であるとすれば，租税法制度の濫用による租税負担の軽減（この場合は法の趣旨を逸脱した外国税額控除の適用）が行いやすくなるという問題があり得る。

(ウ) 解釈適用の特徴と2つの濫用形態

このように，租税法の事実認定が私法規律のみに依拠するものと考えると，私法制度の濫用という問題が起こり得る。また，文理解釈が第一義的な解釈手法であり，文理解釈のみを至当と考えると，租税法制度の濫用という問題が起こり得る（木村・前掲稿346頁）。

ここに，租税法律関係における2つの特徴的な事実認定論および解釈論が，実は，租税回避における2つの濫用問題に接続し得ることが意識されるべきであると思われる。

  ✍ 金子宏教授は，後述するりそな銀行事件のような事例も私法上の形成可能性の濫用と説明される（金子・租税法525頁）。

図表 1　2つの租税回避論

イ　私法制度の濫用問題

神戸地裁昭和45年 7 月 7 日判決（訟月16巻12号1513頁）[5]は，次のように説示し，法律的形式の濫用，すなわち私法制度の濫用を認定し租税回避を否認している。

> 「税法上においてその所得を判定するについては，単に当事者によって選択された法律的形式だけでなく，その経済的実質をも検討して判定すべきであり，当事者によって選択された法律的形式が経済的実質からみて通常採られるべき法律的形式とは一致しない異常のものであり，かつそのような法律的形式を選択したことにつき，これを正当化する特段の事情がないかぎり，租税負担の公平の見地からして，当事者によって選択された法律的形式には拘束されないと解するのが相当である〔。〕」

同判決が法律の根拠なくして租税回避否認を行った課税処分を適法なものとした点については，賛否が分かれるところであるが，ここでは，「租税回避＝法律的形式の濫用」という位置付けに関心を置きたい（今村隆『租税回避と濫用法理―租税回避の基礎的研究』14頁，116頁（大蔵財務協会2016）参照）。

吉村典久教授は，「私法関係準拠主義からの脱出の試みは徐々に進展しており，取引の一体的把握の考えや租税法規の目的論的解釈（そしてそれによる租税回避行為の否認）の方法は，最高裁判所でも受け入れられるようになっている。」とした上で，「私法帝国主義からの解放の日，租税法学の再独立宣言をすべき日も近づいた」と述べられる（吉村「納税者の真意に基づく課税の指向」金子宏編『租税法の基本問題』246頁（有斐閣2007））。

> 🖉　吉村教授は，「租税回避行為花盛りの状況を前に再び私法のくびきから租税法を解放し，横行する租税回避行為に対し反撃を企てる試み」として，私法上の法律構成による否認論を位置付けられる。しかしながら，その手法は経済的実質主義（経済的観察法）に対するアレルギーによって阻まれ，また，当事者の真意を模索する手法そのものに内在する矛盾（異常な法形式の選択こそが当事者の真意そのものとも認定され得るという矛盾）を包摂したものであったことから，その試みとしては成功していないと評価される（なお，吉村教授の見解として，同「イェーリングは21世紀日本の租税法を救うことができるか？」金子＝中里・租税法と民法145頁も参照）。

このように私法準拠に対する批判がある中ではあるが、既述のとおり、租税法上の事実認定は基本的に私法に準拠すべきとする見解が支配的である。そこでは、まずは私法上の判断によって事実認定が行われることとなり、ひいては、私法制度を濫用したとしても、納税者によって採用された私法形式に一応は準拠した課税関係が構築されることになるのである。

いわゆる岩瀬事件第一審東京地裁平成10年5月13日判決（訟月47巻1号199頁）[6]は、「本件取引は本件取得資産及び本件差金と本件譲渡資産とを相互の対価とする不可分の権利移転合意」として、「交換（民法586条）であった」と認定し、更正処分を適法と判断した。このように租税回避を否認した第一審判決に対して、控訴審東京高裁平成11年6月21日判決（訟月47巻1号184頁）[7]は次のとおり、租税負担の軽減意思を推認し得るとする。

> 「各売買契約と本件差金の支払とが時を同じくしていわば不可分一体的に履行されることによって初めて、両者の本件取引による経済的目的が実現されるという関係にあ〔る〕」とした上で、「本件取引の法形式を選択するに当たって、…交換契約の法形式によることなく、本件譲渡資産及び本件取得資産の各別の売買契約とその各売買代金の相殺という法形式を採用することとしたのは、本件取引の結果亡H側に発生することとなる本件譲渡資産の譲渡による譲渡所得に対する税負担の軽減を図るためであったことが、優に推認できる〔。〕」

すなわち、当事者が1本の補足金付交換契約によらずに2本の売買契約という法形式を選択したのは、租税負担を軽減するためであったと推認したのである。そして、同高裁は、次のように続ける。

> 「本件取引に際して、亡HとY企画の間でどのような法形式、どのような契約類型を採用するかは、両当事者間の自由な選択に任されていることはいうまでもないところである。確かに、本件取引の経済的な実体からすれば、本件譲渡資産と本件取得資産との補足金付交換契約という契約類型を採用した方が、その実体により適合しており直截であるという感は否めない面があるが、だからといって、譲渡所得に対する税負担の軽減を図るという考慮から、より迂遠な面のある方式である本件譲渡資産及び本件取得資産の各別の売買契約とその各売買代金の相殺という法形式を採用することが許されないとすべき根拠はないものといわざるを得ない。」

もっとも、隠蔽仮装により、1本の補足金付交換契約を2本の売買契約としたのであれば、本来の法形式に基づいた課税がなされることは当然であるとし

ながらも、租税負担を軽減するという目的を達成することこそが当事者の内心的効果意思であるとするのであれば、当事者が1本の補足金付交換契約を選択することはあり得ず、当事者の内心的効果意思は、2本の売買契約という法形式を選択することで合致したと認められるから、「本件取引において採用された右売買契約の法形式が仮装のものであるとすることは困難」とするのである。

結果として、東京高裁は以下のとおり判示し、課税処分の違法性を断じたのである[8]。

> 「本件取引のような取引においては、むしろ補足金付交換契約の法形式が用いられるのが通常であるものとも考えられるところであ〔る〕」が、「いわゆる租税法律主義の下においては、法律の根拠なしに、当事者の選択した法形式を通常用いられる法形式に引き直し、それに対応する課税要件が充足されたものとして取り扱う権限が課税庁に認められているものではない〔。〕」

このように当事者間の契約の解釈が争点となったとしても、租税負担の軽減という目的を織り込んで契約解釈の基礎となる当事者の内心的効果意思が認定されており、私法制度上の契約解釈手法による判断が展開されているのである。

かように考えると、私法準拠に基づいた事実認定がなされる限り、私法制度を濫用した租税回避を否認することには困難が伴うといっても過言ではなかろう。

ウ　租税法制度の濫用問題

近時、租税法制度の濫用事例ともいうべき租税回避事例が散見される。そのうち、いわゆるりそな銀行事件上告審最高裁平成17年12月19日第二小法廷判決（民集59巻10号2964頁）[9]は、次のように判示している。

> 「本件取引は、全体としてみれば、本来は外国法人が負担すべき外国法人税について我が国の銀行である被上告人が対価を得て引き受け、その負担を自己の外国税額控除の余裕枠を利用して国内で納付すべき法人税額を減らすことによって免れ、最終的に利益を得ようとするものであるということができる。これは、我が国の外国税額控除制度をその本来の趣旨目的から著しく逸脱する態様で利用して納税を免れ、我が国において納付されるべき法人税額を減少させた上、この免れた税額を原資とする利益を取引関係者が享受するために、取引自体によっては外国法人税を負担すれば損失が生ずるだけであるという本件取引をあえて行うというものであって、我が国ひいては我が国の納税者の負担の下に取引関係者の利益を図るものというほかない。そうする

> と，本件取引に基づいて生じた所得に対する外国法人税を法人税法69条の定める外国税額控除の対象とすることは，外国税額控除制度を濫用するものであり，さらには，税負担の公平を著しく害するものとして許され，ないというべきである。」

ここでは，「外国税額控除制度を濫用」したことから，同制度の根拠となる法人税法69条の規定の適用を否認した行政処分を適法なものと判断したのである。

このような事例は，旧来の講学上の租税回避事例とは性格を異にするものである。なぜなら，租税回避は課税要件の充足を免れるものであるとの理解が学説の通説であるところ，本件は，法人税法69条の課税（減免）要件である外国法人税の納付を海外で行うことにより，外国税額控除の適用を受けようとするものであるところ，課税要件の充足を免れるという行為とは反対に課税（減免）要件の充足をあえて行おうとする行為であるからである。

法の趣旨に反するような目的で課税要件が充足されたのであれば，文理解釈上の要件こそ充足していたとしても，目的論的解釈により縮小解釈を展開し対応することが可能かもしれない。上記りそな銀行事件の第一審大阪地裁平成13年12月14日判決（民集59巻10号2993頁）および控訴審大阪高裁平成15年5月14日判決（民集59巻10号3165頁）[10]では，かような縮小解釈（判決内においては限定解釈）が許容されるか否かが争点となっていたのであるが，最高裁は，そのような縮小解釈には触れずに上記のような判断を展開したのである。

かかる最高裁の判断の法的根拠については議論のあるところである。ここにいう濫用論が権利濫用法理を意識したものであるのか否かについては判然としないが，少なくとも同最高裁は上記のとおり，権利濫用法理という表現を用いていない。目的論的解釈が許容されれば，縮小解釈（ないしは限定解釈）による解決もあり得たとは思われるが，租税法律関係においては一般に文理解釈優先の考え方が支配的であるから，かような解釈に消極的な見解も多いところである。

同最高裁判決を離れると，文理解釈による解釈適用ルールが支配する中にあっては，租税法制度の濫用による租税回避に対する対処にも限界があるといわざるを得ないように思われる（かような意味では，同最高裁判決は極めて珍しい判断が展開されたものとして注目されている。）。

図表 2

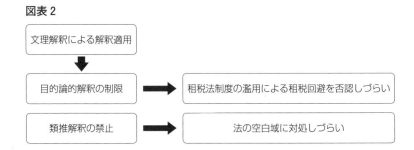

なお，上記の問題に加えて，文理解釈優先主義は，租税法における法の空白域に対応できないという問題も併有している。すなわち，想定していないターゲットが発生した場合の対処においても，文理解釈の壁が立ちはだかる。目的論的解釈については，法目的に合致させる解釈も時にはなされ得るところであるが，後述するように類推解釈についてはこれまで消極に解されてきた。

エ 小 括

いわゆる米国のグレゴリー事件（Gregory v. Helvering 293 U.S. 465（1935））の第2巡回控訴裁判所において，Hand 裁判官が論じるように，「誰もが，租税を可能な限り軽減できるように自らの事業活動を調整することができる。最大の税金を負担させるような当局お勧めの雛形を選択する必要はない。さらに，自らの税金納付をわざわざ増額すべしという愛国主義的な責務を果たす必要もない。」とするとおりであって[11]，私法制度上の選択可能性を使って租税負担の軽減を図ろうとすること自体に問題はないはずである。かような意味では，納税者等が自由に選択した私法上の法律関係に準拠して租税負担が軽減されること自体には問題はなかろう。さりとて，そのことが，租税負担の在り方を論じる上で，私法制度を「濫用」し，あるいは租税法制度を「濫用」して試みる租税回避行為の問題点として，指摘されるべきでないとする論拠になるとは思えない。

(2) 同族会社等の行為計算の否認規定
ア 一般的租税回避否認規定か包括的租税回避否認規定か
(ア) 従来の学説の見解

前述のとおり，旧来の通説は租税回避を私法制度の濫用によるものを前提と

した上で、課税要件の充足を免れる試みとして理解してきた。ここではこのような理解を「旧来の講学上の租税回避」と位置付けておきたい。こうした私法制度の濫用があったとき、かかる私法制度の濫用という「行為」やそれに基づく「計算」を否認した上で課税要件の充足を租税行政庁が認定し得るとすれば、租税回避の試みは意味をなさなくなる。すなわち、これが法人税法132条、所得税法157条、相続税法64条および地価税法32条にいう「同族会社等の行為又は計算の否認」規定である。同規定は、納税者がどのような私法上の法形式を選択したかということにかかわりなく、課税を行う権限を税務署長に付与したものであるから、同権限を行使するということは、私法制度の濫用の効果が租税法上の法律効果に影響を及ぼさないことを意味することになるのである。したがって、同族会社等の行為計算の否認規定の適用下では、私法上の法律関係を基礎とする事実認定がなされないこととなるため、このような租税回避の試みを封じることができるのである。

図表 3

(イ) 試論と検討

もっとも、前述のとおり、近年問題とされている租税負担の回避行為は旧来の講学上の租税回避にのみとどまるものではない。旧来の講学上の租税回避が「私法制度の濫用によって課税要件の充足を免れること」と整理したのに対して、りそな銀行事件は私法制度の濫用による租税回避の試みではなく、租税法制度の濫用事例であるが、仮に、それが同族会社によってなされたものであったとすれば、同族会社等の行為計算の否認規定の適用によって否認され得る事案であったのであろうか。

旧来の学説は、同族会社等の行為計算の否認規定の適用に当たり、同族会社等が行った「行為」の合理性に着目をして、かかる行為の経済的合理性の有無によって判断すべきものとしてきた。すなわち、かかる規定を旧来の講学上の

租税回避をターゲットとした規定であると捉えたことから，換言すれば，これを私法制度の濫用による課税要件の充足を免れることを防止する規定であると捉えたことから，その選択した法律行為に着目をして，それが果たして経済的視角からみたときに合理性を有しているか否かという点から判断して同規定を適用するとの構成を支持してきたのである。つまり，納税者が選択した私法上の法律関係を経済的視角から眺めて合理性があるか否かによって，私法制度の選択が濫用的か否かを判定して，かかる判定のスクリーンを通過しないものが否認の対象となると考えてきたのである。

しかしながら，ここには看過し得ない解釈論上の問題があるように思われる。

第一に，果たして納税者が選択した法形式を経済的合理性で判断することの法的根拠が奈辺にあるのかという点である。そもそも，同族会社等の行為計算の否認規定は，「税負担を不当に減少させたと認められるものがあるとき」が適用要件とされているが，文理上，納税者の「行為」にかかわらず税務署長が更正をすることができるとは規定されていても，納税者の「経済的不合理な行為」にかかわらず税務署長が更正をすることができるという規定振りとはなっていないのである。すなわち，同条は，租税負担の不当減少を要件としているのであって，納税者の選択した法形式が私法制度を濫用しているか否かについては要件として求めていないといわざるを得ないのである。かように，納税者の選択した行為が経済的合理性を有していなければ「税負担を不当に減少させた」といえ，経済的合理性を有していれば，「税負担を不当に減少させた」とはいえないという公式が導出される論拠が必ずしも十分には明確でないのである。

次に，同規定の「不当」の解釈問題に議論をシフトすると，「不当」の意義をなぜ経済的合理性で判断するのかという素朴な疑問が生じる。この点，必ずしも経済的合理性の有無による判断を否定するわけではないが，それのみで判断する事項なのであろうか。かかる規定は「不当」としているのであって，「著しく」と規定していないことからすれば，金額の多寡のみの問題ではないともいえそうであるが，この「不当」性については，当事者が契約に至った経緯や負担が軽減された金額の多寡，租税負担減少に係る故意性などが経済的合理性とともに総合的に判断される必要があるのではなかろうか。

また，旧来の学説は，同族会社等の行為計算の否認規定にいう「行為」に特に着目をしているが，「計算」に対する検討が不十分ではないかという疑問も

ある。同条項にいう「行為」だけではなく,「計算」の側面からも検討がなされるべきではなかろうか。すなわち,当事者が選択した法律関係という「行為」面で捉える規定という側面があるのと同時に,他方で,納税者の申告等において,そもそも法が想定していないような「計算」がなされた場合にも,同規定の適用が検討されるべきではないかと思われるのである。

そこで,次のような試論を提示してみたい。すなわち,納税者の選択した私法制度の法形式としての「行為」と,納税者が適用されるとして申告した租税法制度に基づく「計算」を同族会社等の行為計算の否認規定の適用対象と捉えることが文理上可能なのではないかとの試論である。

図表4

もっとも,同族会社等の行為計算の否認規定にいう「計算」の解釈を巡っては諸見解があり,特に意味を有するものではないとする見解から,行為に包摂されるとする見解まであろう。ここでは,法律趣旨説に従い,すでに相当の時間の経過した条文の解釈は,立法当時の立案者の見解に支配されるべきではないと考えるところから,今日的には,租税負担の不当減少のケースとして,租税法制度の濫用にも適用され得る規定であると解するべきではないかとの立論を提起したい。

別言すれば,旧来の講学上の租税回避が私法制度の濫用による課税要件の充足を免れることにあったとした上で,同族会社等の行為計算の否認規定をかかる場合に適用し得るものと理解していたとしても,その考え方に拘泥する必要はなく,租税法上の同族会社等の行為計算の否認規定はかかる旧来の講学上の租税回避を否認する規定として位置付けるにとどまらず,租税法制度の濫用の場合をも射程とし得る規定であったと解することができると考える。

ここで,前述のりそな銀行事件が仮に同族会社等によってなされていた事例であったとして検討してみたい。そうすると,同族会社等が行った税金の納付行為自体に経済的合理性云々を問うというのはあまりにも座りが悪いのではな

かろうか。納税行為について経済的合理性云々を持ち出すこと自体に違和感を覚えるところである。上記の試論では，この場合にも，租税法の趣旨に合致しない「計算」があった場合には，同族会社等の行為計算の否認の「計算」規定で否認し得ると考えるのである。

もっとも，申告等において各種租税法上の特典を濫用するようなことが，不当なる租税負担軽減行為として否認の対象とすべきとの見解があるとしても，そのような租税負担の軽減が同族会社等の行為計算の否認規定の対象であると解することは，そもそもの立法経緯に合致しないように思われる。すなわち，同族会社等であるがゆえに租税回避を行いやすいという点に，同規定の当初の創設意義があったと解するのが一般的であるが，単独行為が同規定の対象と考えられていたということはその沿革からは導出し得ないように思われるのである。申告計算等によって租税負担の軽減が図られることを対象とした否認規定であるとすれば，そこには，「同族会社等」に限定して規定する意味はないからである。

しかしながら，そのような疑問をもってしても，同条項の射程範囲から，租税法制度の濫用的な「計算」による租税負担の不当な軽減についても適用されるとする解釈論は否定し得ないのではなかろうか。かような「計算」についてのみであれば，同族会社等に限定する必要はないのかもしれないが，そうであるからといって，既存の規定で読める適用範囲を広く解釈することまでは許されないと解しておきたい。

図表 5

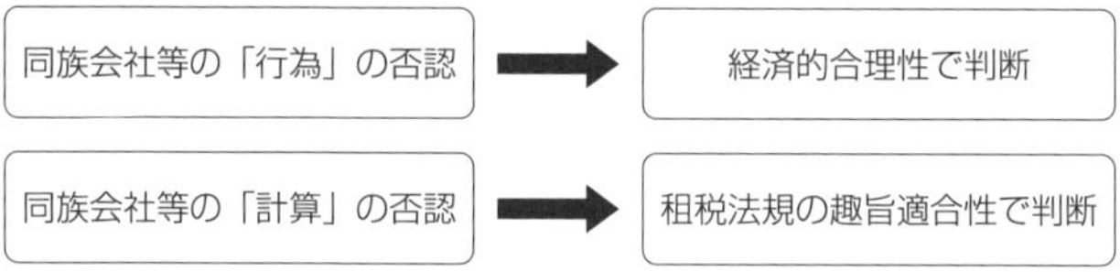

| 同族会社等の「行為」の否認 | ➡ | 経済的合理性で判断 |
| 同族会社等の「計算」の否認 | ➡ | 租税法規の趣旨適合性で判断 |

この試論は，同族会社等の行為計算の否認規定の適用に当たって，必ずしも経済的合理性に拘泥する必要はないという意味ではなく，また「行為」の妥当性がそれによって判断されるという旧来の判断枠組みを否定するものでもなく，同族会社等の採用する「計算」規定たる租税法の適用において，かかる租税法規の趣旨適合性の観点から「税負担を不当に減少させるものと認める」場合に

該当するか否かという判断枠組みについても検討されるべきであるとの所見である。後者の関心事項は、同族会社等の行為計算の否認規定の内部に「包括的租税回避否認規定」としての意味を発掘することにつながり得るのかもしれない。

🖉 もっとも、この試論には次のような乗り越えなければならない解釈論上の問題が付着する。すなわち、例えば、所得税法157条や相続税法64条の適用を考えた場合、これらの規定は、同族会社等が行った「行為」や「計算」を対象としているのであって、申告者たる「納税者」ないしは「納税義務者」が対象とされているわけではないという点である。換言すれば、所得税法157条において、同族会社等が租税法制度の濫用があったといった場合に、かかる同族会社等が直接の納税者ではないという点が看過されてはならない。この点については、どのように説明されるべきであろうか。法人税法上の同族会社等の行為計算の否認規定とそれ以外の同規定との間に解釈論上の径庭を認めることは、租税法規の整合的理解の視角からは、依然として問題があるというべきであろう。ここではこれ以上深掘りしない。

(ウ) **ヤフー事件最高裁判決**

ここで、法人税法132条の2《組織再編成に係る行為又は計算の否認》の規定の適用について争われたいわゆるヤフー事件がこの問題に対する考察の参考になると思われる。この事例は、合併法人の社長を欠損金を抱えた被合併法人の副社長に就任させた上で、合併法人が被合併法人を吸収合併し、法人税法57条《青色申告書を提出した事業年度の欠損金の繰越し》の特定役員引継要件を充足させることによって、被合併法人の多額の欠損金の引継ぎを狙った事例である。ここでは、被合併法人の副社長就任という欠損金引継要件を満たすだけの行為を法人税法132条の2によって否認し得るか否かが争点となった。仮に、同条を同法132条の同族会社等の行為計算の否認規定と同様に解釈すべきということになると、あくまでも同法132条の2は、私法上の選択「行為」を否認した上で、私法上の法律関係に従った事実認定を行うにすぎない規定であると解釈するにとどまることになる。そこで、法人税法132条の2は、旧来の講学上の租税回避に対応するための規定としての意味にとどまるのか、あるいは、包括的租税回避否認規定として、個別規定の要件を充足していたとしても、法の趣旨に合致しないと認定された場合には、個別規定をオーバーライドしてかかる要件の充足をなかったものとする（要件が充足されていないものとして取り扱う）規定であると解釈することができるか否かという点が問題となったのである。

果たして、ヤフー事件の最高裁判決は、同規定を包括的租税回避否認規定と

して位置付けた。すなわち，最高裁平成28年2月29日第一小法廷判決（民集70巻2号242頁）[12]は，次のように判示した。

> 「組織再編成は，その形態や方法が複雑かつ多様であるため，これを利用する巧妙な租税回避行為が行われやすく，租税回避の手段として濫用されるおそれがあることから，法132条の2は，税負担の公平を維持するため，組織再編成において法人税の負担を不当に減少させる結果となると認められる行為又は計算が行われた場合に，それを正常な行為又は計算に引き直して法人税の更正又は決定を行う権限を税務署長に認めたものと解され，<u>組織再編成に係る租税回避を包括的に防止する規定として設けられたものである。</u>このような同条の趣旨及び目的からすれば，同条にいう『法人税の負担を不当に減少させる結果となると認められるもの』とは，法人の行為又は計算が組織再編成に関する税制…に係る各規定を租税回避の手段として濫用することにより法人税の負担を減少させるものであることをいうと解すべき〔である。〕」

このように，同最高裁は，法人税法132条の2を個別規定をオーバーライドするものとして位置付けたということができよう。

同族会社等の行為計算の否認規定についてではあるが，金子宏教授は，個別否認規定と同規定との関係を明確に分ける立場に立たれる。すなわち，法人税法34条《役員給与の損金不算入》2項等が，同族会社にも適用されることから，「現在では，同族会社の行為・計算の否認規定の適用範囲は以前よりもせまくなってきている」旨論じられるのである（金子・租税法536頁）。この見解によれば，法人税法132条を包括的租税回避否認規定として捉える考え方に与しないことになるし，同法132条の2が132条の枝番であることからすれば，同様に考えるべきということにもなりそうである。

ヤフー事件最高裁判決のように，法人税法132条の2を包括的租税回避否認規定と理解した場合には，個別規定を文理解釈したとしても，それがセーフハーバーにはなり得ないことを意味する。したがって，前述のとおり，文理解釈優先主義を採用し続けたとしても，包括的租税回避否認規定がある限り，結局において，法の趣旨に合致させた適用のみが許容されることとなる。このことは見方を変えると，包括的租税回避否認規定によって，実質的には個別規定の目的論的解釈（縮小解釈ないし拡大解釈）による法の解釈適用と同様の効果が担保されることを意味するとの観察を許容することになると思われる。

図表 6

　法人税法132条の2を包括的租税回避否認規定であると整理するとなると，同法132条の同族会社等の行為計算の否認規定についても，同様に包括的租税回避否認規定と捉えるべきとの見解も導き出されるように思われる。すなわち，法人税法132条は同法132条の2が枝番であることからすれば，その性質は共通するはずであるという理屈が再び顔を出すかもしれないのである。

　そのことは措くとして，目的論的解釈に対する消極的姿勢が前提とされる文理解釈優先主義の下においても，その原則的解釈姿勢は維持しつつ，租税法制度の濫用による租税回避の問題に合目的的な対処をすることができることになるという効果は看過し得ないところである。もっとも，これら同族会社等の行為計算の否認や組織再編税制における行為計算の否認の議論は，そもそもその対象が限定されており（後にみるように，SAARないしTAARとしての性質を有するものであり），かような意味からすると，同規定の性質を包括的租税回避否認規定であると位置付けたとしても，これを非同族会社にまであるいは組織再編以外にまで適用できると理解することに結び付きはしないのは当然である。

イ　同族会社等の行為計算の否認規定のターゲット

　同族会社等の行為計算の否認規定のターゲットについては，これまで長らく議論されてきた。以前は，同規定が確認的規定であるのかあるいは創設的規定であるのかという点が論じられることが多かった。

　この点，確認規定説に立つ裁判例も散見されているが（例えば，東京地裁昭和40年12月15日判決（行集16巻12号1916頁)[13]，広島高裁昭和43年3月27日判決（税資52号592頁），東京高裁昭和43年8月9日判決（税資53号303頁）），同規定は創設的規定であるとする見解が有力である。金子宏教授は，「非同族会社については，その行為・計算の否認を認める規定がないから，その行為・計算が経済的合理性を欠いている場合であっても，それを否認することが認められないと解すべき」として上記

東京地裁昭和40年判決等を批判される（金子・租税法535頁）。

　🔍　また，創設的規定と解する見解以上に，同族会社等の行為計算の否認規定の適用対象を狭く解する試論も展開されている。例えば，相続税法64条に関するものではあるが，畠山武道教授は，同族会社等の行為計算の否認規定について，「あくまでも同族会社がする自らの法人税の軽減を防止することが目的であり，所得税や相続税法上のそれは，法人税法上の否認に伴う課税関係を調整（例えば株主への認定課税）するのが目的であって，法人税法以外の否認規定が一人歩きして，むやみに拡大解釈されるのは望ましくない」と論じられる（畠山・ジュリ778号112頁（1978））。

　数少ない古い裁判例において確認規定説が採用されたことは事実であるが，その後の圧倒的多数の判決は，創設規定説に立っており，学説の通説も確認規定説に立つ見解は少数である。また，平成18年度税制改正以後，法人税法132条の2，同法132条の3《連結法人に係る行為又は計算の否認》，同法147条の2《外国法人の恒久的施設帰属所得に係る行為又は計算の否認》と規定が創設されてきたこととの整合的理解に立てば，もはや確認規定説で説明することには限界があるといわざるを得ない。そもそも，税務署長が納税者の行為や計算を無視して課税関係を構築することができるという権限規定を確認的なものと位置付けることは難しいといわざるを得ないように思われる。されば，同族会社等の行為計算の否認規定を確認的なものと位置付けた上で，非同族会社にも適用し得ると考えることには限界を覚える。

　このような理解に立った上では，同族会社についてのみかような包括的租税回避否認規定が設けられ，それ以外の非同族会社に同規定がないという点は，課税の公平を考える際に大きな問題として立ちはだかる関心事項となる。すなわち，このことは法の空白域に対する法律の解釈論の問題として関心が寄せられるべき問題を提示する。

　では，法の空白域にある問題に対して，現在ある規定を目的論的解釈の一手法である類推解釈によって適用することは可能であろうか。例えば，非同族会社に対して，同族会社等の行為計算の否認規定の類推適用は許容され得るのであろうか。

　この点について，いわゆるサンヨウメリヤス事件最高裁昭和45年10月23日第二小法廷判決（民集24巻11号1617頁）[14]は，借地権設定に際して土地所有者に支払われる権利金の授受につき，不動産所得の規定ではなく譲渡所得の規定を類推適用することの余地を論じている[15]。しかしながら，同最高裁判決は類推解釈

一般を認めたものではない上[16]，同族会社等の行為計算の否認規定は課税権力に特別の権限付与を認めた規定であるから，類推解釈を認めることは妥当ではあるまい。

もちろん，類推解釈を認めなくても，同族会社等の行為計算の否認規定のような限定された「同族会社」をターゲットとする規定ではなく，単なる「納税者の行為又は計算の否認」規定といった一般的租税回避否認規定があれば，租税回避は否認し得る。一般的租税回避否認規定であれば同族会社以外の者についても適用し得るからである。このことは，類推解釈という目的論的解釈が許容されないとしても，一般的租税回避否認規定がその問題をクリアにすることをも意味している。

図表6

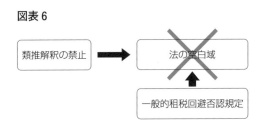

このように，一般的租税回避否認規定が設けられた場合，租税回避一般に対し広く適用し得る否認規定として機能することになり得るのである。

ウ　租税回避否認規定の機能

ここで，包括的租税回避否認規定と一般的租税回避否認規定の機能を整理しておくこととしよう。旧来の講学上の租税回避，すなわち私法制度の濫用事例には，同族会社等の行為計算の否認規定が適用されることによって，対象は同族会社に限定されるが，租税回避が否認される。仮に，包括的租税回避否認規定があると，租税法制度の濫用事例のような個別規定の形式的適用によると妥当な結果を得られない事例においても対処することが可能となる。他方，法の空白域に対しては，よりその射程範囲の広い，一般的租税回避否認規定が機能することになる。

かくして，包括的租税回避否認規定は，いわば縮小解釈等による目的論的解釈を行うことと実質的に同様の結果を招来することとなり，一般的租税回避否認規定によると，いわば類推解釈による目的論的解釈を行うことと実質的に同

様の結果を導き出すことになるということが分かる。

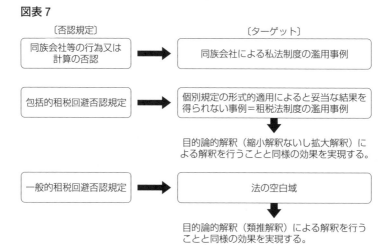

図表7

¶ レベルアップ1！　一般的租税回避否認規定と信義誠実の原則
ア　信義誠実の原則

　権利行使の態様に関する積極的な規定として戦後民法典に挿入された旧民法1条2項は，「信義ニ従ヒ誠実ニ」なすべき旨を規定した。これは，そもそも義務の履行に関して規定されたものであるが，後に権利行使についても規定されるようになったという経緯を持つ。この規定はいわゆる信義誠実の原則（信義則）を定めたものであり（信義則については，**4**参照），確認的規定であると解されているが，権利行使についても適用されることから，権利濫用法理との関係が適用上問題となり得ることとなった。そこで，学説は，契約関係に立つ者の間における権利の行使については，まず信義誠実の原則を適用し，その結果，妥当でないと判断された権利の行使を権利濫用とし，契約関係外の権利行使は直ちに権利濫用の問題と解している（星野英一『民法概論I〔序論・総則〕』77頁（良書普及会1990年））。

　ここにいう信義誠実の原則の適用場面について，星野英一教授は，民法1条（基本原則）2項は，「具体的な内容を含んでいるわけではない。」とし，2つの実際上の意義を次のように述べられる（星野・前掲書78頁）。すなわち，第1に想

定できない事態への対処としての意義であり，第2に，法律の規定をそのまま形式的に適用すると妥当な結果が得られない場合に妥当な結果を導くために援用されるという意義であるという。

📝 近江幸治教授は，権利の行使が信義則違反になる場合には，一般に権利濫用の禁止法理に抵触するとされる（近江『民法講義Ⅰ〔民法総則〕』20頁（成文堂1992年））。

第1の点は，契約当事者間の具体的な権利義務について，契約による取決めもなければ，法律の規定もない場合が多いという点に鑑み，我が国の場合，そもそも契約を明確にしないあるいは契約を明確に取り交わしたとしても，予想できない事態がいくらでも生じ得ることを念頭に置くと，契約の解釈・法律の解釈によってこれを埋めなければならないが，星野教授は，「あなを埋め，こういう権利・義務があるとかないとかいうときに，引き合いに出されるものがこの原則である。」とし，「千変万化の具体的事情に応じて規定の欠陥を補充するための技術である。」と説明されている（星野・前掲書78頁）。すなわち，信義誠実の原則は，契約や法律の空白域に対応するための法技術であるというのである。

第2の点につき，星野教授は，「法律の規定を具体的な場合にそのまま形式的に適用すると妥当な結果の得られないときに，妥当な結果を導くために援用される。つまり，契約や法律によるとこういう権利義務がある（ない）が，信義則によりそれがない（ある）とするのである。」と述べられる（星野・前掲書78頁）。

📝 したがって，形式的には契約違反行為とみえるものでも，その違反の法的効果の発生を主張することが信義則に違反するときには，そのような主張が認められないという側面も有する（加藤雅信『新民法大系Ⅰ民法総則〔第2版〕』40頁（有斐閣2005年））。

イ　信義誠実の原則と租税回避否認規定

これら，星野英一教授が論じられる第1の意義および第2の意義を租税回避否認規定についての前述の整理に置き換えて考えてみよう。すると，ここに第1の意義とされているものは，まさしく前述の法が想定していない「法の空白域」に対する対処であることが分かるし（一般的租税回避否認規定としての意義），第2の意義とされているものは，「個別規定の形式的適用によると妥当な結果を得られない事例＝租税法制度の濫用事例」に対する対処であるとみることができそうである（包括的租税回避否認規定としての意義）。いわば，信義誠実の原則とは，上記に示した租税回避否認規定の有する2つの側面（包括的租税回避否認

規定としての側面と一般的租税回避否認規定としての側面)を併有したものであるとみることも可能であろう。

なお，星野教授は，信義誠実の原則というのは，「権利義務の内容をどんなにはっきり決めてもなお欠陥の生ずる部分をうめたり，契約や法規の形式的適用ではうまくゆかないときに，これを妥当に解釈したりするための手段」として，「いわば伝家の宝刀として最後に用いるべきものであり，補充的な原則である。」と整理される (星野・前掲書79頁)。

> ✍ 星野教授は，「よく，信義則が私法の最高の理念であるなどと説かれるが，それもこの意味においてのみ正しい。」とされる (星野・前掲書79頁)。

同教授の信義誠実の原則についての指摘を，租税回避否認規定の性格付けの議論にトレースすることが許されるとすると，「課税要件規定の内容をどんなにはっきり決めてもなお欠陥の生ずる部分をうめたり，個別否認規定の形式的適用ではうまくゆかないときに，これを妥当に解釈したりするための手段」として，「いわば伝家の宝刀として最後に用いるべきものであり，補充的な規定である。」と整理することができ，両者には親和性を認めることができるように思われる。

¶ レベルアップ2！　諸外国におけるGAAR
ア　一般的租税回避否認規定：世界の潮流

EU (European Union：欧州連合) では，執行機関であるEC (European Commission：欧州委員会) が，2012年12月に欧州議会に対して，「脱税及び租税回避に対する報告書 (An Action Plan to Strengthen the fight against tax fraud and tax evasion およびCommission Recommendation on aggressive tax planning)」を公表した。

その後，OECD (Organisation for Economic Co-operation and Development：経済協力開発機構) が一般に「税源浸食と利益移転への対応 (Addressing Base Erosion and Profit Shifting)」と訳されるBEPS報告書を公表したのは2013年2月12日であった。これは，その前年の6月にOECD租税委員会本会合において，米国からBEPSにより法人税収が著しく喪失されている点を憂慮している旨の問題提起がなされたことから，OECDにおいてプロジェクトが組まれた結果であるといわれている[17]。この報告書では，BEPSの多くが軽課税国への無形資産の移転，ハイブリッド・ミスマッチの利用等を組み合わせて，税率の低い国や地域に利

益を移転することで生じている現状を分析し，それらの手法の多くが国際課税原則上合法であることから，同原則の見直しの必要性や国際的協調の重要性を指摘したものであった。また，国境を越える利益への課税に係る国内的および国際的なルールの崩壊により，租税が正直者によって納付されるだけのものとの認識が助長されているとの指摘がなされている。その上で，同報告書は租税回避否認ルールについて触れている[18]。

さて，そこで，各国の租税回避に対する否認規定創設の取組みについて概観しておきたい。租税回避の否認規定の類型については，大きく分けて，一般的租税回避否認規定（General Anti-Abuse Rule：GAAR），限定的租税回避否認規定（Specific Anti-Tax Avoidance Rule：SAAR），特定の税目または適用範囲における租税回避否認規定（Targeted Anti-Avoidance Rule：TAAR）の3つに分類されることがある[19]。ここでは，特に，一般的租税回避否認規定（GAAR）と呼ばれる規定形態を採用している国の状況について確認することとしよう。

イ　各国における一般的租税回避否認規定

GAARを導入している国は地域別に分けると図表8のとおりである（矢内一好「一般否認規定の各国比較と日本への導入」租税研究779号281頁（2014））。G20の国を概観すると，GAARがない国は，韓国，インドネシア，サウジアラビア，メキシコ，アルゼンチン，ロシア，トルコのほか，我が国だけである（矢内・同稿282頁）。なお，そのうち，韓国およびトルコでは実質主義原則の規定が法制化されているし，メキシコは，租税法律主義に関するガイドラインが公表されており，ソフトローでの対応がみられる。また，ロシアは，判例により導入された「不

図表8　一般的租税回避否認規定の導入国

ヨーロッパ（13）	アイルランド，英国，イタリア，エストニア，オランダ，スイス，スウェーデン，スペイン，ドイツ，フランス，ベルギー，ポルトガル，ルクセンブルク
アジア（5）	インド，シンガポール，中国，台湾，香港
オセアニア（2）	オーストラリア，ニュージーランド
北米（2）	カナダ，米国
南米（1）	ブラジル
アフリカ（1）	南アフリカ共和国

当な課税上の便益」概念を使用して租税回避に対処しているといわれている。

　(ア)　**ドイツ**

　租税通則法42条1項は，「租税法規は，法の形成可能性の濫用によって回避することはできない。個別租税法規の租税回避防止規定の要件が充足されるときは，法律効果は，各規定によって定まる。さもなければ，2項にいう濫用が存在する場合には，租税請求権は，経済事象に適合する法的形成がなされた場合と同様に成立する。」とし，2項は，「納税義務者又は第三者を相当な形成と比べて法律に定めのない租税便益へと導くような不相当な法的形成が選択された場合に，濫用が認められる。納税義務者が選択した形成について，諸事情の全体像から相当な租税以外の理由の存在することを立証すれば，この限りではない。」と規定する。この規定は，1919年に租税通則法5条に規定され，その後種々の改正を経た後，2008年に上記のような規定振りとなったものである。

　2008年改正前の判決ではあるが，連邦財政裁判所1983年12月13日判決は，「法形成が追求すべき目的に照らして相当でなく，税負担の軽減を来しており，かつ，経済的理由若しくはその他の考慮すべき租税以外の理由によって正当化されない場合」を法形成の濫用としており，また，租税回避の意図という主観的要件を必要としている。この判決の考え方は現在においても通用すると思われる。主観的要件を必要とするという点は，濫用概念を民法にいう権利濫用に近いものと捉えているといえよう。特に，ドイツ法においてはシカーネ（Schikane）として捉える権利濫用法理であるが，その考え方に親和性を有しているもののように思われる[20]。

　(イ)　**カナダ**

　カナダはすでに1988年からGAARを導入している[21]。

　所得税法245条2項は，「ある取引が租税回避取引に当たる場合，租税効果は，当該取引又は当該取引を含む一連の取引から直接又は間接に生じる租税便益を否定するよう合理的に決定される。」とし，3項において，租税回避取引を次の(a)または(b)に当たるいかなる取引をも意味すると定義する。その上で，「(a)主として租税便益を得ること以外の真の目的のために行われたと合理的に考えられないのに，直接又は間接に租税便益を生じさせるような取引」または「(b)主に租税便益を得ること以外の真の目的のために行われたと合理的に考えられないのに，直接又は間接に租税便益を生じさせるような一連の取引の一部」を

示している。

　(ウ)　**オーストラリア**

　オーストラリアのGAARは，1981年に改正された所得税賦課法（ITAA36）第Ⅳ編Aにおいて規定されている[22]。同規定は，過度な私法上の選択可能性を抑制し，取引から客観的に推認される目的によるテストを採用したのである。この目的テストとは，納税者が行う当該取引の主たる目的が租税便益を得ることである場合には，かかる私法上の行為を否認することができるというテストである。もっとも，この改正では，ニュートン事件枢密院判決（Newton v. FCT. [1957] 96 CLR 577）におけるデニング卿が，「租税回避目的が断定された場合にのみ旧所得税賦課法260条が適用され得る」とした考え方（断定テスト）も採用されている。

　その後，ピーボディ事件（Peabody v. FTC [1992] 24 ATR 58）では，ITAA36第Ⅳ編Aの適用を否認したものの，ハート事件（Hart and Another v. Commissioner of Taxation [2002] FCAFC 222）をはじめ多くの事例では同規定が適用されている状況にある（今村隆『租税回避と濫用法理─租税回避の基礎的研究』399頁（大蔵財務協会2016））。

　(エ)　**米　国**

　米国は，IRC7701条(o)において，経済的実質に欠ける取引に対しては，厳格なるペナルティを課すことによって，タックスシェルターをはじめとする租税便益のみを目的とする一連の取引の発生を抑制しようとするところに特徴がある[23]。同条項は，経済的実質の法理の明確化として，経済的実質の法理が適用される取引の場合には，(A)その取引が，連邦所得税法上の効果とは別に何らかの意義をもって納税義務者の経済的状況を変え，かつ，(B)納税義務者がその取引を行うことによって連邦所得税法上の効果とは別に実質的な目的を有しているときに限り，かかる取引は経済的実質を有するものとして取り扱われる旨規定している（7701(o)(1)）。ここでは，(A)の経済的状況の変化すなわち客観的要件と(B)実質的な目的すなわち主観的要件の2つの要件の二分肢テスト（two prong test）が採用されている。これらの2つのテストの両方を満たす必要があるのか（結合的テスト説[24]），あるいは片方だけでよいのか（非結合的テスト説[25]）という点では判例は分かれている。ところで，経済的実質の法理という用語は，取引が経済的実質を有していないかまたは事業目的を欠いている場合に，その取引

に関してサブタイトルA（所得税）に規定する租税便益を受けられないというコモンロー法理を意味すると規定されている（7701(o)(5)）[26]。

　(オ)　英　国

　財政法207条は，アレンジメントが租税便益を得るのが主たる目的または主たる目的の一部である場合，それは租税調整を意味するとする（1項）。租税調整は，以下の状況を考慮したときに「濫用」と評価されるとして，(a)アレンジメントの実質的結論が，租税法規の原則や規定が持つ政策目的と矛盾している，(b)達成しようとしている仕組まれたまたは異常なステップによるものである，(c)アレンジメントが規定の空白域（不備）を利用することを企図したものであることを示している（2項）[27]。具体的に，濫用となり得るケースを例示している点にも特徴がある。すなわち，①アレンジメントから得られる所得，利益，譲渡益が経済目的よりも相当程度少ない場合，②アレンジメントから得られる控除または損失が，経済目的よりも相当程度大きい場合，③アレンジメントが還付請求権をもたらす場合が示されている（4項）。もっとも，これらのケースにおいて，関連規定の立法当時に想定されていた結果から逸脱していると認められる場合に初めて濫用と認定される。また，その際，そのようなアレンジメントに関する取引慣行が醸成されているか否かも検討されるようである。すなわち，慣行によっているだけであれば濫用には当たらないということになる（5項）。

　上記(a)および(c)の濫用認定の考慮事項から判然とするように，英国においては，個別規定を形式的に充足するような場合，すなわち租税法制度の濫用の場合においても租税回避の試みとして捉え，GAARの適用対象としているようである。

　ウ　我が国へのインプリケーション

　英国のGAARは，租税法制度の濫用をも含む形で立法化されており，既述したいわゆるりそな銀行事件のようなケースも射程範囲とし得る規定となっている。アレンジメントが濫用に当たる場合に否認され得るとする英国の法制度は，我が国にとっても参考になると思われる。とりわけ，(a)アレンジメントの実質的結論が，租税法規の原則や規定が持つ政策目的と矛盾している場合や，(c)アレンジメントが規定の空白域（不備）を利用することを企図したものである場合が問題となるが，このような「濫用」否認構成が立法によって可能とな

ると，実質的意義としては，文理解釈優先主義の下で問題となり得る不当な租税負担の軽減の試みがなされた場合に，解釈論の原則である文理解釈優先主義の考え方に修正を加えずに，目的論的解釈におけるのと同様の結論を導出し得ることになると思われるのである。

(3) 小 括

過去においては，租税回避否認論の中心に実質課税の原則の問題があり，例えば，旧所得税法3条2項の適用を巡る議論が談論風発していた。その後，同条は見出しを「実質所得者課税の原則」と名を変えて残ってはいるものの（所法12），今日的に通説は，同条につき当時議論されていた経済的観察法を意味づけるそれではなく，法律的な観察法に基づく事実認定のみが許容されると解してきており，また，現下の学説は，これを，所得の帰属に関する規定としての意味を有するだけのものと位置付けている。ここにいう「法律的」とは，原則として，私法に規律された法律関係を意味している。

実質課税なるものがあり得るとしても，課税の安定を考えたときには，経済的実質ではなく法的実質によるべきであって，その旗標を失うことには相当の躊躇を覚えるが，しかしながら，私法判断のみを基準とする解釈論の限界についても考える必要がありはしないか。私法上の認定のみが法的基準というのではなく，租税法の認定としての法的基準はあり得ないのかという問題関心がそこには所在する。もちろん，租税法による事実認定を考えたとき，それが私法の考えからいたずらに離れて独り歩きすることには十分な予防的議論が展開されるべきであると考えはするものの，租税法が認定判断の基準を租税法的に模索すべきことが租税法研究の最も重要な要諦なのではなかろうか。これを放棄して，ただ私法に準拠するという考え方（私法準拠）のみで本当によいのであろうか。租税法は私法を参考にはしつつも，租税法の法目的に従った「法的価値基準」に基づく法的実質基準を模索すべきではなかろうか。これは経済的観察法を容認するという指向ではなく，法律的な観察法としての法適合的な事実認定論であり，かかる私論を本書の全体を通じて展開してきた。

そもそも，租税回避の一般的ないし包括的否認規定の創設論を議論するに当たっては，①課税権の濫用のおそれをいかに排除するかという問題をクリアしなければなるまい。ただし，この問題は，以下に摘示する問題を乗り越えるこ

とによって解消され得ると思われる。

　そこで，検討すべき問題は，②不確定概念を規定に持ち込むことによる解釈の不安定性を排除できるかという租税法律主義を脅かす論点である。とりわけ，現行法においても「不当」概念が使用されているが，このような不確定概念ではなく，より明確な規定を用意しなければ紛争が起こり得る。裁判所による判断にすべてを委ねるとすることは議会の怠慢でもある。この際，英国式に「濫用」という基準を設け，かかる「濫用」に該当するか否かについては，第三者委員会の諮問を受けるというやり方も十分に検討に値すると思われる。英国，オーストラリア，カナダ，インドにおける審査委員会制度やフランスの第三者委員会（Comité de l'abus de droit fiscal）のような制度が参考となる。

　また，③予測可能性と自由権の侵害という問題について憲法論をも射程に入れた検討が必要である。ここでは，アドバンス・ルーリングを活用する多くの国のうち，例えば，オーストラリアにおけるアドバンス・ルーリング（Private ruling）は，納税義務者の契約にGAARが適用されるか否かについて課税当局に照会して回答を得ることができる制度を採用している。オランダにおけるアドバンス・ルーリング（ATR）は，納税義務者と課税当局との間での事前の協議を行い合意を図る制度が構築されている。

　これらの問題をどのようにクリアするかという点は重要な論点であると考える。そして，上記問題点を乗り越えなければ，一般的租税回避否認規定の創設論には駒を進めるべきではないと考えるところである。

〔注〕
(1) もっとも，近年，金子教授も租税回避の定義を再考されておられ（金子・租税法〔第23版〕126頁），租税回避を巡る議論は正に大きな転換点にあるといえよう。
(2) 判例評釈として，吉良実・シュト9号14頁（1962）参照。
(3) 判例評釈として，渡辺充・税務事例37巻11号1頁（2005），森田辰彦・税法554号89頁（2005），伊藤義一＝中尾修治郎・TKC税研情報15巻6号19頁（2006），橋本守次・税務事例39巻1号1頁（2007），同2号1頁（2007），東岡宏・立命館法政論集6号98頁（2008）など参照。
(4) この点については，酒井克彦『レクチャー租税法解釈入門』7頁（弘文堂2016）。
(5) 判例評釈として，中川一郎・シュト110号1頁（1971）参照。
(6) 判例評釈として，高野幸大・判評485号177頁（1999），増田英敏・ジュリ1182号105頁（2000），同・租税28号148頁（2000）など参照。
(7) 判例評釈として，品川芳宣・税研89号115頁（2000），同＝茂木賢治・TKC税研情報

9巻2号1頁（2000），東亜由美・税理43巻3号165頁（2000），占部裕典・判評495号180頁（2000），増田英敏・税務事例32巻11号1頁（2000），谷口豊・平成12年度主要民事判例解説〔判タ臨増〕322頁（2001），中里実・税研106号51頁（2002），大淵博義・税理46巻12号13頁（2003），同13号11頁（2003），渡邊徹也・税法58巻13号131頁（2003），同・税通62巻5号111頁（2007），谷口勢津夫・租税判例百選〔第6版〕36頁（2016），井上康一・租税訴訟7号122頁（2014），酒井克彦・会計・監査ジャーナル26巻8号39頁（2014）など参照。

(8) その後，租税行政庁側からの上告受理申立ては不受理とされた（最高裁平成15年6月13日第二小法廷決定・税資253号順号9367）。

(9) 判例評釈として，杉原則彦・平成17年度最高裁判所判例解説〔民事篇〕〔下〕990頁（2008），同・曹時58巻6号177頁（2006），同・ジュリ1320号180頁（2006），同・最高裁時の判例5号〔ジュリ増刊〕103頁（2007），今村隆・税理49巻7号2頁（2006），本庄資・税通61巻7号25頁（2006），同・ジュリ1336号141頁（2007），平川雄士・税研126号80頁（2006），矢内一好・税弘54巻4号153頁（2006），志賀櫻・税務事例38巻7号33頁（2006），石毛和夫・銀法50巻12号52頁（2006），吉村政穂・判評572号184頁（2006），谷口勢津夫・民商135巻6号163頁（2007），田中健治・平成18年度主要民事判例解説〔判タ臨増〕256頁（2007），吉村典久・平成17年行政関係判例解説113頁（2007），清水一夫・税大論叢59号245頁（2008），駒宮史博・税研148号126頁（2009），岡村忠生・租税判例百選〔第6版〕38頁（2016），木村弘之亮・税法569号43頁（2013），酒井克彦・会社法務A2Z99号58頁（2015）など参照。

(10) 判例評釈として，占部裕典・金法1730号32頁（2005），同1731号36頁（2005）など参照。

(11) 英国のウエストミンスター事件（I.R.C. v. Duke of Westminster [1936] A.C. 300）におけるトムリン卿が，「国民はみな法律の下で課せられる租税を少なくするために，可能であるだけ自らの取引に加工を加える権利を有している。」と述べているところとも通じよう。

(12) この事例を扱った論稿として，今村隆「ヤフー事件及びIBM事件最高裁判断から見えてきたもの（上）（下）」税弘64巻7号54頁（2016），品川芳宣「組織再編税制における行為計算の否認―ヤフー上告審判決―」税研188号94頁（2016），同「組織再編成税制における行為計算の否認―ヤフー事件―」T&Amaster 645号14頁（2016），木山泰嗣「適格合併後に被合併法人の未処理欠損金の損金算入を行ったことについて組織再編成に係る行為計算否認規定（法人税法132条の2）の適用が認められた事案」税通71巻6号10頁（2016），太田洋「ヤフー・IDCF事件最高裁判決の分析と検討」税弘64巻6号44頁（2016）など参照。

(13) 判例評釈として，中村利雄・税通32巻11号172頁（1977），同・税通38巻15号60頁（1983），井上久弥・税通38巻15号114頁（1983），堺澤良・税弘23巻5号33頁（1975），山田二郎・租税判例百選38頁（1968），松澤智・税通34巻15号14頁（1979），横山茂晴・税弘14巻5号75頁（1966），清永敬次・企業法研究136号34頁（1966），田中嘉昭・税通32巻11号86頁（1977），竹下重人・シュト50号5頁（1966），米山均一・税通23巻13号71頁（1968）など参照。

(14) 判例評釈として，新井隆一・ジュリ482号36頁（1971），村井正・租税判例百選〔第2版〕62頁（1983），清永敬次・民商65巻3号83頁（1971），高野幸大・租税判例百選〔第5版〕66頁（2014）など参照。

(15) もっとも，同最高裁判決は，「その適用範囲を解釈によってみだりに拡大することは許されないところであり，右のような類推解釈は，明らかに資産の譲渡の対価としての経済的実質を有するものと認められる権利金についてのみ許されると解すべき」であるとして，あいまいな性質の対価についてまで類推解釈を許容するものではないとの立場を示している。

(16) 同最高裁は，類推解釈の余地を認めたものの慎重な態度を示している（酒井・前掲注(4)67頁）。

(17) 居波邦泰『国際的な課税権の確保と税源浸食への対応―国際的二重非課税に係る国際課税原則の再考―』ⅰ頁（中央経済社2014）。同報告書の冒頭にBEPSによって政府が法人税収を失っている旨が記載されている点にも表れているといえよう。

(18) その後，2013年7月19日にOECDより「税源浸食と利益移転に係る行動計画（Action Plan on Base Erosion and Profit Shifting）」が公表された。これはいわゆるアクション・プランと呼ばれ，次のような15の行動計画が示されたが，そこでは租税回避の一般的否認規定については触れられていない。
行動計画1：電子商取引課税
行動計画2：ハイブリッド・ミスマッチ・アレンジメントの効果の無効化
行動計画3：外国子会社合算税制（CFC（Controned Foreign Company）税制）の強化
行動計画4：利子等の損金算入を通じた税源浸食の制限
行動計画5：有害税制への対抗
行動計画6：租税条約濫用の防止
行動計画7：恒久的施設（PE）認定の人為的回避の防止
行動計画8：移転価格税制（①無形固定資産）
行動計画9：移転価格税制（②リスクと資本）
行動計画10：移転価格税制（③他の租税回避の可能性が高い取引）
行動計画11：BEPSの規模や経済的効果の指標の集約・分析
行動計画12：タックス・プランニングの報告義務
行動計画13：移転価格関連の文書化の再検討
行動計画14：相互協議の効果的実施
行動計画15：多国間協定の開発
　このように個別の行動計画には租税回避の否認規定の創設という検討課題が盛り込まれていないようにも思われるが，同行動計画よりも前に出されたBEPS報告書には，租税回避の否認規定が盛り込まれていたのである。

(19) Michael Lang, Alexander Rust, Josef Schuch, Claus Staringer, Jeffey Owens, Pasquale Pistone, GAARs-A Key Element of Tax Systems in the Post-BEPS Tax World, BFD Vol. 3, p. 13（2016）においては，イギリスにおけるいくつかの狭い意味でのSAARsは，TAARsとして記述し得ると説明されている。あるいはそれは，同じSAARsとはいっても，Anti-avoidance rulesとしてのTAARsとも観念し得る。

(20) ibid. 19, p. 287. 今村隆『租税回避と濫用法理―租税回避の基礎的研究』315頁（大蔵財務協会2016）。

(21) ibid. 19, p. 147.

(22) ibid. 19, p. 45.

(23) ibid. 19, p. 765.

(24) Joint Committee on Taxation (JSC-02-05) 143. Klamath Strategic Investment Fund v. United States, 568 F.3d 537 (5th Cir. 2009).
(25) Rice's Toyota World v. Commissioner, 752 F.2d 89, 91-92 (4th Cir. 1985).
(26) この点について，岡村忠生「米国の新しい包括濫用防止規定について」第62回租税研究大会（東京大会）第2日報告145頁（2010）。
(27) ibid. 19, p. 741.

事項索引

アルファベット

BEPS……………………………225, 245
GAAR……………………………245, 246
M 税理士事件……………………70, 79
Ramsay 事件………………………216
Ramsay rule…………………216, 224
SAAR…………………………………246
TAAR…………………………………246

あ 行

アクション・プラン………………253
アドバンス・ルーリング…………251
意思主義……………………………128
一般に公正妥当と認められる会計処理の基準
………………………………………185
一般的租税回避否認規定……243, 245
一般的租税回避否認規定の導入国…246
偽りその他不正の行為……99, 159, 174
医療費………………………………199
医療費控除…………………………199
岩瀬事件………………………93, 226, 230
因果関係……………………………127
インパクトローン事件……………217
隠蔽仮装……………………………230
ウィンドフォールゲイン…………108
ウエストミンスター事件…………252
映画フィルムリース訴訟……201, 216
エス・ブイ・シー事件……………186
延滞税………………………………191
応能負担の原則……………………21
大竹貿易事件………………………185
公の見解……………………………48
親会社ストック・オプション訴訟…43

か 行

外国税額控除余裕枠利用事件……118, 208
確認規定説…………………………240
加算税…………………………169, 191
家事関連費…………………………195
課税物件の帰属……………………2
課税要件事実………………………2
仮装行為………………5, 115, 121, 195
科料…………………………………194
過料…………………………………194
勧奨…………………………………167
還付加算金…………………………154
期限後申告……………………153, 165
期限後申告書………………………166
期限後申告と修正申告の類似性…167
期限内申告…………………………165
義務の期限後申告…………………165
義務の修正申告……………………165
客観説………………………………27
吸収説………………………………81
給与…………………………………219
行政上の制裁………………………181
行政上の措置………………………181
禁反言の法理………………………44
組合契約……………………………219
クリーンハンドの原則………70, 186
グレゴリー事件……………………233
経験則………………………………204
経済的観察法……………4, 42, 250
経済的帰属説………………………23
経済的実質…………………………3
経済的実質主義……………………4, 20
経済的負担能力……………………109
経済的不利益………………………54
計算…………………………………234
計算の否認…………………………234
形式課税主義………………………20
契約内在的法律関係論……………221
契約の無効…………………………202
決定……………………………162, 174
決定があるまでは……………153, 177
建築…………………………………166
限定解釈……………………………232
限定的租税回避否認規定…………247
権利確定主義………………………25

256　事項索引

権利の上に眠る者は保護しない……152
権利濫用……84
権利濫用法理……87, 232, 243
効果意思……5
航空機リース事件……205
公序良俗違反……108
公序良俗違反による無効……111
公序理論……191
更正……162, 174
更正があるまでは……175
公正処理基準……184
更生の排他的管轄……145
公的見解の表明……58
抗弁の接続……210
合法性の原則……47
国税の徴収権……158
誤指導……62
古都保存協力税条例事件……73
誤表は害せず……121
個別税法の基本理念……186
固有概念……11, 23

さ　行

裁判官の推論ルール……204
雑所得……195, 223
三面型複合契約論……219
サンヨウメリヤス事件……241
山林所得……195
シカーネの法理……89
事業関連性……188
事業所得……195
事業目的の原理……95
私権の濫用……91
時効……152, 158
時効の起算日……159
自己決定権……58
自己決定権侵害論……58
自己賦課……163
事実上の期待可能性説……160
事実認定における私法準拠……226
事実の確定……2
事実の錯誤……128
事実の認定……2
事実の評価……2
事前通知……170

実質……2
実質課税の原則……4, 13, 250
実質行為者課税の原則……13
実質主義……20
実質所得者課税の原則……28, 250
実質所得者課税の原則の射程範囲……18
自発的納税協力……164
私法準拠……40
私法準拠に対する批判論……42
私法上の法律構成による否認論……118, 201
私法制度の濫用……226
清水惣事件……84
シャウプ勧告……164
借用概念……11
借用概念論……11
収益……13
収益事業……20
収益を享受する者……24
自由心証主義……206
修正申告……165
修正申告書……170
修正申告と期限後申告の類似性……172
住宅借入金等特別控除……199
収入すべき金額……120
重要性……127
主観説……26
縮小解釈……232
除斥期間……174
消極的説明義務論……210
消費者……214
所得の帰属……12
所得の帰属者……17
真意……5
人格のない社団等……19
信義誠実の原則……43, 243
信義則……43, 243
信義則違反……49
信義則の適用要件……68
申告行為……57, 161
申告是認通知……58
申告に係る加算税……169
申告納税制度の沿革……161
真実の法律関係……8, 108
審査委員会制度……251
正当な理由……169

事項索引　257

節税……………………………………95
節税の試み…………………………100
絶対的無効…………………………112
創設規定説…………………………241
組織過失論…………………………210
組織再編成に係る行為又は計算の否認……238
租税回避…………………………97, 225
租税回避と実質所得者課税………28
租税回避の試み………………98, 100
租税回避の定義………………93, 226
租税回避否認規定…………………87
租税回避目的………………………204
租税公平主義………………………22
租税債権……………………………158
租税専門家の自己決定権侵害……64
租税平等主義と信義則……………45
租税負担の不当減少………………235
租税法制度の濫用…………………228
租税法律主義…………………11, 20
損害賠償救済説……………………45

　　　　　　た　行

第三者与型消費者信用取引………210
第三者委員会………………………251
滞納処分……………………………160
代表者又は管理人の定め…………20
タックス・シェルター……………210
脱税…………………………………98
脱税及び租税回避に対する報告書…245
脱税協力金…………………………184
脱税協力金の損金性………………185
担税力……………………………12, 30
単なる名義人………………………12
調査の終了…………………………167
徴収権………………………………158
徴収権の時効の起算日……………159
徴収権の消滅時効…………………155
通常必要性…………………………191
通謀虚偽表示…………………108, 111
通謀虚偽表示による無効…………111
適合性原則…………………………63
適用肯定説…………………………45
適用否定説…………………………45
統一説………………………………11
導管理論……………………………221

動機の錯誤……………………123, 127
動機の不法論………………………209
東光商事事件………………………190
当事者の内心的効果意思の合致…202
同族会社等の行為計算の否認規定…2, 233
督促…………………………………160
特別法優先の原則…………………153
特別の事情…………………………69
匿名組合……………………………219
匿名組合契約………………………219

　　　　　　な　行

内心的効果意思……………………5
内心的効果意思の合致…………5, 114
何らかの行為………………………55
二層的構造認識論……………116, 202
二段階事実認定論…………………40
二面型複合契約論…………………219
任意組合……………………………219
任意組合契約………………………221
納税義務……………………………163
納税者………………………………163
納税申告行為………………………167
納税申告書…………………………170
納付することとなる場合…………228
納付に係る加算税…………………169

　　　　　　は　行

裸一貫事件…………………………129
罰金…………………………………191
パブリック・ポリシー……………191
パラツィーナ事件……………205, 216
比較衡量説…………………………45
必要経費論…………………………191
表示…………………………………123
表示行為……………………………111
表示主義……………………………203
表示上の効果意思…………………5
平等原則……………………………46
複合契約法理………………………216
複合契約論……………………210, 215
負債…………………………………15
不動産所得……………………195, 222
不動産の取得………………………9
不法利得……………………………108

258　事項索引

プロパー・ビジネス・パーパスの法理……106
文化学院事件………………………………46
分配………………………………………220
併存説………………………………………81
平和事件……………………………………77
包括的租税回避否認規定……………238, 242
法人…………………………………………19
法人格否認の法理………………………19, 37
法人でない社団又は財団…………………20
法人成り……………………………………18
法定納期限………………………………160
法的可能性説……………………………160
法的実質主義…………………………20, 23
法の空白域………………………………242
法の不知…………………………………127
法の不知はこれを許さず………………128
法律的観察法……………………………250
法律的帰属説………………………………24
法律的形式………………………………229
法律の錯誤………………………………127

ま　行

マネーロンダリング……………………190
民主主義的租税観………………………163

民法90条の無効…………………………113
民法94条の無効…………………………113
無申告加算税……………………………181
黙示………………………………………123
黙示の錯誤…………………………123, 135
目的論的解釈………………………227, 232

や　行

ヤフー事件…………………………92, 238
要素の錯誤………………………………127
要素の錯誤が肯定された事例…………150
要素の錯誤に当たらないとされた事例……150

ら　行

利益配当…………………………………222
利益の分配………………………………220
利益配当契約……………………………222
離婚に伴う財産分与……………………132
利子…………………………………………25
りそな銀行事件………………95, 228, 231
りんご生産事業組合事件………………219
類推適用……………………………………27
論理則……………………………………208

判例・裁決索引

■明治
32. 2.13 大審院　民録5・2・46…………150
33. 5.24 大審院　民録6・5・74……………81
35. 3.26 大審院　民録8・3・73……………150
38.12.19 大審院　民録11・1786…………150
43.11.17 大審院　民録16・779…………150

■大正
2. 5.27 大審院　新聞869・27……………150
3.12.15 大審院　民録20・1101…………127
5. 7. 5 大審院　民録22・1325…………127
6. 2.24 大審院　民録23・284……………150
6. 5.30 大審院　民録23・911……………150
7. 3.27 大審院　民録24・599……………150
7. 6. 1 大審院　民録24・1159…………150
7.10. 3 大審院　民録24・1852…………127
8. 3. 3 大審院　民録25・6・362…………87
10.12.15 大審院　民録27・2160…………150

■昭和1〜10年
3. 7.11 大審院　民集7・559……………128
4.12.17 大審院　新聞3090・11…………150
7. 1.30 行政裁判所　行録43・10…………32
9. 7.25 大審院　新聞3728・12…………150
10. 1.29 大審院　民集14・183……………150
10.10. 5 大審院　民集14・1965……………88

■昭和11〜20年
12.12.28 大審院　判決全集5・42…………150
13. 3.18 大審院　新聞4258・16…………150
14. 5. 9 大審院　新聞4437・12…………150
16. 6. 7 大審院　集民20・809……………150

■昭和21〜30年
24. 4.30 熊本地裁　労働関係民事行政
　　　　裁判資料6・137………………81
25.11.29 名古屋地裁　高刑集4・7・740…119
26. 1.25 長野地裁　税資18・464…………162
26. 1.30 広島高裁岡山支部　訟月62・7・1287
　　　　………………………………144
26. 6.14 名古屋高裁　高刑集4・7・704…110
27. 7.18 広島高裁岡山支部　民集9・10・1496
　　　　………………………………135
29. 2.25 大阪地裁　税資27・25…………120
29.11. 8 大阪高裁　税資27・1……………120
29.11.26 最高裁　民集8・11・2087
　　　　……………………128, 130, 150
29.12.24 大阪地裁　行集5・12・2992…171
30. 7.19 京都地裁　行集6・7・1708……32
30. 9.30 最高裁　民集9・10・1491……151

■昭和31〜40年
32.12.19 最高裁　民集11・13・2299………141
33. 6.14 最高裁　民集12・9・1492………150
33. 9. 1 広島地裁　税資42・598…………32
34. 3.31 福岡高裁　判時198・4……………15
36. 4.28 広島地裁　税資42・507…………32
37. 2.16 大阪地裁　民集26・10・2030…227
37. 6.29 最高裁　裁時359・1……………15, 34
37.11.27 最高裁　判時321・17……………150
37.12.25 最高裁　集民63・953……………128
38. 2. 1 最高裁　判夕141・53……………150
39. 6.30 最高裁　税資42・486………………15
39.10.22 最高裁　民集18・8・1762…119, 146
39.12.21 大阪高裁　行集15・12・2331……29
40. 5.26 東京地裁　行集16・6・1033…46, 77
40. 6.25 最高裁　集民79・511……………150
40. 6.25 最高裁　集民79・519……………150
40. 9.30 東京高裁　行集16・9・1477……161
40.10. 8 最高裁　民集19・7・1731………150
40.12.15 東京地裁　行集16・12・1916…240

■昭和41〜50年
41. 6. 6 東京高裁　行集17・6・607………76
41. 7. 1 熊本地裁　行集17・7=8・755…120
41. 9.29 名古屋高裁　税資51・80…………110
41.10. 4 最高裁　民集20・8・1565…………27
41.12.19 福岡高裁　行集17・12・1364…120
42. 5.26 最高裁　訟月13・8・990…………181
42. 5.30 大阪地裁　行集18・5=6・690……52

43. 3.27 広島高裁　税資52・592…………240
43. 8. 9 東京高裁　税資53・303…………240
43.10.31 最高裁　　訟月14・12・1442………33
43.11.13 最高裁　　民集22・12・2449…30, 190
43.11.30 東京地裁　刑集25・8・948………120
44. 7. 4 最高裁　　判時565・53……………81
44. 9.29 東京高裁　刑集25・8・959………120
44.11. 6 横浜地裁　行集20・11・1313……53
45. 3.26 最高裁　　民集24・3・151………150
45. 5. 7 大阪地裁　税資21・5・780………78
45. 5.12 大阪地裁　税資21・5・799………77
45. 5.29 最高裁　　裁判集民事99・273……130
45. 7. 7 神戸地裁　訟月16・12・1513……229
45. 7.15 最高裁　　民集24・7・771………180
45.10.23 最高裁　　民集24・11・1617……241
46. 3.11 大阪高裁　税資62・326……………78
46. 3.30 東京地裁　行集22・3・399………78
46. 8.28 名古屋地裁　訟月18・4・576…56,77
46. 9. 7 東京高裁　税資63・460……………53
46.10.19 東京高裁　下民集22・9＝10・1043
　　　　　……………………………………………7
46.11.16 最高裁　　刑集25・8・938……110, 120
47.10.20 広島地裁　税資107・114…………34
47.12.13 大津地裁　訟月19・5・40…84, 101
47.12.26 最高裁　　民集26・10・2083………33
48. 3.27 最高裁　　民集27・2・376…………27
48. 6.28 高松地裁　行集24・6＝7・511…199
48.11.16 最高裁　　民集27・10・1333………10
48.12. 3 東京地裁　税資73・1792…………120
48.12. 7 名古屋地裁　訟月20・4・150………77
48.12.26 名古屋地裁　訟月20・5・185………77
49. 2.28 岡山地裁　税資74・557……………78
49. 5.29 東京地裁　税資75・569……………78
49. 5.31 富山地裁　行集25・5・655…34, 78
49. 9.25 渋谷簡裁　判時761・103……………81
50. 1.17 大阪地裁　税資85・152……………198
50. 5. 6 横浜地裁　訟月21・7・1507………78
50. 5.27 最高裁　　民集29・5・641
　　　　　…………………………………33, 130, 134
50. 6.23 和歌山地裁　税資82・70…………171
50. 6.24 札幌地裁　訟月21・9・1955………77
50.12.22 名古屋高裁　税資83・770…………78

■昭和51～60年

51.10.12 最高裁　　集民119・97……………10

51.10.27 名古屋地裁　税資90・289…………197
52. 2.22 広島高裁　税資107・95……………34
52.11. 4 札幌地裁　訟月23・11・1978……76
53. 2.15 最高裁　　税資107・89……………34
53. 2.16 最高裁　　裁判集民事123・71……130
53. 4.11 最高裁　　民集32・3・583…………10
55. 4.22 大阪地裁　税資113・166……………78
56. 3.26 大阪高裁　税資116・866……………78
56. 7.16 東京地裁　行集32・7・1056………170
56. 7.20 大阪地裁　判タ450・163……………18
56. 7.20 福岡地裁　訟月27・12・2351………77
57. 2. 5 東京地裁　判時1053・138…………214
57. 3.30 最高裁　　金法992・38………………27
57. 9.13 高松地裁　判時1059・81……………211
57. 9.22 東京地裁　行集33・9・1814………83
58. 4.20 名古屋地裁　判時1083・117………214
58. 4.27 横浜地裁　行集34・9・1573………68
58. 6. 7 最高裁　　税資130・695……………34
58. 6.28 名古屋地裁　判タ508・186…………137
58. 9.21 松江簡裁　判時1119・131…………211
58.10.20 東京高裁　行集34・10・1777………82
59. 2.23 最高裁　　民集38・3・445…………27
59. 2.28 東京地裁　判時1143・97……………214
59. 3.30 京都地裁　判時1126・84……………212
59. 3.30 京都地裁　行集35・3・353…………73
59. 6.13 東京高裁　判タ537・137……………214
59. 6.27 福島地裁　判時1137・119…………212
59. 7.17 東京地裁　税資171・775……………110
60. 3. 7 大阪地裁　税資167・954……………34
60. 3.29 福岡高裁　訟月31・11・2906………77
60. 9.18 東京地裁　判時1167・33……………129
60.11. 5 青森地裁　税資147・326……………198
60.11.29 大阪高裁　行集36・11＝12・1910
　　　　　……………………………………………83
60.12.19 宇都宮地裁　判時1183・79…………79

■昭和61～63年

61. 3. 6 東京地裁　税資168・1456…………110
61. 5.28 東京高裁　判タ639・148……………68
61. 6. 2 東京地裁　税資171・594……………119
61.10.31 仙台高裁　税資154・413……………198
61.11.10 東京地裁　税資154・458……………192
62. 4.30 東京高裁　税資158・499……………198
62. 7. 7 最高裁　　税資159・31………………198
62.10.30 最高裁　　集民152・93………………43

判例・裁決索引　261

62.12.15　東京地裁　　刑集48・6・396………196
62.12.23　東京高裁　　判時1265・83…………131
62.12.24　東京高裁　　判時1272・159…………198
63. 3.31　最高裁　　　税資667・92……………198
63. 4.28　最高裁　　　税資167・899……………34
63. 7.18　東京高裁　　税資168・1456…………119
63.11.28　東京高裁　　判時1309・148…………186

■平成1～10年
 1. 3.17　最高裁　　　税資171・549……………119
 1. 5.30　東京地裁　　税資170・490……………191
 1. 6.28　横浜地裁　　訟月35・11・2157………191
 1. 7.26　東京地裁　　税資173・351…………52, 78
 1. 9.14　最高裁　　　集民157・555……………129
 1.12.21　東京高裁　　税資174・1049……………78
 2. 1.17　東京高裁　　税資177・96………………192
 2. 3.23　最高裁　　　判時1354・59……………200
 2. 3.29　東京地裁　　税資185・1421……………196
 2. 5.18　名古屋地裁　訟月37・1・160
　　　　　　　　　　　　………………………50, 78
 2. 7.18　福岡高裁　　訟月37・6・1092…………20
 2. 9. 7　大阪地裁　　判時1403・81……………151
 2.10.31　千葉地裁　　税資181・206………………52
 3. 3.14　東京地裁　　判時1387・62……………140
 3. 3.19　最高裁　　　税資182・650………………78
 3. 5.28　東京地裁　　判時1404・71………………9
 3. 6. 6　東京高裁　　訟月38・5・878……………77
 3. 9.26　津地裁　　　シュト366・26……………188
 3.10.28　東京高裁　　税資185・1387……………196
 4. 2.13　国税不服審判所　裁決事例集43・45
　　　　　　　　　　　　………………………34
 4. 2.26　岐阜地裁　　税資188・412………………78
 4. 7. 7　東京地裁　　判時1467・159……………120
 4. 7. 7　東京地裁　　税資191・813………………110
 4.12. 2　名古屋高裁　税資193・728………………78
 5. 4.27　東京地裁　　税資195・108………………77
 5. 4.28　横浜地裁　　税資195・199………………81
 5. 5.31　東京高裁　　判タ851・188………………59
 5. 7.15　最高裁　　　税資198・172………………78
 5. 8.12　横浜地裁　　税資204・3484……………188
 5. 9. 3　名古屋地裁　税資198・716…………52, 78
 5.11.25　最高裁　　　民集47・9・5278…………185
 6. 4.26　東京地裁　　税資217・83………………110
 6. 6. 9　東京地裁　　税資201・479………………77
 6.12.14　東京高裁　　税資204・3474……………189

 7. 2.24　松山地裁　　訟月42・10・2533………217
 7. 3.28　東京地裁　　訟月47・5・1207………170
 7. 4.24　神戸地裁　　訟月44・12・2211………151
 7. 4.27　名古屋高裁　税資209・307…………52, 78
 7. 5.30　東京高裁　　税資209・940………………81
 7.10. 3　最高裁　　　税資214・19………………78
 7.11.29　大阪地裁　　税資214・544………………78
 7.12.26　東京地裁　　判時1576・51……………138
 8. 1.31　東京高裁　　税資217・35………………120
 8. 2.28　横浜地裁　　判自152・50…………50, 77
 8. 3. 5　最高裁　　　民集50・3・383…………180
 8. 4. 2　那覇地裁　　税資216・1…………………78
 8. 7.25　大阪高裁　　訟月44・12・2201………133
 8.11.12　最高裁　　　民集50・10・2673………212
 9. 2.26　横浜地裁　　判自174・73………………79
 9. 2.28　徳島地裁　　税資222・701………………78
 9. 4.25　東京高裁　　訟月44・11・1952…………77
 9. 5.14　京都地裁　　税資223・632………………81
 9. 5.15　名古屋地裁　税資225・1446……………110
 9. 6.12　大阪地裁　　税資223・1015……………78
 9. 9.19　東京地裁　　行裁例集48・9・643……77
 9.11.25　東京地裁　　税資229・762……………136
10. 2.23　東京地裁　　判自178・36………………77
10. 2.26　高松高裁　　税資230・844………………78
10. 3.20　福岡地裁　　税資231・156………………79
10. 3.25　神戸地裁　　税資231・283………………77
10. 5.13　東京地裁　　訟月47・1・199
　　　　　　　　　　　　………………………94, 230
10. 7.28　高松高裁　　税資237・909………………81
10.10.16　大阪地裁　　訟月45・6・1153………208
10.10.28　東京高裁　　税資238・949……………137

■平成11～20年
11. 1.26　大阪高裁　　税資240・274…………53, 77
11. 1.28　東京地裁　　税資240・295………………77
11. 3.25　東京地裁　　税資241・402……………181
11. 3.31　長野地裁　　税資242・1…………………78
11. 4.16　盛岡地裁　　訟月46・9・3713………221
11. 4.27　福岡地裁　　訟月46・12・4319………81
11. 5.31　東京高裁　　税資243・127………………77
11. 6.21　東京高裁　　訟月47・1・184
　　　　　　　　　　　　……………94, 206, 217, 230
11. 9.28　高松高裁　　税資244・882………………81
11.10.27　仙台高裁　　訟月46・9・3700………219
12. 1.18　大阪高裁　　訟月47・12・3767

....201, 216
12. 2. 8　神戸地裁　　訟月50・7・2110 ……… 121
12. 2.29　大阪高裁　　税資246・1103 ……… 151
12. 3.16　東京高裁　　税資246・1318 ……… 78
12. 3.27　千葉地裁　　税資247・1 ……… 151
12. 3.28　福岡高裁　　税資247・37 ……… 79
12. 3.30　東京高裁　　判時1715・3 ……… 77
12. 4.21　東京地裁　　税資247・319 ……… 132
12. 9.17　東京地裁　　税資248・858 ……… 133
12. 9.28　最高裁　　　税資248・868 ……… 79
12.10.19　最高裁　　　税資249・207 ……… 78
12.11.22　大阪高裁　　税資249・718 ……… 151
13. 3.28　東京地裁　　訟月49・6・1820 ……… 209
13. 5.14　最高裁　　　税資250・8896 ……… 132
13. 5.14　静岡地裁　　税資250・順号8896 …… 133
13. 7.13　最高裁　　　訟月48・7・1831 ……… 220
13. 9.28　名古屋高裁　税資251・順号8986
....157
13.10.10　横浜地裁　　税資251・順号8999 …… 23
13.11. 2　東京地裁　　税資251・順号 9018
....151
13.12.14　大阪地裁　　民集59・10・2993
................................41, 95, 118, 202, 232
14. 1.16　名古屋高裁　判自252・19 ……… 107
14. 3.20　東京高裁　　訟月49・6・1808 ……… 206
14. 4.30　東京高裁　　税資252・順号9119 …… 151
14. 6.14　名古屋高裁　判タ1140・140 ……… 81
14. 6.14　大阪高裁　　訟月49・6・1843 ……… 104
14.10.10　大阪高裁　　訟月50・7・2065 ……… 121
14.12. 6　東京地裁　　民集60・4・1773
....77, 79
15. 1.22　東京地裁　　判時1824・17 ……… 69, 77
15. 4.25　東京地裁　　訟月51・7・1857 ……… 64
15. 5.14　大阪高裁　　民集59・10・3165
................................96, 121, 209, 232
15.12. 9　東京高裁　　民集60・4・1823 ……… 70
16. 1.30　東京地裁　　訟月51・8・2183 ……… 170
16. 1.30　東京地裁　　税資254・順号9539 …… 74
16. 2.10　松山地裁　　民集61・6・2515 ……… 33
16. 3.16　東京高裁　　訟月51・7・1819 ……… 64
16. 6.30　名古屋地裁　裁判所HP ……… 10
16.10.28　名古屋高裁　判タ1204・224 ……… 209
16.12. 7　高松地裁　　民集61・6・2531 ……… 17
17. 5.31　大阪地裁　　税資255・順号10042 … 129
17. 6.29　名古屋地裁　訟月53・9・2665 …… 227

17. 9.30　東京地裁　　判時1985・40 ……… 207
17.12.19　最高裁　　　民集59・10・2964
................................96, 104, 121, 209, 231
18. 1.13　最高裁　　　民集60・1・1 ……… 190
18. 1.24　最高裁　　　民集60・1・252 ……… 208
18. 2.23　最高裁　　　集民219・491 ……… 86, 96
18. 3. 7　名古屋高裁　税資256・順号10338
....182
18. 4.25　最高裁　　　民集60・4・1728 ……… 71
18.12. 1　神戸地裁　　判時1968・18 ……… 81
19. 3.14　富山地裁　　税資257・順号10655 … 155
19. 5.17　名古屋地裁　判時2064・37 ……… 9
19. 9.12　名古屋高裁金沢支部　税資257・順号
10773 ……… 157
19. 9.28　最高裁　　　民集61・6・2486 ……… 17
20.12.18　名古屋高裁　判時2064・25 ……… 9

■平成21～30年
21. 7.16　岡山地裁　　判自328・17 ……… 123
21.10.22　津地裁　　　判時2063・95 ……… 190
22. 1.22　高知地裁　　訟月58・1・233 ……… 133
23. 3. 4　高松高裁　　訟月58・1・216 ……… 133
25. 3.27　岡山地裁　　民集72・4・336 ……… 144
26. 1.30　広島高裁岡山支部　訟月62・7・1287
....144
26. 5. 9　東京地裁　　判タ1415・186 ……… 105
26. 9.25　最高裁　　　民集68・7・722 ……… 11
27.10. 8　最高裁　　　訟月62・7・1276 ……… 144
28. 2.29　最高裁　　　民集70・2・242 …… 92, 239
29. 2. 8　広島高裁　　民集72・4・353 ……… 144
30. 9.25　最高裁　　　民集72・4・317 ……… 123

あとがき

　租税法と私法との関係については，これまで多くの研究業績が示されてきました（極めて代表的な例でいえば，金子宏「租税法と私法」租税法研究6号1頁（1978）や，水野忠恒『所得税の制度と理論─「租税法と私法」論の再検討─』（有斐閣2006）などがあります。）。租税回避論が租税法学において一層重要視されるようになってきてからは，更に重要と思われるまとまった研究業績が示されるに至っています（その代表的なものとして，金子宏＝中里実編著『租税法と民法』（有斐閣2018）がありますし，また，木村弘之亮＝酒井克彦編『租税正義と国税通則法総則』（信山社2018）なども挙げてさせていただきたいと思います。）。

　租税法の解釈適用論においては，私法準拠（これが何を指すかについては議論のあるところかもしれないが，差し当たり，租税法が原則として私法上の法律関係に則って適用されることとしておきます。）たる姿勢が示されることが多いのは事実であります。かくして，租税法の実務や学習において，私法との関わりを無視することはできないし，むしろ，より神経を研ぎ澄まして私法との関係に注意を払うべきであると考えます。そのようなことから，本書は，この点に関心を置き，『ステップアップ租税法』（財経詳報社2010）の改訂に取り組む中で，旧版から租税法と私法に関連する部分だけを取り出し，そして，そこに新しい論点を追加した上で構成し直したものになります。

　本書で示した項目は，租税法と私法の交差において検討すべき広大な領域の，ごくごく一部を切り出したものにすぎません。ここに示された租税法と私法との関係を示す諸相から，私法の考え方と租税法の考え方の接続点や乖離点を読み解いていただくことができたでしょうか。例えば，私法上の事実認定に租税法の要件を当てはめるという基本スタイルと，違法所得に対する課税を是認する考え方との接合をうまく整理できたでしょうか。

この「租税法と私法」という論点につき，本書では，とりわけ民法の一般法理などを意識的に抽出しましたが，この領域については，別の角度から論じることもできます。すなわち，その代表的なものが概念論であります。私法上の概念を借用したと解されるときに（もっとも，なんでもかんでも借用概念と捉えることについての疑問も提示されているところでありますが（吉村典久「イェーリングは21世紀日本の租税法を救うことができるか？」金子＝中里・前掲書145頁），かかる概念をいかに解釈すべきかという点でも私法を意識した議論が求められますし，事業体課税においてもまたしかりです。これらの別の領域における「租税法と私法」の関係については，本書の分冊を用意しているのでそちらを参照してください。

　ステップアップした租税法学習は更に長く続くのです。

令和元年5月

酒井　克彦

《著者紹介》

酒井　克彦（さかい　かつひこ）

1963年2月東京都生まれ。
中央大学大学院法学研究科博士課程修了。法学博士（中央大学）。
中央大学商学部教授。租税法及び税務会計論担当。(社)アコード租税総合研究所(At-I)所長。(社)ファルクラム代表理事。
著書に、『レクチャー租税法解釈入門』(弘文堂2015)、『租税正義と国税通則法総則』(信山社2018〔共著〕)、『通達のチェックポイント―所得税裁判事例精選20―』(2018)、『同―法人税裁判事例精選20―』(2017)、『アクセス税務通達の読み方』(2016)(以上、第一法規)、『プログレッシブ税務会計論Ⅰ〔第2版〕』(2018)、『同Ⅱ〔第2版〕』(2018)、『同Ⅲ』(2019)(以上、中央経済社)、『裁判例からみる法人税法〔2訂版〕』(2017)、『裁判例からみる所得税法』(2016)(以上、大蔵財務協会)、『クローズアップ事業承継税制』(2019)、『クローズアップ課税要件事実論〔第4版改訂増補版〕』(2017)、『クローズアップ保険税務』(2017)、『クローズアップ租税行政法〔第2版〕』(2016)、『スタートアップ租税法〔第3版〕』(2015)、『ブラッシュアップ租税法』(2011)、『所得税法の論点研究』(2011)、『フォローアップ租税法』(2010)(以上、財経詳報社)、『キャッチアップ改正相続法の税務』(2019)、『キャッチアップ仮想通貨の最新税務』(2019)、『新しい加算税の実務～税務調査と資料情報への対応～』(2016)、『附帯税の理論と実務』(2010)(以上、ぎょうせい)、『「正当な理由」をめぐる認定判断と税務解釈』(2015)、『「相当性」をめぐる認定判断と税務解釈』(2013)(以上、清文社)、ほか多数。

ステップアップ租税法と私法
―租税法解釈の道しるべ―

令和元年6月27日　初版発行

　　　著　者　酒井　克彦
　　　発行者　宮本　弘明

　　　発行所　株式会社　財経詳報社
　　　　　　〒103-0013　東京都中央区日本橋人形町1-7-10
　　　　　　電　話　03（3661）5266（代）
　　　　　　Ｆ Ａ Ｘ　03（3661）5268
　　　　　　http://www.zaik.jp
　　　　　　振替口座　00170-8-26500

落丁・乱丁はお取り替えいたします。　　　印刷・製本　創栄図書印刷
©2019　Katsuhiko Sakai　　　　　　　　　　　　　Printed in Japan
ISBN　978-4-88177-459-5